★ 国家自然科学青年基金项目（72004026）
★ 福建省科技厅创新战略（软科学）研究项目（2020R0
★ 福州大学科研启动项目（GXRC201916）

企业外部知识搜寻多维结构异质性及形成机制研究

胡 谍 ◎ 著

知识产权出版社
全国百佳图书出版单位
——北京——

图书在版编目（CIP）数据

企业外部知识搜寻多维结构异质性及形成机制研究/胡谍著. —北京：知识产权出版社，2021.5
ISBN 978-7-5130-7486-5

Ⅰ.①企… Ⅱ.①胡… Ⅲ.①企业管理—信息管理—研究 Ⅳ.①F272.7

中国版本图书馆 CIP 数据核字（2021）第 062522 号

内容提要

针对现有研究对企业外部知识搜寻活动认识的不足，本研究将企业外部知识搜寻活动置于多维空间，提出一个整体性研究思路。围绕"企业外部知识搜寻空间结构异质性"和"搜寻空间结构异质性的形成机制"两大内容，以 63 家美国医药上市公司的专利为研究样本，利用其发明专利中的后向引文刻画企业技术创新过程中的外部知识搜寻活动，搭建了一个由内部创新执行层面和决策层面，以及外部环境层面构成的"自下而上、由内到外"的多层次分析框架，从更加贴近企业实践的视角研究企业外部知识搜寻多维结构及其形成机制。研究结论可为我国企业高效获取和利用外部知识以提升技术创新能力提供有价值的指导建议。

责任编辑：韩　冰	责任校对：王　岩
封面设计：回归线（北京）文化传媒有限公司	责任印制：孙婷婷

企业外部知识搜寻多维结构异质性及形成机制研究
胡　谍　著

出版发行：知识产权出版社有限责任公司	网　址：http://www.ipph.cn
社　址：北京市海淀区气象路 50 号院	邮　编：100081
责编电话：010-82000860 转 8126	责编邮箱：hanbing@cnipr.com
发行电话：010-82000860 转 8101/8102	发行传真：010-82000893/82005070/82000270
印　刷：北京九州迅驰传媒文化有限公司	经　销：各大网上书店、新华书店及相关专业书店
开　本：720mm×1000mm　1/16	印　张：14.75
版　次：2021 年 5 月第 1 版	印　次：2021 年 5 月第 1 次印刷
字　数：220 千字	定　价：79.00 元
ISBN 978-7-5130-7486-5	

出版权专有　侵权必究
如有印装质量问题，本社负责调换。

前　言

在当今经济全球化的时代背景下，企业面临着各种各样的压力，如技术革新速度日益加快、产品生命周期不断缩短等。在这种情境下，持续不断地创新成为企业生存和发展的必要条件，以及保持竞争力的根本动力。早期在较为封闭的市场环境中，企业主要利用自有知识来进行简单创新，以满足客户对产品要求不高的市场需求。随着市场环境的不断开放，竞争程度日趋激烈，各行各业的企业都意识到单纯依靠内部知识进行创新已经很难满足多样化的市场需求。为此，企业只有充分搜寻外部知识，有效地重组内外部知识要素才能实现创新能力和竞争能力的提升。尽管已有部分企业从外部知识搜寻中获益，但是对大多数企业而言，究竟如何高效地搜寻和获取外部知识，用以发展技术能力并获益，仍然是当前形势下企业创新管理中亟须解决的重要问题。

学术界针对企业如何开展外部知识搜寻活动这一问题进行了大量的讨论，但大多数研究都是基于局部视角，忽略了外部知识搜寻活动的多维结构特征，缺乏贴近企业实践的研究框架。例如，在现有文献中，部分学者简单地从"点"视角出发，笼统地考察企业是否存在外部知识搜寻活动，未能从根本上揭示搜寻活动的内在复杂性；也有许多学者采取比较片面的"线"或"面"的视角，研究外部知识搜寻活动时仅仅考察某一维度（"线"），如外部知识的新旧程度，或者同时考虑外部知识来源的两个维度（"面"），如外部知识的地理远近和时间新旧等。然而，在实践中，外部知识是存在于多维空间之中，企业的每一次外部知识搜寻活动都涉及多个维度，需要同时在时间、地理、认知等多个维度上做出距离选择，如搜寻新的还是旧的知识，搜寻远的还是近的知识，搜寻陌生的还是熟悉的知识。外部知识搜寻是指一个企业在面对多维外部知识空间时，决定各个搜寻维度的距离，进而形成外部知识搜寻空间结构的过程。而且，不同企业之间可能存在搜寻空间结构选择的差异，即存在异质性。因此任何将企业外部知识搜寻空间割裂开来的研究，如仅考虑时间、地理、认知中的某一个维度或任意两个维度的结合，都可能远离企业知识搜寻的实践规律，相应的研究结果也可能失真。

针对现有研究对企业外部知识搜寻活动认识不足的问题，本研究将企业外部知识搜寻活动置于多维空间，开创性地提出一个整体性研究思路。围绕"企业外部知识搜寻空间结构异质性"和"企业外部知识搜寻空间结构异质性的形成机制"两大内容，从更加贴近企业实践的视角研究外部知识搜寻活动。在第一部分（本书第 2~4 章）研究内容中，本研究首先在综合现有文献的基础上，结合企业实践，定义了企业的"时间+地理+认知"三维外部知识搜寻空间以及外部知识搜寻空间结构，并构建其基本理论框架；其次选取 63 家美国医药上市公司的专利为研究样本，利用其发明专利中的后向引文刻画企业技术创新过程中的外部知识搜寻活动，通过搜寻空间结构可视化分析，发现了企业外部知识搜寻结构的异质性现象；然后通过理论和实证分析阐述了搜寻结构异质性的内在机理是知识的新颖性和确定性的平衡；最后实证分析了企业外部知识搜寻结构与创新绩效和财务绩效的关系，同时发现不同的搜寻结构会带来不同的企业绩效，从企业管理实践上说明后续深入研究搜寻结构异质性影响因素的必要性。在第二部分（本书第 5 章）研究内容中，本研究深入分析"企业外部知识搜寻空间结构异质性的形成机制"。首先从企业创新实践出发，基于权变理论和创新系统理论，搭建了一个由内部创新执行层面和决策层面，以及外部环境层面构成的"自下而上、由内到外"的多层次影响因素分析框架；然后分别以发明人外部合作网络、企业高管激励和监督、行业竞争者搜寻失败经验为例，将 63 家美国医药上市公司专利作为研究对象，实证研究了创新决策者和执行者，以及外部竞争者如何通过影响"知识新颖性或确定性"

进而作用于企业的搜寻结构的选择；最后，对影响因素的实证结果进行汇总和讨论，综合提炼出企业外部知识搜寻结构异质性的形成机制。

通过以上研究工作，本书得出了一些重要结论。在"企业外部知识搜寻空间结构异质性"研究中得出：①企业间外部知识搜寻结构存在异质性。在时间、地理和认知三个维度共同构成的外部知识搜寻空间中，不同的企业因在三个维度上所做的距离决策不同，其搜寻活动会落在该空间的不同位置，并非所有的搜寻活动都遵循同一种搜寻结构。②搜寻结构异质性的内在机理是企业在搜寻过程中对知识的新颖性和确定性的平衡。从获取有利于技术创新的新颖性知识来说，企业需要追求远距离的知识搜寻；而从有利于搜寻活动的开展来说，企业需要避免远距离的知识搜寻以增加确定性或减少不确定性。外部知识搜寻结构异质性是企业在搜寻过程中对知识的新颖性和确定性两相权衡的结果。③根据各个维度搜寻距离的大小，将企业外部知识搜寻活动划分成"2×2×2"共8种搜寻结构，结果显示不同的搜寻结构给企业带来的创新绩效和财务绩效有差异。在"企业外部知识搜寻空间结构异质性的形成机制"研究中，主要得出以下结论：①作为直接参与技术创新的发明人，他们在一定程度上会影响企业选择哪种外部知识搜寻空间结构。发明人在外部创新合作网络中所处的位置不同，他们在创新过程中表现出的信息处理能力和动机有所不同，这种差异影响了搜寻过程中的确定性，进而形成了企业外部知识搜寻空间结构的异质性。②作为技术创新战略的决策者，企业高管把握着外部知识搜寻的大方向，而高管的战略决策往往与公司治理中的激励和监督机制紧密相关。所以不同形式和程度的激励和监督会影响高管对搜寻过程中新颖性知识的追求，进而导致企业外部知识搜寻空间结构的异质性。③外部竞争者行为给企业创新战略决策提供了参考。企业通过学习不同竞争者的失败经验，减少搜寻过程中的不确定性，进而形成了异质性的企业外部知识搜寻结构。总之，企业外部知识搜寻结构异质性是多种内外部因素通过影响"知识新颖性和确定性的平衡"而综合作用的结果。

本研究对企业外部知识搜寻活动进行了整体性分析，具有一定的创新性。首先，从研究视角来说，本研究超越了原有外部知识搜寻"点—线—面"的单一研究范式，从整体视角提出外部知识搜寻多维空间的概念，可以促进外部知识搜寻研究范式的转变，为更加贴近实践地研究企业外部知识搜寻活动提供一条新思路。其次，在研究内容上，以前的文献主要讨论外部知识搜寻的结果，即对企业绩效的影响，对外部知识搜寻多维度之间的平衡机理及其影响因素却未形成系统性研究。本研究提出搜寻空间概念，在量化各个搜寻维度的基础上对企业外部知识搜寻结构进行可视化，并重点分析企业间知识搜寻结构异质性的内在机理及其形成机制。通过这些前端研究，可以延伸知识搜寻的分析链条，为全面而深入地认识企业外部知识搜寻活动提供理论依据。最后，在研究成果应用上，本研究系统而翔实地分析了外部知识搜寻空间结构异质性及其形成机制，得出的相关结论和总结的相关规律更加贴近企业的搜寻实践，可以帮助企业更好地认识外部知识搜寻活动及其影响因素，为我国企业高效获取和利用外部知识以提升技术创新能力提供有价值的指导建议。

目 录

第1章 绪 论 ·· 1

  1.1 研究背景 ·· 1

    1.1.1 实践背景 ·· 1

    1.1.2 理论背景 ·· 4

  1.2 问题提出 ·· 6

  1.3 研究意义 ·· 8

  1.4 研究方法与技术路线图 ··· 10

    1.4.1 理论框架构建 ·· 10

    1.4.2 实证分析检验 ·· 12

    1.4.3 研究结论讨论与政策建议提炼 ······································· 15

  1.5 研究内容与框架 ·· 15

  1.6 研究创新点 ··· 18

第2章 国内外文献综述 ··· 20

  2.1 外部知识搜寻的起源与内涵 ·· 20

  2.2 外部知识搜寻的模式 ·· 22

    2.2.1 开发式搜寻 ·· 23

    2.2.2 探索式搜寻 ·· 25

    2.2.3 平衡性搜寻 ·· 27

  2.3 外部知识搜寻的维度 ·· 28

    2.3.1 时间维度 ·· 29

    2.3.2 地理维度 ·· 30

2.3.3　认知维度 …………………………………………… 32
　2.4　外部知识搜寻的影响因素 ………………………………… 35
　　2.4.1　企业层面的因素 …………………………………… 35
　　2.4.2　行业层面的因素 …………………………………… 39
　　2.4.3　区域层面的因素 …………………………………… 41
　2.5　外部知识搜寻的结果 ……………………………………… 44
　2.6　研究评述 …………………………………………………… 47

第3章　实证背景、数据来源及样本筛选 ……………………… 51
　3.1　医药行业的发展和特点 …………………………………… 51
　　3.1.1　世界医药行业的发展概况 ………………………… 51
　　3.1.2　医药行业的研发特点 ……………………………… 54
　3.2　美国医药企业的发展及其创新活动分析 ………………… 56
　　3.2.1　美国医药企业的发展概况 ………………………… 56
　　3.2.2　美国医药企业的创新情况 ………………………… 59
　3.3　数据来源与样本筛选 ……………………………………… 61
　3.4　本章小结 …………………………………………………… 67

第4章　外部知识搜寻空间结构异质性及其与企业绩效的关系 … 68
　4.1　外部知识搜寻空间结构的理论框架 ……………………… 68
　4.2　外部知识搜寻空间结构的可视化分析 …………………… 71
　　4.2.1　量化搜寻维度 ……………………………………… 72
　　4.2.2　可视化结果：异质性现象的存在 ………………… 73
　4.3　外部知识搜寻空间结构异质性的内在机理分析 ………… 75
　　4.3.1　内在机理：新颖性和确定性的平衡 ……………… 75
　　4.3.2　验证搜寻维度之间的相互关系 …………………… 80
　4.4　外部知识搜寻空间结构与企业绩效的关系分析 ………… 85
　　4.4.1　变量与模型 ………………………………………… 85
　　4.4.2　搜寻空间结构与企业绩效的关系 ………………… 91
　4.5　本章小结 …………………………………………………… 97

第5章 外部知识搜寻空间结构异质性的形成机制 …………… 99
5.1 内部执行层面的影响：以发明人外部合作网络为例………… 100
5.1.1 理论与假设………………………… 101
5.1.2 研究设计………………………… 108
5.1.3 实证结果………………………… 115
5.2 内部决策层面的影响：以高管激励和监督为例………… 128
5.2.1 理论与假设………………………… 130
5.2.2 研究设计………………………… 136
5.2.3 实证结果………………………… 140
5.3 外部环境层面的影响：以学习竞争者失败经验为例………… 153
5.3.1 理论与假设………………………… 154
5.3.2 研究设计………………………… 158
5.3.3 实证结果………………………… 163
5.4 影响因素结果汇总及搜寻空间结构异质性形成机制提炼……… 175
5.4.1 影响因素假设检验结果汇总………………………… 175
5.4.2 搜寻空间结构异质性形成机制提炼………………………… 179
5.5 本章小结………………………… 183

第6章 结论与展望 ………………………… 184
6.1 研究结论与启示………………………… 185
6.2 研究不足与展望………………………… 190

参考文献 ………………………… 193

后 记 ………………………… 223

第1章 绪 论

1.1 研究背景

1.1.1 实践背景

随着全球经济一体化加速融合，企业面临的市场竞争日趋激烈，持续创新成为企业的立足之本。然而，在产品生命周期不断缩短，研发成本高涨，创新劳动分工细化，以及知识、技术全球碎片化分布等的大趋势下，原有的仅依靠内部知识的封闭创新模式已经很难适应高速变化的外部环境（Chesbrough，2003；Huizingh，2011；Boone et al.，2019）[48,107,31]。以美国医药企业为例，保持创新药物的不断开发是美国企业在本行业立于不败之地的重要原因，但是相比于20世纪八九十年代的高速发展时期，医药企业目前面临着更多的创新难题：新药品开发周期越来越长，研发投入成本越来越高，新药产出数量却越来越少（Malerba and Orsenigo，2015；Caner et al.，2018）[150,40]。新药品上市必须经过识别、开发、临床试验、审批、监控等流程，而美国的新药审批制度（New Drug Application，NDA）是最为严格的，美国食品和药物管理局（US Food and Drug Administration，FDA）详细规定了新药开发项目的流程（见图1-1）。新药通过FDA审查进入生产阶段，整个过程平均耗时10~15年（Torre and Albericio，2017）[229]。同时在研发资金投入上，每个环节都需要耗费大量资金。塔夫茨药物研发中心（Tufts Center for the Study of Drug Development，CSDD）分别于2003年和 2013 年就医药行业的药物研发成本做过调研，分析发现 2003 年医药企业研制成功一种新药平均需要花费大约 8 亿美元。2013 年一个成功获批上市的新药平均需要大约 25 亿美元的内部研发投入，考虑货币的时间价值，新药研发成本在 10 年内上涨了 145%（Papapetropoulos and Szabo，2018）[172]。可是，与长周期高投入形成鲜明对比的是，新药的产出数量却没有与日俱增，反而有明显的下降趋势。自从 1996 年审批通过新药数量达到巅峰之后，一直处于下降趋势，2000—2010 年维持在 25 个左右，2011 年开始出现回升，到 2015 年达到 45 个，2016 年又下降到 22 个，总体呈现递减的趋势（见图 1-2）。在这种情况下，企业仅依靠自身力量进行创新研发的难度日益加大。

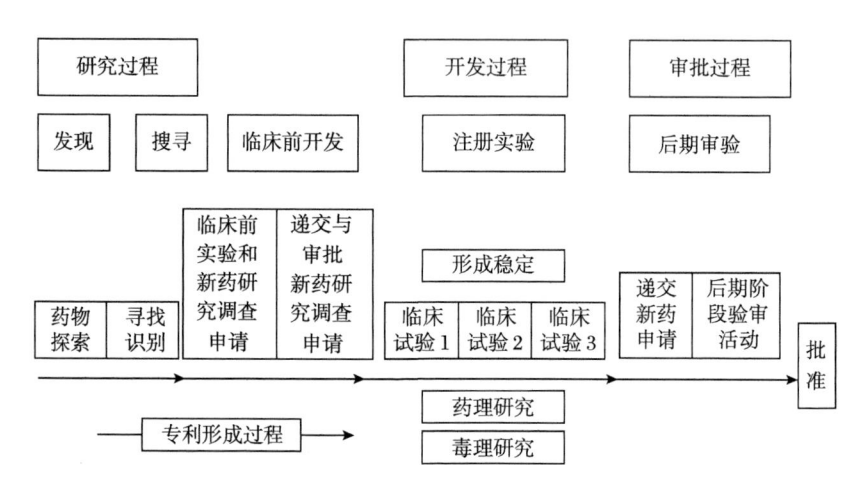

图 1-1 新药开发的基本流程

资料来源：李沐纯. 并购对企业技术创新的影响：我国医药上市公司的实证研究 [D]. 广州：华南理工大学，2010.

为了适应环境的变化，企业越来越意识到外部知识对技术创新的重要性。在开放环境中，大量学者也倡导企业应该积极搜寻外部知识，及时跟踪先进技术，以弥补内部技术创新能力不足，解决组织核心能力僵化等问题（赵立雨，2016；Paruchuri and Awate，2017；Roper et al.，2017；Crescenzi and Gagliardi，2018；魏国江，2018）[372,174,190,55,334]。根据有限理性的

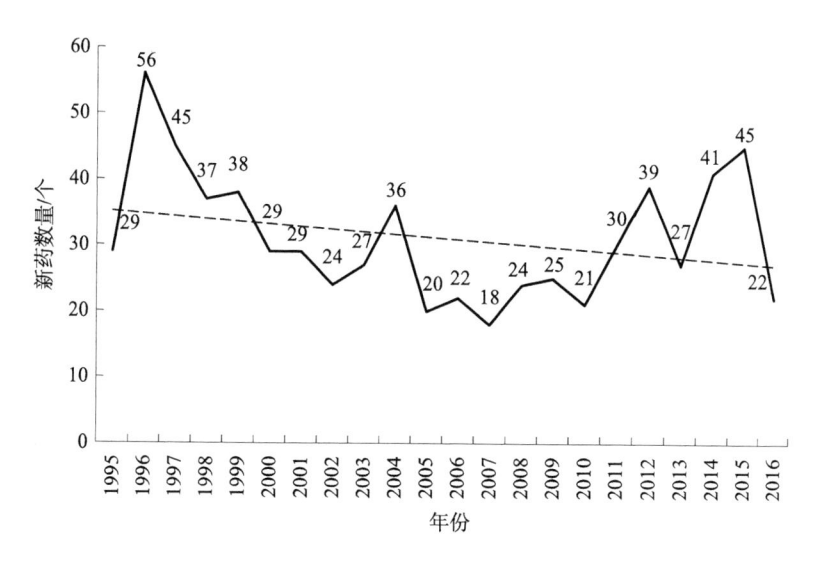

图1-2 1995—2016年FDA审批通过新药数量

数据来源：美国FDA相关数据。

认识，即使实力再强大的企业，也很难做到只靠内部知识来解决所有的技术和创新问题（李明等，2016；杨慧军和杨建君，2016）[303,348]。作为全球研发领先的美国医药企业，他们在面临创新困境时，不排斥外部知识来源，逐渐从封闭模式转向了开放模式（Russospena and Paola，2019）[197]。他们采取了一系列积极的应对措施，其中最主要的措施是改变搜寻外部知识和技术的途径，通过重新组合内外部知识从而保持源源不断的创造力。例如，他们采取扩大全球化的研发合作网络方式，充分搜寻和利用外部发达国家和发展中国家的知识要素；同时，他们也采用并购的方式搜寻新技术、新知识并扩充新市场，如美国最大的医药企业辉瑞公司近年来就并购了惠氏、赫士睿等多家大型药物和医疗设备制造企业。除此之外，在其他行业中，无论是成立时间短且资源紧缺的中小型企业，还是成立时间长但创新力不足的大中型企业，都纷纷加入到外部知识搜寻的队伍之中（Wu and Wu，2014；孟伟，2016；Lin et al.，2017；Xie et al.，2018）[253,315,144,254]。

面对竞争日益激烈的市场环境和研发难度不断增强的创新环境，各行各业的企业都意识到突破封闭模式，跨越组织边界充分搜寻外部知识，并通过学习和吸收，重新组合内外知识以实现有价值的创新是提升企业竞争力的重要途径（柳卸林和张可，2014；Monteiro and Birkinshaw，2017；Annique and Alicia，2018；Ardito et al.，2018；Hervas-Oliver et al.，2018；孙耀吾等，2018）[311,156,235,13,99,323]。在外部知识搜寻中，知识来源的选择是企业创新管理战略中至关重要的一项工作，在很大程度上影响企业技术创新和产品创新的绩效，因此为国内外企业高度重视（Oberoi et al.，2017；Rodriguez et al.，2017；潘佳等，2017；杨雪等，2017；陈朝月和许治，2018）[171,189,316,351,266]。尽管通过搜寻和利用外部知识实现持续的创新优势和竞争优势是势在必行的，也有部分企业已经从中获益，但是对大多数企业而言，究竟如何去搜寻和获取有利于技术创新能力提升的外部知识，仍然是当前企业创新管理中亟须解决的重要问题。

1.1.2 理论背景

在创新管理领域，学者们将外部知识搜寻定义为一种解决创新问题的活动。企业通过在组织外部寻找解决创新问题的知识，然后将这些知识与企业自有知识重新组合并创造新知识、新技术来帮助企业处理技术创新中遇到的各种问题（Katila and Ahuja，2002；Ahuja and Katila，2004；Laursen and Salter，2006；Li et al.，2014；Monteiro and Birkinshaw，2017）[117,4,127,143,156]。在技术相对简单、产品比较单一的早期时代，企业对技术创新的要求不高，简单的技术问题通过企业家个人或者企业内部少数创新者的知识便可以得到解决（Schumpeter，1936；Cainelli et al.，2004）[207,38]。然而，随着社会分工越来越细化、技术创新越来越复杂，一个企业或少数几个人很难拥有创新需要的所有知识，企业不可能仅凭借自己内部的有限知识来实现所有的技术进步（Chesbrough，2003；Huizingh，2011；Rupietta and Backes-Gellner，2019）[48,107,196]。因此，为了适应外部环境的快速变化，学者们提倡企业打破固有的组织边界，充分搜寻和利用具有创造性的外部知识、技术、思想等，来提升企业内部研发和创新能力（Sofka and Grimpe，2010；Belderbos et al.，2018；芮正云和罗瑾琏，2018）[219,25,320]。因此，如何进行以技术创新为目的的外部知识搜寻活动引起了学术界的广泛讨论，成为企业创新管理研究领域的一个重要分支（Flor et al.，2018；肖艳红等，2019）[75,343]。

目前关于外部知识搜寻的探讨主要聚焦在不同搜寻模式的研究（邬爱其和方仙成，2012；严焰和池仁勇，2013；Geerts et al.，2018）[337,347,83]。学者们根据外部知识和技术与企业现有知识基的差距将外部搜寻划分为开发式搜寻（本地搜寻）和探索式搜寻（远程搜寻或跨界搜寻）（Lavie et al.，2010）[131]。开发式搜寻是指企业沿着自己已有的知识基，寻找和获取与自己相似的外部知识和技术（Andriopoulos and Lewis，2009；傅皓天等，2018）[11,277]。探索式搜寻是指企业脱离了原有的技术轨道，向外扩展探索和搜寻不熟悉的知识和技术（Hoetker，2007）[101]。早期学术界的研究从演化理论出发，认为开发式搜寻因为从本地获取与企业邻近的知识和技术会降低搜寻成本，而且企业对熟悉的技术更能进行深入学习和挖掘，因此可以有效提高企业的创新绩效，许多实证结果也验证了这一观点（Jansen et al.，2006；熊伟等，2011）[110,345]。但是，随后的研究发现过度地进行开发式搜寻会将企业锁定在已有技术轨道，产生固化造成短视行为，因而限制了企业的创新能力（李生校，2013；Cruz–González et al.，2015）[306,56]。所以，后来很多研究开始注重探索式的外部知识搜寻，即远程搜寻或跨界搜寻。大量实践证明，跳出已有的技术轨道，搜寻新的知识和技术可以给企业注入新鲜血液，所以更有助于增强企业创新能力（Meulman et al.，2018）[154]。然而，在开发式搜寻和探索式搜寻互相争鸣的时候，还出现了另外一种声音。部分研究人员提出平衡搜寻的观点，他们认为过度地开发和探索都不利于企业创新，只有充分利用企业内外部资源，并充分融合，找到最适合企业自身发展的平衡搜寻方式，才能实现源源不断的创新（杨雪等，2015；Luger et al.，2018；芮正云和罗瑾琏，2018）[350,148,320]。

根据已有文献，无论是开发式搜寻、探索式搜寻，还是平衡搜寻，绝大多数研究都是基于认知维度的探讨，即与企业已有知识基或技术轨道存在相似性。但实践中，外部知识搜寻是企业在面对多个搜寻维度时，同时决定各个维度的搜寻距离的过程（Li et al.，2008；Li et al.，2014）[142,143]，不仅包括认知维度，还包括时间维度、地理维度等。目前，人们关于知识搜寻模式的研究大多仅基于认知维度，当然，也有部分文献同时探讨了两个维度的搜寻，如 Katila（2002）[116]以机器人制造企业为例分析了时间和认知维度的外部知识搜寻与企业绩效的关系，李琳和杨田（2011）[302]以中国汽车制造业为例分析了地理和认知维度的外部知识搜寻对企业创新的影响，却很少有研究同时考虑多个维度的外部知识搜寻。由此可见，学术界对企业外部知识搜寻活动的研究尚未形成一个系统性的整体框架。

1.2 问题提出

随着全球市场竞争的加剧，国内外各行各业都清楚地认识到持续创新对企业生存的重要性。而随着创新难度和复杂程度的提高，一个企业很难拥有创新所需的全部知识。在这种情况下，高效搜寻外部知识，充分整合和利用内外部知识才是企业保持创新和竞争力的不二法门（Schumpeter，1936；高良谋和马文甲，2014；Schumpeter，2017）[207,279,208]。但是，企业应该如何进行有效的外部知识搜寻，时至今日，企业界和学术界都尚未形成统一的答案。尽管学者们从不同视角对外部知识搜寻展开了诸多探索性研究，也取得了积极有效的进展，但纵观国内外既有研究成果，外部知识搜寻研究尚处于拓展与积累阶段，仍未形成相对完善的理论体系，从而制约了外部知识搜寻研究的纵深发展（魏江，2015；Ardito et al.，2018）[336,13]。例如，对于外部知识搜寻的一个基本问题——到底去哪里搜寻知识，还尚未厘清。是新的还是旧的知识？是本地的还是外地的知识？是熟悉的还是陌生的知识？现有研究要么采取"点"的观点，考察企业是否存在外部知识搜寻活动，或投入到外部知识搜寻活动中的费用有多少；要么采取"线"的观点，仅仅考察外部知识的某一维度，如知识新旧情况，知识地理远近情况；抑或采取"面"的观点，同时考虑知识来源的某两个维度，如外部知识的地理远近和时间新旧等。然而，在实践中，企业的任何一次外部知识搜寻活动，都包括多个维度的决策（Li et al.，2014）[143]：搜寻相对较新的还是较成熟的知识（时间维度）；搜寻本地的还是外地的知识（地理维度）；在行业内搜寻相似的还是在行业外搜寻不相似的知识（认知维度）。所以，外部知识搜寻是一个被置于多维空间中的活动，任何将企业外部知识搜寻空间割裂开来的研究，如仅考虑时间维度、地理维度、认知维度中的某一个维度或任意二者的结合，都可能远离企业搜寻应有的实践，其研究成果在某种程度上也会失去相应的解释力和预测力。根据实践和理论背景，本书试图提出一个新范式，将企业外部知识搜寻活动置于多维空间之中，从整体上认识和研究企业的外部知识搜寻活动。为此，本书提出以下具体问题。

第一，什么是外部知识搜寻空间，不同的企业在外部知识搜寻空间结构选择上有何差异，即异质性是否存在。要回答这些问题，首先需要从理论上定义外部知识搜寻维度以及多维搜寻空间，构建其理论框架。其次，需要利用数据测量各个搜寻维度，在此基础上将多维搜寻空间可视化，并进行搜寻结构的异质性现象分析，即不同的企业是否存在不同的搜寻结构？然后，如果企业间搜寻结构存在异质性，那需要从理论和实证上分别分析这种异质性现象产生的内在机理。最后，分析异质性的搜寻结构与企业绩效的关系。因为维持创新能力、提高盈利能力是企业经营的目标，如果不同的搜寻结构会对企业产生不一样的作用，那么，接下来深入探寻影响外部知识搜寻结构异质性的因素才会对企业创新管理具有现实意义。

第二，如果异质性确实存在，且对企业绩效有影响，那为了帮助企业厘清搜寻结构的来龙去脉，以便有效开展知识搜寻活动以提升创新能力，需要系统分析哪些内外因素会影响企业对不同外部知识搜寻结构的选择。例如，从企业内部来看，直接参与技术创新的发明人、制定创新搜寻战略的决策者，他们会怎样影响企业的外部知识搜寻活动从而形成搜寻结构的异质性呢？从企业外部来看，竞争对手的行为会对企业搜寻结构异质性的形成产生什么影响呢？这些因素是如何作用，最终形成了企业外部知识搜寻结构的异质性。只有厘清了以上所述的问题，建立一个贴近企业实践的整体性认知框架，我们才能更加全面而清晰地认识企业外部知识搜寻活动，才可能为面临创新困境的各个企业，在竞争激烈的大环境中通过有效地搜寻和利用外部知识以提高其技术创新能力和竞争力，同时为研究和实践提供更科学的依据和更有意义的实践指导。

1.3 研究意义

探寻企业外部知识搜寻空间结构异质性及其影响因素，主要有两方面的理论意义。一方面，提出外部知识搜寻多维空间的新分析范式，突破传统研究范式的局限，使研究结论更具有现实解释力和预测力。现有外部知识搜寻的研究范式具有片面性，概括起来，现有范式通常采用"点""线""面"的方法进行研究（王元地等，2015）[332]。早期，大多数学者采用"点"的观点，如视外部知识搜寻为简单的外部知识或技术购买，忽略了外部知识的具体属性特征以及忽视了知识搜寻活动的复杂性（Li et al.，2008）[142]；之后，学者们以外部知识搜寻的某个维度（如地理或时间）来研究外部知识搜寻活动，即根据外部知识某方面的特征与企业自身知识基础的比较，定义外部知识搜寻在这一维度的距离，即"线"的观点（Nerkar，2003）[167]；近年来，一些学者开始采取"面"的观点，考察外部知识搜寻的某两个维度及其相互关系，如从"地理+认知"维度等视角提出本地跨界搜寻、非本地跨界搜寻等搜寻模式（Katila and Ahuja，2002；Phene et al.，2006；Li et al.，2008）[117,181,142]。这些传统分析范式剥离了外部知识搜寻多维空间的整体性及其不同维度之间的关系。对外部知识搜寻多维空间结构的忽视，可能导致现有研究对企业外部知识搜寻活动的认识偏差，由此得出的关于外部知识搜寻活动与企业创新绩效、财务绩效等关系的结果也仍然值得商榷（Li et al.，2014）[143]。因此，本书将提供一种更接近企业实践的多维空间视角，希望能促进外部知识搜寻研究范式的转变，拓展外部知识搜寻研究的新思路。另一方面，过去人们对外部知识搜寻的研究主要集中在对搜寻结果的分析上，即对企业绩效产生的影响，缺乏对外部知识搜寻影响因素的研究，故仍未形成一个系统性的框架。因此，本书构建一个较为完整的分析框架，在量化各个搜寻维度的基础上对企业外部知识搜寻结构进行可视化，并重点分析企业间知识搜寻结构异质性形成的内在机理及其影响因素。通过这些前因研究，可以延伸知识搜寻的分析链条，为全面而深入地认识企业外部知识搜寻活动提供理论依据。

此外，在企业实践方面，本研究也具有一定的现实意义。厘清外部知识搜寻空间的结构特征、异质性和影响因素可以帮助企业更清晰地认识外部知识搜寻规律，指导企业更好地开展外部知识搜寻工作。通过理论和模型构建，以及实证分析，充分理解外部知识搜寻的空间特征和转化规律及多种内外部因素的作用，因而可以建立更加贴近企业外部知识搜寻活动实践的理论体系。这不仅对像美国医药行业这样遇到创新困境的企业来说非常重要，而且对像中国这样的发展中国家也十分重要。由于我国本土企业处于快速追赶先进技术的过程中，自身研发实力相对发达国家企业来说较弱，长期以来我国本土企业都把外部知识和技术获取作为企业发展的重要来源，并以此为技术学习的起点（刘凤朝等，2015；Nam，2015；芮正云和罗瑾琏，2016）[309,163,319]。在外部知识搜寻过程中，每个维度搜寻距离的远近带给企业的成本、机会和收益均不相同，企业需要根据自身的情况在各个维度之间做出取舍。虽然本研究是基于美国医药企业实践的大样本研究，但是发达国家的创新活动一直是值得我们借鉴和学习的，尤其是医药行业这种创新驱动的产业对我们更具有创新管理的指导意义。通过搜寻维度的共变性分析，企业可以对外部知识搜寻空间各个维度的相互关系有更深入的了解；通过外部知识搜寻结构与企业创新和财务绩效的关系研究，企业可以更清楚地知道哪些搜寻结构对提升企业绩效有帮助，一般来说较优的搜寻结构是什么；通过对外部知识搜寻结构异质性形成机制的分析，企业可以认识到内外部哪些因素决定了企业对搜寻结构的选择。后续企业在进行外部知识搜寻时，可以对比自己的情况进行合理有效的规划，如能够去多远的地方搜寻知识和技术，能够搜寻多新（或者多旧）的知识和技术，能够跨多大的行业（或技术领域）去搜寻知识和技术。因此，本研究有望更好地指导企业在外部知识搜寻过程中做出合理的选择，从而避免企业被锁定在技术能力发展的低端轨道上。大样本的数据研究和理论分析对各行各业的企业创新管理实践都将具有一定的指导意义。同时，研究结论对相关政府部门的政策制定也具有重要的参考价值。

1.4 研究方法与技术路线图

本研究是在理论分析的基础上展开的实证研究，为了更加系统、全面、有效地研究开放创新环境中，企业外部知识搜寻空间结构的异质性及其形成机制，本书将根据理论框架构建、研究假设提出与实证检验、研究结果分析与对策建议提炼的基本思路来展开研究，研究过程中将采用定性的文献调研、定量的描述和回归分析相结合的方法，整个研究的具体技术路线如图1-3所示。

1.4.1 理论框架构建

本研究主要有两个部分需要理论框架的支撑。一方面，在构建企业外部知识搜寻空间的时候需要基于已有文献提炼各个搜寻维度。首先，在现有文献调查的基础上，借鉴 Li 等（2008）[142]通过对1991—2007年间发表的43篇重要知识搜寻文献的梳理，提出三个搜寻维度的思路方法，识别并确定企业外部知识搜寻维度。其中，时间维度的定义借鉴 Katila 等（2002）[117]和 Nerkar（2003）[167]的研究，测量企业通过外部知识搜寻所获知识的新旧程度；地理维度的定义借鉴 Lublinski（2003）[146]和邬爱其等（2012）[337]的研究，测量企业进行外部知识搜寻时所跨越的自然空间远近，即地理距离；认知维度的定义借鉴 Rosenkopf 等（2001）[192]和 Phene 等（2006）[181]的研究，测量企业通过外部知识搜寻所获知识与企业现有知识的相似程度。其次，基于对近10年来国内外知识搜寻相关文献的收集与整理，进一步识别企业外部知识搜寻维度，如 Grimpe 等（2009）[88]区分的来自竞争企业的市场技术和来自大学与科研机构的科研技术；Hong 等（2013）[104]在研究中国非本地产学研合作时引入的组织制度邻近性等。最

第1章 绪 论

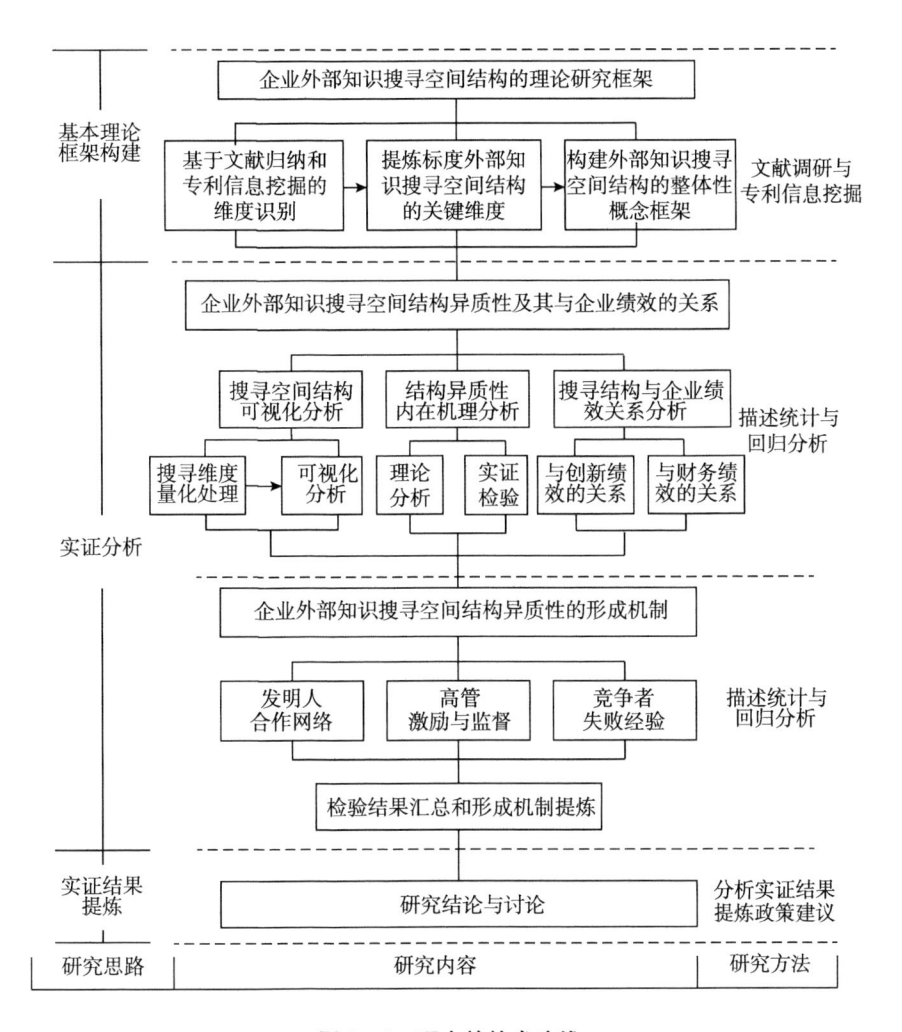

```
基本理论          企业外部知识搜寻空间结构的理论研究框架
框架构建    ┌─────────────┬──────────────┬──────────────┐
           │基于文献归纳和│ 提炼标度外部知│构建外部知识搜寻│ 文献调研与
           │专利信息挖掘的│─识搜寻空间结构─│空间结构的整体性│ 专利信息挖掘
           │  维度识别    │  的关键维度   │  概念框架    │
           └─────────────┴──────────────┴──────────────┘

           企业外部知识搜寻空间结构异质性及其与企业绩效的关系
           ┌─────────────┬──────────────┬──────────────┐
           │搜寻空间结构  │ 结构异质性    │搜寻结构与企业绩│
           │可视化分析    │ 内在机理分析  │效关系分析     │ 描述统计与
           ├──────┬──────┼──────┬───────┼──────┬───────┤ 回归分析
           │搜寻维│可视化│理论  │实证   │与创新│与财务 │
实证分析   │度量化│分析  │分析  │检验   │绩效的│绩效的 │
           │处理  │      │      │       │关系  │关系   │
           └──────┴──────┴──────┴───────┴──────┴───────┘

           企业外部知识搜寻空间结构异质性的形成机制
           ┌─────────────┬──────────────┬──────────────┐
           │  发明人      │  高管        │  竞争者      │ 描述统计与
           │  合作网络    │  激励与监督  │  失败经验    │ 回归分析
           └─────────────┴──────────────┴──────────────┘

                    检验结果汇总和形成机制提炼

实证结果  ┌──────────────────────────────────────────┐ 分析实证结果
提炼      │           研究结论与讨论                  │ 提炼政策建议
          └──────────────────────────────────────────┘
  研究思路              研究内容                研究方法
```

图1-3 研究的技术路线

后，结合美国医药企业外部知识搜寻的实践，提炼出具有代表性的外部知识搜寻维度。借鉴创新理论、知识基理论、弹性理论、动态能力理论等相关理论，通过运用文献研究和理论归纳等方法，定义外部知识搜寻空间的内涵、结构特征、相关维度关系等概念框架，构建企业外部知识搜寻空间的整体性理论研究框架。另一方面，本书重点从内部底层发明人网络到高层公司治理，再到外部同行竞争者行为，由浅入深、从内至外地层层剖析企业外部知识搜寻结构异质性的影响因素。因此，每个部分都需要通过大量的文献和理论分析来提出研究假设。例如，在发明人网络与企业外部知

11

识搜寻结构关系研究中可能涉及社会网络分析的各种理论知识，在公司治理与企业外部知识搜寻结构关系研究中可能会用到公司委托代理、信息不对称等理论，在同行竞争者行为与企业外部知识搜寻结构关系研究中可能会涉及有关组织学习和失败学习的理论。将不同层次的因素整合到一起，需要构建一个完整的理论框架才能清晰地认识企业外部知识搜寻空间结构异质性的影响因素，并提炼其形成正确的带有规律性的机制。

1.4.2 实证分析检验

本书涉及实证分析的内容有三个：一是企业外部知识搜寻空间结构的可视化分析和各维度的关系分析；二是企业外部知识搜寻空间结构与企业创新绩效和财务绩效的关系；三是企业外部知识搜寻空间结构异质性的影响因素分析，包括发明人外部合作网络、高管激励和监督，以及同行竞争者行为。实证分析中主要涉及数据来源、变量测度和分析方法。

1. 样本数据来源

本书所有实证都是以美国上市医药公司为研究素材，以企业专利申请过程中的后向专利引文作为外部知识搜寻活动的具体形式。专利信息和引文数据均来自于美国专利及商标局（United States Patent and Trademark Office，USPTO）公开发布的数据。同时，由于外部知识搜寻是企业创新行为研究，因此还将涉及许多关于企业层面的信息。除此之外，在描述医药产业的行业概况时，也将涉及许多医药行业的信息。所以，除了来自USPTO的数据外，本研究还搜集了大量来自Compustat数据库提供的美国上市公司的各种企业基本信息、高管信息和财务信息，以及来自美国FDA的关于医药行业的数据。

2. 主要变量测度

这里简单介绍本研究实证分析过程中需要用到的三类主要变量。首先，分析企业外部知识搜寻空间结构需要对搜寻维度进行量化处理，鉴于每一次专利后向引文的产生都需要同时在多个维度上做决策，因此，借鉴国内外学者围绕外部知识搜寻开展的实证研究，本研究采用专利的申请时间（年份）与被引用专利的申请时间（年份）的差值来测度时间维度的距离；利用专利申请人所在地与被引用专利申请人所在地之间的球面直线距离来测度搜寻的地理维度距离；使用专利申请人过去五年内在被引用专利所在技术领域申请过的专利数量比例来测量搜寻的认知维度距离。其次，针对外部知识搜寻与企业绩效的关系研究，本研究使用滞后一年的企业专利申请量作为衡量创新绩效的指标；使用滞后一年的企业净利润作为衡量财务绩效的指标。分别用滞后两年和三年的相应指标作为稳健性检验。最后，关于企业外部知识搜寻结构异质性的形成机制分析，根据现有文献和理论分析，本研究分别使用结构洞、接近中心度来衡量发明人在外部创新合作网络中的位置；在高管分析中，同时考虑公司治理中的管理层激励机制（如 CEO 持股比例）和监督机制（如大股东持股比例、独立董事比例、CEO 与董事长二职合一等）；在同行竞争者行为研究中，通过测量竞争者在不同搜寻结构中的失败次数来衡量竞争者行为对企业外部知识搜寻结构决策的影响。研究内容涉及的主要变量测度方法说明见表 1-1。

表 1-1 主要变量测度方法说明

变量类型	变量名	测度方法
搜寻维度	时间维度[①]	$Time = \max\left\{\ln\left[\dfrac{\sum_N (Year_{focal\ patent} - Year_{cited\ patent})}{N} + 1\right]\right\} - \ln\left[\dfrac{\sum_N (Year_{focal\ patent} - Year_{cited\ patent})}{N} + 1\right]$
搜寻维度	地理维度	$Geography = \ln\left\{\dfrac{\sum_{j=1}^{N}[R\cos^{-1}(\sin L_i \sin L_j + \cos L_i \cos L_j \cos(|G_i - G_j|))]}{N} + 1\right\}$
	认知维度[②]	$Cognition = 1 - \dfrac{\sum_{i}^{N}(number\ of\ applications_i / total\ number\ of\ applications)}{N}$
企业绩效	创新绩效	滞后 1（2 或 3）年的企业专利申请量
	财务绩效	滞后 1（2 或 3）年的企业净利润

13

续表

变量类型	变量名	测度方法
影响因素	执行层面：发明人外部合作网络	发明人在外部合作网络中的位置，如结构洞、接近中度
	决策层面：高管激励和监督	公司治理中的管理层激励机制和监督机制，如 CEO 持股比例、大股东持股比例、独立董事比例、CEO 与董事长二职合一
	外部环境：竞争者失败经验	同行竞争者搜寻失败的次数

①时间是指专利的申请时间。考虑到分析的方便性，以及与其维度的一致性，用此计算的最大值减去原始值得到最终的时间维度，该变量的值越小，表示搜寻时间越旧，值越大，表示搜寻时间越新。

②为了便于分析，用此计算的最大值1减去原始值得到最终的认知维度。该变量的值越小，表示搜寻认知距离越近，即企业对搜寻的知识越熟悉，值越大，表示搜寻认知距离越远，即企业对搜寻的知识越陌生。

3. 实证分析方法

本书实证分析中的研究单元既有专利层面也有企业层面。首先，在量化处理各搜寻维度和可视化分析企业外部知识搜寻空间结构时，使用专利层面的专利引文作为分析单元，原因是每一件专利都可视为解决某个具体创新问题而进行的创新活动，背后的专利引文就是创新背后的知识搜寻活动，而每个搜寻活动都包含时间、地理和认知三个维度上的距离。该部分实证分析主要运用 MATLAB 和 Stata 软件对外部知识搜寻空间结构做可视化分析，形象地描绘外部知识搜寻空间结构随时间的演化规律以及不同企业搜寻结构在多维空间上的分布情况。其次，针对企业外部知识搜寻空间的异质性分析，选择弹性分析方法实证检验各结构维度的共变性，即相互之间的影响，分析一个维度的变化会引起其他维度产生怎样的变化。再次，针对外部知识搜寻空间与企业创新绩效和财务绩效的研究，本研究主要以企业为分析单元，使用多元回归分析，同时控制其他如企业层面、区域层面的因素对企业绩效的影响。最后，在分析外部知识搜寻空间结构异质性的形成机制时，发明人网络、高管激励和监督、同行竞争者行为三个层面也均使用专利为分析单元。根据因变量数据结构的不同，回归过程中需要用到不同的分析模型，如 Mlogit 模型、Tobit 模型等。此部分分析中还涉及各种权变因素的调节作用，用以进一步验证主假设的理论推导，因此需要多次引入交叉项和调节图的分析。在分析工具的选择上，本研究主要使用 Stata、MATLAB、SPSS、Excel 等软件进行数据处理与分析。

1.4.3　研究结论讨论与政策建议提炼

综合考虑本研究是理论和实践相结合的概括和分析，因此，在实证结束后将针对实证分析结果，结合企业实践，提炼出有价值的研究结论。根据具体研究内容，本研究将有选择地对当地一些企业的研发技术人员、企业管理人员、其行业竞争对手、政府创新创业部门工作人员等进行简单访谈，同时充分利用与企业交流的研究成果，探讨此研究的实践意义，并进行相应的对策研究。最终为企业提供外部知识搜寻的实施策略建议，同时为政府部门提供有价值的政策建议。

1.5　研究内容与框架

针对现有研究从单一侧面或简单线性关系的视角看待企业外部知识搜寻行为的不足，本研究通过文献分析和计量分析方法，把企业外部知识搜寻置于多维空间之中，基于结构异质性视角，从整体上研究企业外部知识搜寻的不同空间结构形态及其形成机制，为实业界和理论界更全面和更清晰地认识外部知识搜寻活动提供有力的支撑。本书的总体研究框架如图 1-4 所示。

第 1 章是绪论。首先，基于实践背景和理论背景，有针对性地提出本书的具体研究问题，然后，从理论和实践的角度分析本书的研究意义；其次，简要介绍本书的研究方法和技术路线，明确全书的研究内容和框架；最后，分析本研究可能提供的创新点。

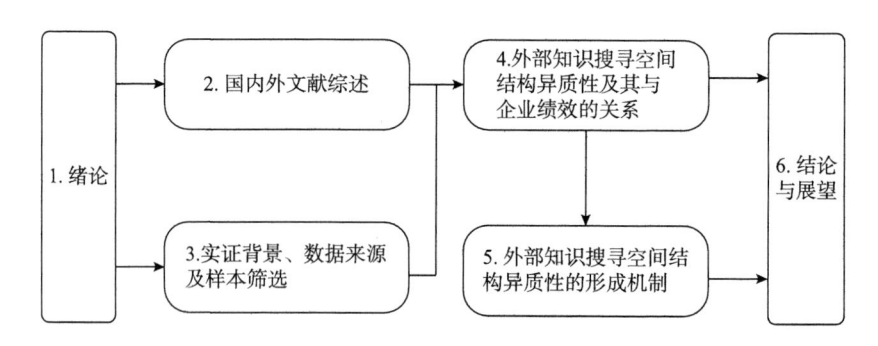

图1-4　总体研究框架

第2章是国内外文献综述。详细梳理国内外现有文献关于企业外部知识搜寻的相关研究，主要包括外部知识搜寻的三种模式，已有关于外部知识搜寻的时间、地理和认知维度，外部知识搜寻活动的影响因素，外部知识搜寻的结果。文献分析中可能涉及相关理论，如资源基础理论、交易成本理论、组织学习理论、技术创新理论等。在现有文献分析和整理的基础上，归纳总结和评述国内外文献关于企业外部知识搜寻活动研究的不足，为本书的研究问题提供可靠的理论借鉴。

第3章是实证背景、数据来源及样本筛选。医药行业是创新驱动的高技术行业之一，美国医药企业作为行业领头羊，在近些年来也面临着研发周期越来越长、研发投入越来越多的创新困境，他们正在积极采取各种行动寻求外部知识和技术以保持源源不断的创造力和竞争力，因此为创新管理者研究企业外部知识搜寻提供了很好的第一手素材。本部分首先简单回顾了全球医药行业的发展现状及该产业的研发特点；然后主要针对美国医药企业，具体分析了他们在日趋激烈的竞争环境中面临的创新困境，以及他们采取的积极应对措施；最后对本研究实证分析的数据来源和样本筛选过程进行了详细说明。

第4章是外部知识搜寻空间结构异质性及其与企业绩效的关系。本部分首先在广泛阅读相关文献的基础上，结合美国医药企业外部知识搜寻的实践，对现有文献中关于企业外部知识搜寻维度的讨论进行梳理和整合，提炼出具有代表性的外部知识搜寻维度。在此基础上，定义企业外部知识搜寻空间的内涵、结构特征、各维度的相互关系等概念框架，为本研究奠定理论基础，并为外部知识搜寻空间结构的研究提供重要的维度依据。同时，建立的概念框架也能为后续的实证研究提供理论支撑。其次，从结构异质性视角对企业外部知识搜寻空间结构进行可视化分析。利用 MATLAB、Stata 等软件，以美国医药企业的专利引文为数据来源，勾画出企业外部知识搜寻空间的不同结构形态，并且形象地揭示出企业间外部知识搜寻空间结构的异质性。再次，从理论和实证两方面分析这种异质性现象的内在机理。通过理论分析指出搜寻结构异质性是企业在搜寻过程中对新颖性和确定性的平衡结果，并在此基础上提出各个搜寻维度关系变化的假设。通过实证分析各个维度之间的相互作用，探寻某个维度的变化会引起其他维度怎样的变化以及变化对起源维度的影响，进而形成异质性的搜寻结构，进一步验证了提出的假设。最后，通过外部知识搜寻空间结构与企业绩效的关系分析，进一步说明外部知识搜寻空间结构异质性的存在，以及进一步研究异质性影响因素的必要性。外部知识搜寻空间结构与企业绩效的关系不是本书的主要研究内容，因此本部分只对外部知识搜寻结构与企业创新绩效和财务绩效的关系进行简单的分析。

第 5 章是外部知识搜寻空间结构异质性的形成机制。本部分根据创新实践和理论分析，从企业内部执行层面、决策层面，以及外部环境层面构建了一个"自下而上、由内到外"的多层次影响因素分析框架，探讨这些因素如何通过影响"新颖性和创新性的冲突"这一内在机理，进而形成企业的外部知识搜寻空间结构异质性。第一，在内部执行层面，发明人作为创新的直接参与者，在很大程度上决定了创新过程中的搜寻活动。本研究借鉴社会网络分析中的相关理论，着重分析发明人在外部创新合作网络中的位置，如结构洞、接近中心度等，对企业外部知识搜寻结构异质性形成的影响。第二，在内部决策层面，高管行为决定了企业外部知识搜寻的战略决策的确定。因此本部分将从公司治理的视角，根据委托代理理论和其他相关理论重点分析公司治理中的激励机制和监督机制对企业外部知识搜寻空间结构异质性形成的影响。第三，除了企业内部因素，外部环境也对企业外部知识搜寻空间结构造成影响,本部分以外部环境中同行竞争者的行为为例,重点从组织学习的视角分析同行竞争者搜寻失败经验对企业外部知识搜寻空间结构异质性形成的影响。以上三部分内容是规范的实证研究,因此,每个研究内容都会严格按照"理论分析—提出假设—实证分析"的思路展开。最后在本章小结之前,对所有实证结果进行统一讨论,并从一个比较完整的框架出发讨论外部知识搜寻空间结构异质性的影响因素,并提炼其形成机制,为企业和研究学者清晰地认识外部知识搜寻空间结构提供有价值的参考。

第6章是结论与展望。本部分首先对研究结果进行归纳总结,然后阐述本研究的理论贡献以及对企业和政策制定者的启示,最后针对本研究的局限和不足,讨论未来可能继续开展的研究方向和研究内容。

1.6　研究创新点

国外关于企业外部知识搜寻的文献在过去十年内呈快速增长的发展态势,近几年也吸引了不少国内学者进行相关研究。纵观这些研究,主要集中在外部知识搜寻的某一个维度或某两个维度,而缺乏多维空间视角的整体研究。本研究在整合现有搜寻维度的基础上,提出外部知识搜寻空间概念,并进行空间结构维度的异质性分析和影响因素研究,超越了原有外部知识搜寻"点—线—面"或者碎片化的研究范式,可以说是对外部知识搜寻理论和方法的完善和深化。具体而言,本研究的创新点存在于以下几方面。

首先,在研究视角上,本研究突破了原有单一研究范式片面性的缺陷,从整体视角提出外部知识搜寻空间的概念,同时研究搜寻活动的多个维度。这种新视角可以促进外部知识搜寻研究范式发生转变,为学术界更加贴近企业实践并研究外部知识搜寻活动提供一条新思路。

其次,在研究内容上,过去的文献主要是结果研究,即通过理论和实证来讨论外部知识搜寻对企业绩效的影响,对平衡搜寻的内在机理及外部知识搜寻的影响因素尚未形成完整的研究体系。本研究在量化外部知识搜寻空间结构的基础上，重点分析企业间知识搜寻结构异质性形成的内在机理及其影响因素。这些前端工作研究，可以延伸知识搜寻的分析链条，为全面而深入地认识企业外部知识搜寻活动提供理论依据。

最后，在研究成果应用上，本研究较为全面地考察外部知识搜寻的多个维度，并系统而翔实地分析了外部知识搜寻结构异质性及其形成机制，因此，得出的相关规律更加贴近企业的搜寻实践，研究结论可以帮助企业更好地认识外部知识搜寻活动及其形成机制，进而有利于企业知晓应该如何调整或改变内外部条件，以便高效地搜寻、获取和利用外部知识，从而全面提升技术创新能力。

第 2 章 国内外文献综述

自 20 世纪 80 年代以来，以创新为目的的外部知识搜寻研究获得了西方学者的广泛关注，并在近年来日益受到国内学者的重视。本章将沿着外部知识搜寻"是什么—为什么—怎么样"的思路，首先阐述现有文献对外部知识搜寻的概念界定（是什么），其次分析学者们对外部知识搜寻模式和维度的研究情况（是什么），然后回顾关于外部知识搜寻影响因素的文献（为什么），最后分析外部知识搜寻的结果研究（怎么样）。通过对这几方面文献的系统回顾和评述，本章旨在厘清国内外关于外部知识搜寻活动的研究现状，并发现其中的不足，以期有效指导对外部知识搜寻的深层次研究。

2.1 外部知识搜寻的起源与内涵

知识搜寻概念可以追溯到 1963 年 Cyert 和 March 所著的 *A Behavioral Theory of the Firm*[57]。作者在该书中根据企业行为理论，认为企业搜寻是问题驱动的活动，企业为了解决生产经营中出现的问题而开展搜寻活动。例如，当企业没有实现预期绩效时，会被认为是生产经营中出现了问题，所以需要去搜寻解决问题的办法。此外，他们还强调引起搜寻的另一种原因，即冗余。当企业冗余资源较多时也可能发生搜寻活动，这时的搜寻目的主要是寻找企业从未使用过的机会因素来促进增长。所以，企业行为理论研究者将搜寻看作是企业为了解决问题或发现增长机会而开展的活动（Gavetti, et al., 2012; Lu and Fang, 2013）[84,145]。

后来，Nelson 和 Winter（1982）[166]在 *An Evolutionary Theory of Economic Change* 一书中，从演化经济学的视角强化了企业搜寻的概念及其重要性。他们认为搜寻是企业为了适应环境变化而主动获取多样性知识输入的活动。演化理论借鉴生物进化理论，强调知识搜寻在企业适应环境变化中的重要作用。在以生存和发展为目的的适应性成长过程中，搜寻各种知识要素可以帮助企业获得更多机会去创造新技术、新知识，从而促进企业的创新和发展。

而知识搜寻的概念主要是由创新管理研究者们根据以上两个理论基础发展而来的。有部分学者借鉴企业行为理论中对搜寻的认识，将知识搜寻定义为一种解决创新问题的活动，企业通过在组织内部或外部寻找知识，并重组这些知识创造新技术或新知识，用以解决企业生产运营中的问题（Katila and Ahuja，2002；Yayavaram and Ahuja，2008）[117,258]。还有部分学者从演化经济学的视角将知识搜寻定义为，企业为了解决创新问题或为发现新机会，在不确定的动态环境中进行知识和信息搜集等活动（Laursen，2011）[125]。除此之外，国内有些学者也提出过类似定义。例如，唐朝永等（2014）[327]认为知识搜寻是企业以技术提升为目的的解决问题的活动，包括企业对相关技术和想法的处理和重组。陈力田等（2014）[267]认为知识搜寻是企业为了适应环境的变化与趋势，进行快速有效的配置资源搜寻和创新知识源选择的行为。

知识搜寻可以为创新提供知识或技术要素，因而成为企业创新至关重要的前提环节，它在过去 30 多年时间里逐步发展为创新管理领域的一个重要研究分支（Nelson and Winter，1982；Katila and Chen，2008；张峰和刘侠，2014）[166,118,362]。然而，随着创新管理学者们的深入研究，大家越来越意识到外部知识在技术创新中的重要性。因此，知识搜寻的内涵也逐步延伸到外部知识搜寻，它是指企业借助各种渠道获取各类外部知识用以解决创新问题的方法或活动（Schumpeter，2017）[208]。一方面，从企业边界（Enterprise boundary）的角度来看，企业通过搜寻组织外部的知识和技术，能够有效扩大组织的知识库，增加不同知识元素组合的可能性，从而有利于企业创新（Sidney，1982；Katila and Ahuja，2002；Lemley and Feldman，2016）[214,117,135]。另一方面，从专业知识搜寻的角度来说，企业在以知识为导向的搜寻战略下，通过"由内向外"（Inside‐out）的搜寻过程获得技术性知识（Technological knowledge），这些知识能够为企业开发新技术、生产先进产品提供关键资源（Gatignon and Xuereb，1997；Kim et al.，2013）[82,121]。企业技术创新是重新组合组织内外部多样性的知识要素，以产生新知识、新技术、新产品，并进行商业化的过程。所以，技术创新的首要任务是搜寻并获取不同于内部的知识要素（Schumpeter，1936；Schumpeter，2017）[207,208]。尤其是在市场日益开放和分工日益细化的社会环境下，一个企业很难拥有解决一个创新问题的所有知识，因此，仅限于组织内部的搜寻已不再满足企业创新的需求，走出去寻找企业自身尚未拥有的知识才是知识搜寻的关键（Bogers et al.，2018）[30]。

2.2 外部知识搜寻的模式

到底去哪里寻找知识是外部知识搜寻的首要问题，为了回答技术创新过程中不同的知识或技术要素从何而来的问题，学者们根据外部知识要素来源与企业现有知识基础的距离对外部知识搜寻模式进行划分，区分了开发式搜寻（Exploitative search），即本地搜寻（Local search）和探索式搜寻（Explorative search），也称非本地搜寻（Non-local search）、远程搜寻（Distant search），或跨界搜寻（Boundary-spanning search）（March，1991；Katila，2002；Li et al.，2008；Savino et al.，2017）[152,116,142,204]。从国内外相关研究来看，早期的外部知识搜寻文献主要集中在开发式搜寻，随后发展到探索式搜寻，以及日益兴起的平衡性搜寻，即协调开发式搜寻和探索式搜寻，或不同搜寻维度之间的关系（Phene et al.，2012；Laursen and Salter，2013；Colombo et al.，2014；肖丁丁和朱桂龙，2016；杨慧军和杨建君，2016）[182,128,54,341,348]。

2.2.1 开发式搜寻

开发式搜寻也称本地搜寻，指企业围绕自身已有的知识基础（Knowledge base）进行的外部知识搜寻活动。基于组织行为学和演化经济学的理论背景，早期的研究把外部知识搜寻活动限定为开发式搜寻，认为当企业遇到问题时，通常会沿着自己已经熟知的知识或技术领域，或者根据历史的经验和习惯去寻找解决方案（Nelson，1982）[164]。随后，Dosi（1982）[65]进一步深化了对开发式搜寻的理解，他认为企业技术轨道的变化是相对缓慢的，而企业创新过程中的知识搜寻活动又是相对频繁的。Dosi认为开发式搜寻就是沿着企业已有的技术轨道及其周边，寻找新的知识和技术、解决创新问题方案的过程，因而将其限定在企业特定的技术轨道内。该概念得到了同一时期其他学者的认可，并被进一步强化（Nelson and Winter，1982）[166]。不过他们没有强调企业已有技术轨道对外部知识搜寻活动的限制作用，而是借鉴了 Polanyi（1960）[185]关于显性知识（Explicit knowledge）和隐性知识（Tacit knowledge）的研究成果。他们认为外部知识搜寻涉及的有用知识要素大多数是隐性知识，通常只存在于特定的组织内部、创新团体或个人头脑中，不像显性知识一样那么容易转移。因此，受到隐性知识特征的影响，企业开展外部知识搜寻活动时通常是在原有知识的基础上，在其邻近区域中去搜寻次优解决方案，而非在所有外部技术和知识中去寻找最优方案（王元地等，2015）[332]。

后续相关文献从个体有限理性和技术学习的视角进一步解释了为什么外部知识搜寻通常是沿着已有技术轨道进行开发式搜寻。第一，搜寻战略制定者和具体实施者都是人，根据个体有限理性的研究，在现实生活中，企业管理者和创新研发人员所获得的信息、知识和能力等都是有限的，他们很难周密考虑到所有能够解决企业问题的方案，更不可能准确地预见未来每种解决方案对企业可能产生的影响（Knudsen，2005）[123]。因此，企业倾向于寻找自己所熟悉的领域，即在企业的知识基内或其邻近领域内寻找答案。第二，从技术学习的视角来看，任何新技术都是在原有旧技术之上的拓展和提高（Todorova and Durisin，2007）[228]。这类似于吸收能力（Absorptive capacity）的概念，即企业首先需要具备一定的知识储备，然后才能良好地吸收和消化以创造新知识（Cohen，1990）[53]。因此在外部知识搜寻过程中，他们会受到企业原有知识和技术基础或自己已有认知和习惯的影响，倾向于在原有知识和技术领域范畴内去寻找解决问题的方案，所以绝大多数外部知识搜寻活动呈现出开发式搜寻模式的特征（芮正云和罗瑾琏，2016；赵立雨，2016）[319,372]。

在外部知识搜寻研究的前期，开发式知识搜寻被学者们广泛接受，也被大家视为一种标准的搜寻模式。因此，学者们以开发式搜寻为核心，不断利用诸多理论来论证它的合理性，以增强学术界对开发式知识搜寻概念的理解。同时，他们也从多个方面提出了开发式知识搜寻的优势，主要包括：第一，节省时间。在竞争日益激烈和环境日趋动荡的市场中，持续不断地创新成为企业的生存之道。当遇到问题时，如果企业能沿着自己已有的技术轨道，从熟悉的领域去寻找解决方案，这样可以大大减少搜寻外部知识的时间，从而节省创新时间，早日实现在市场上推出新产品的目标，时间成本的节约能够为早期涉足新市场的企业争取到更多的市场份额（Leone and Reichstein，2012）[137]。第二，搜寻和吸收成本低。围绕企业原有的熟悉的知识和技术领域展开外部知识搜寻，这样既可以减少企业对外部知识的重新认识成本，也可以降低企业和外界组织的沟通成本。更重要的是，搜寻熟悉的外部知识可以使企业快速地吸收和利用，因此大大降低了企业整合外部知识和已有技术的成本（Carlile，2004）[43]。第三，方案可靠。由于通过开发式搜寻找到的解决问题的方案是企业比较熟悉的，甚至是在过去的创新中已经尝试或使用过的，因此企业对这类解决方案的运作应该具有较大把握。企业通过搜寻并整合熟悉的知识形成的新技术或新产品，其技术性能更加稳定，由此生产出来的产品，其质量也会更加可靠（Fleming，2001）[73]。

虽然早期研究从各种理论基础出发探讨了开发式搜寻的合理性，也加深了我们对开发式知识搜寻的理解，但是这种早期被学术界认为是标准模式的搜寻方式也存在一些不足。一方面,有时候企业需要的创新可能无法通过现有的知识基础来解决。特别是当企业面临一些重大技术创新和技术革命的时候,他们需要的知识和技能往往超越了企业原有的知识基础,因此,开发式搜寻的弊端就显现出来(Sang and Cullen, 2013)[200]。另一方面,过度的开发式搜寻可能造成企业目光短浅和认知偏见等缺陷,从而可能忽略企业自身以及组织和知识边界之外的新机会、新知识和新技术。因此,开发式知识搜寻模式可能对企业创新产生负面的作用,尤其是对身处技术快速变革的发展中国家的工业企业(Stettner and Lavie, 2014)[223]。基于这些认识,学术界逐渐开始将目光转向知识的探索式搜寻模式,即非本地搜寻模式或跨界搜寻模式(彭本红和武柏宇,2017)[317]。

2.2.2 探索式搜寻

自 20 世纪 90 年代起,随着企业竞争的加剧和国际商业环境的快速变化,开发式搜寻的有效性逐渐遭到学者们的质疑,企业知识搜寻的研究重点也开始向探索式搜寻模式转移(Sidhu et al., 2004; Vrande et al., 2011; 肖丁丁和朱桂龙,2016; Muscio et al., 2017)[213,239,341,162]。这种转移体现了学术界对企业创新环境、技术创新特点和创新决策者行为方式认知的继续深化,也意味着创新管理研究者对基于传统知识搜寻理论的演化经济学的扬弃(Vrande et al., 2011; Phene et al., 2012)[239,182]。演化经济学虽然从动态视角拓展了新古典经济学一些静态均衡假设,其建立的理论基础更加贴近企业实践,但它强调变革中的路径依赖,同时也认为企业规模不能无限制地扩大。这些思想直接影响了人们对企业知识搜寻活动的研究,使得学者们认为企业外部知识搜寻决策总是建立在企业过去的经验上(Stadler et al., 2014; Yang et al., 2014)[221,256]。而探索式搜寻模式研究摒弃了这种观点,认为企业可以充分利用自己已有知识基础或邻近区域以外的有价值的知识要素,因此探索式搜寻模式也称为非本地搜寻模式(董振林,2017)[273]。

这种搜寻模式之所以被越来越多的学者和实践者推崇,是因为搜寻非本地的知识和技术,可以为企业技术创新带来更多的创新机会。例如引入了大量全新的、差异化的知识元素,可以提供更多本地搜寻无法实现的新知识、新技术组合,尤其是在外部环境飞速变化的时代,这种探索式搜寻模式可以给重大技术创新提供机会,实现与外部环境的及时动态匹配,从而更有助于企业提升创造力,保持竞争力(Yang and Li,2011;吴晓波等,2016)[257,339]。然而,非本地搜寻也带来了一些新的问题,给企业知识搜寻管理提出了新的挑战。例如,大量的外部知识要素存在于不同的个体和组织中,这些组织通常具有与企业自身不同的文化背景、价值观念和知识惯例。首先在搜寻过程中增加企业的搜寻成本,包括资金成本和时间成本;其次与这些个体或组织合作并充分利用其知识和技术要素也会加大协调难度(He and Wong,2004)[97]。除此之外,还有研究表明,如果企业频繁地同外部主体(包括个人和其他组织机构)合作,很可能导致企业内部原有技术和知识向外泄露,引起更多竞争者注意,这样不仅引发信息泄露风险,也加大了竞争风险(Abulrub and Lee,2012;Franzoni and Sauermann,2014)[2,76]。

根据已有研究,开发式搜寻和探索式搜寻各有优劣(见表2-1)。开发式搜寻首先可以使企业沿着熟悉的技术轨道获取外部技术资源,节约时间和降低搜寻成本;其次有利于企业更好地协调已有的内部知识和搜寻到的外部知识(Lin et al.,2017;Choi and McNamara,2018)[144,51]。但是开发式搜寻使企业落入原有的技术轨道,过度地搜寻本地知识容易使企业陷入"能力陷阱"和"核心刚性",因此很难实现重大的突破式创新(Leonard-Barton,1992;吴增源,2015)[136,340]。探索式搜寻克服了开发式搜寻的缺陷,使企业能获得更多差异化的新知识和技术元素,进而帮助企业更好地实现技术上的重大创新(张峰和邱玮,2013)[363]。然而,探索式搜寻脱离了企业原有的技术轨道,大大增加了搜寻成本和协调难度,而且在探索式搜寻的过程中,企业自身知识和技术被泄露的可能性增加,从而引致更大的竞争风险(孔越,2017)[295]。

表 2-1　开发式搜寻和探索式搜寻的优势和劣势

搜寻模式	优　势	劣　势
开发式搜寻	节约时间，成本低，可靠性高	容易陷入"能力陷阱"，不利于实现重大创新
探索式搜寻	获取新颖性知识要素，实现与外部环境的动态匹配	搜寻成本高，协调难度大，泄露自身技术和知识引致更大的竞争风险

由于开发式和探索式搜寻均存在一定的优势和劣势，于是一种折中的办法应运而生，即学者们提出的平衡性搜寻——同时保持适度的开发式搜寻和探索式搜寻，既可以利用不同搜寻模式的优点又可以有效地避免各自的不足。

2.2.3　平衡性搜寻

为了更好地发挥开发式搜寻和探索式搜寻的优点，并有效克服各自拥有的缺陷，学术界提出了一种新的外部知识搜寻模式，即平衡性搜寻。虽然研究者们认为开发式搜寻依旧是企业的主要知识搜寻模式，但他们也建议企业应该尽量跳出"本地搜寻陷阱"（Local search trap），开展适当的非本地搜寻，充分利用本地和非本地知识要素各自的优点，做到优势互补（Gupta et al., 2006; Jansen et al., 2006; Amponsah and Adams, 2017; Weng and Huang, 2017）[90,110,9,249]。部分实证分析已经得出了一些支持这种假设的研究结果，认为企业实施平衡性知识搜寻可以达到更高的绩效水平。现有研究中，Katila 和 Ahuja（2002）[117]的研究是最早对这一命题进行检验的文献，他们使用美国专利数据，发现开发式搜寻模式和探索式搜寻模式的互补作用可以同时促进企业新产品数量的增加。随后，He 和 Wong（2004）[97]、Laursen 和 Salter（2006）[127]、Phelps 等（2007）[180]、Raisch 等（2009）[188]、Lavie 等（2011）[129]的相似研究也证明了平衡性搜寻模式的这种积极作用。不过，这些研究对于开发和探索，或是本地和非本地的划分基本局限在知识搜寻的某一个或两个维度（Katila and Ahuja, 2002; Lucena, 2016; 芮正云和罗瑾琏, 2016）[117,147,319]。例如，Katila 和 Ahuja

(2002)[117]的研究集中在时间维度，他们把过度搜寻旧的知识认为是时间上的开发式搜寻，把过度搜寻新的知识认为是时间上的探索式搜寻，而这两种搜寻方式都不利于企业创新，更有效的搜寻方式是平衡时间上的开发式搜寻和探索式搜寻。而其他一些学者，如 Lublinski（2003）[146]、Petruzzelli（2014）[178]等人的研究则集中在地理和认知两个维度，他们从这两个维度的平衡性搜寻视角讨论了对企业绩效的正向作用。Petruzzelli 以 5575 个生物行业的专利为例，实证结果显示同时在地理维度和认知维度上平衡开发式搜寻和探索式搜寻有利于企业的创新。Lavie 等（2011）[129]以战略联盟为具体的外部知识搜寻模式，讨论了外部知识搜寻在某一个维度内的平衡性搜寻和跨维度的平衡性搜寻，实证结果发现无论是单个还是多个维度的平衡性搜寻都会对企业绩效产生正向积极作用。但是，Stettner 等（2014）[223]对美国 190 家软件企业的实证研究成果却表明，企业同时在组织内部、战略联盟和外部并购中寻求平衡性搜寻可以提高企业绩效，但如果企业只在组织内部、战略联盟和外部并购的某一个框架下实施平衡性搜寻，会给企业绩效带来负面效应。

从已有的平衡性搜寻研究文献来看，学者们主要集中在平衡性搜寻和企业绩效的关系探索，大多数研究都显示出平衡性搜寻的有效性，但也存在一些不足。首先，大多数研究都没有从多维空间视角出发，将多个搜寻维度统一到一个完整的框架中去。因此，这些研究结论还有待进一步检验。其次，现有研究没有回答为什么企业会存在平衡搜寻的状态，即其内在机理是什么。企业不是一开始就选择平衡性搜寻模式，而是在知识搜寻中慢慢调整各个搜寻维度，从而达到一种平衡状态。最后，又是什么因素导致不同的企业选择了不同的搜寻模式。从已有研究来看，很难发现企业在搜寻动态过程中是如何调整各个维度以实现所谓的平衡状态。

2.3　外部知识搜寻的维度

从对外部知识搜寻模式研究文献的梳理中，本研究发现现有文献基本都局限在认知维度（或称为技术维度）来分析外部知识搜寻活动，很少有文献从多个维度去研究企业外部知识搜寻活动。其实，在实践中，外部知识搜寻是企业在其面对的多维外部知识搜寻空间中定义各个维度的过程（Li et al.，2008；Li et al.，2014）[142,143]。通过对43篇外部知识搜寻文献的仔细梳理，Li 等（2008）[142]总结出外部知识搜寻研究中最常见的三个维度：时间维度、地理维度和认知维度（见图2-1），这一结论得到了国内外学者的认可（熊伟等，2011；邬爱其和方仙成，2012；Mueller et al.，2013；Podmetina et al.，2018）[345,337,160,183]。沿着每个特定的维度，企业既可以进行近距离的开发式搜寻，也可以进行远距离的探索式搜寻。

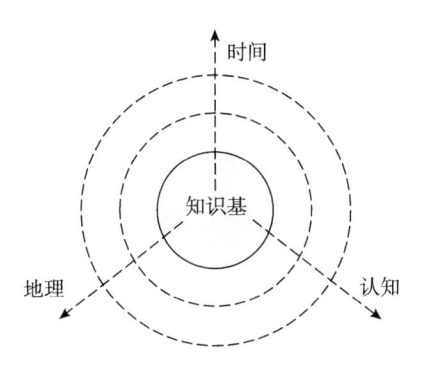

图 2-1 外部知识搜寻的三个维度

2.3.1 时间维度

外部知识搜寻的时间维度（Temporal dimension）被定义为被搜寻知识或技术的年龄，即某项被搜寻知识或技术从产生到被搜寻时所存活的时间（Katila，2002；Nerkar，2003）[116,167]。年龄的大小一方面反映了该项知识或技术的新旧程度，即是否契合当下的技术发展；另一方面也反映了该项知识或技术的时效性。以专利技术为例，美国和中国发明专利的有效期都是自申请之日起20年，以专利申请日至今历经的年限作为其专利技术年龄。通常，考虑到技术保护期限的有效性，企业在进行外部知识搜寻的过程中往往会考虑专利技术年龄反映出的知识时效性（Capaldo et al.，2017；Petruzzelli，2018）[41,179]。

国外关于知识搜寻时间维度的研究较为丰富，主要集中在搜寻知识的新旧程度对企业创新绩效的影响。较早的研究对知识搜寻的时间维度持有两种不同的观点。一部分学者认为企业的创新能力建立在搜寻新知识和新技术的基础之上，新的知识和技术由于能够满足当前环境的需求而暂时不会惨遭淘汰，基于有限理性和路径依赖，企业更倾向于选择新的知识来解决当下面临的问题（Whittaker，1967；Eisenhardt，1989）[250,68]。与此相反，另有研究表明，旧的知识经过了时间的检验，能够为企业提供更可靠、更有价值的信息，从而帮助企业更好地通过重组实现创新能力的提升。以著名的3M公司为例，他们新研发的自动化测试系统就是在一项20世纪80年代被废弃的旧技术中发展而来的（March，1991；Fleming，2001）[152,73]。针对这两种时间维度的对立观点，后来又有学者实证研究发现，企业同时利用外部旧的知识和新的知识会更有利于提高创新绩效。例如，美国哥伦比亚大学Nerkar（2003）[167]教授以33家制药企业15345个专利为样本，用专利的后向引用情况来表征外部知识搜寻，用专利的前向引用情况来衡量企业的知识创造能力，也是侧面反映企业的创新绩效。从时间维度出发，研究结果显示企业在外部搜寻中使用的新知识越多，越有利于后期的知识创造；而使用旧知识的程度与知识创造呈现先正后负的相关关系（即倒U形关系）；当企业同时搜寻和利用新知识和旧知识时，对知识创造具有更强的正面积极作用。此外，还有研究表明外部知识的搜寻时间维度与企业绩效存在非线性的关系，如Heeley和Jacobson（2008）[98]按照新旧程度把外部知识划分为成熟知识、较新颖的知识和前沿知识，实证分析表明，企业使用较新颖的知识能够获得较高的市场回报率，但是使用成熟知识或前沿知识时获得的市场回报率明显低于市场平均水平。由此可见，关于外部知识搜寻时间维度的研究虽然在定义和测量方式上不存在争议，但是关于如何在该维度上开展搜寻活动仍未形成统一结论。

2.3.2 地理维度

地理维度（Geographical dimension）是指企业外部知识搜寻过程中所跨

越的物理空间距离，即地理距离（Li et al.，2008）[142]。国外研究基于全球化的背景，通常从比较宏观的层面，按照国家的边界把外部知识搜寻划分为国外知识搜寻和国内知识搜寻（Le Bas and Sierra，2002；Ahuja and Katila，2004）[132,4]。而国内研究主要按照省市县等地理区域边界进行区域内和区域外的划分。近年来也有学者通过经纬度测算具体的球面距离来衡量外部技术所在地与企业的地理距离（邬爱其和方仙成，2012；王元地等，2015；杨雪等，2015）[337,332,350]，这种测量方式被越来越多的研究应用，因为连续变量可以更好地测量企业在地理维度上的搜寻活动变化（Ardito et al.，2018；Asakawa et al.，2018）[13,17]。地理维度的搜寻之所以会在知识搜寻研究领域引起广泛关注，主要有三个方面的原因：首先，区域上的集中可以产生集群经济效益（Agglomeration economies）（Saxenian，1996）[205]，因为区域上的集中将会导致社会分工深化、企业联系加强和区域资源利用提高等所产生的成本节约。同样，地理上的邻近和集群也可以以类似的方式产生创新集群效应（郑成华等，2017；李宇和张晨，2018）[375,307]。其次，知识，特别是伴随着技术转移而附带的黏性知识（Sticky knowledge）相对于信息而言更为隐蔽（Von Hippel，1994；Szulanski，1996）[238,224]，因此，在一个较小的地理区域内，组织之间可以有充分的互动和共享实践，那么创新知识传播的可能性会更大（Asheim and Isaksen，2002；Paruchuri and Awate，2017）[18,174]。最后，地理维度常常与地方体制和文化紧密相关（Knoben and Oerlemans，2006；蒋石梅等，2012）[122,292]，不同国家、不同地区之间的文化、习俗和制度都不尽相同。一方面，如果在搜寻中跨越不同的制度体系，将会大大增加企业的学习难度和不确定性（Li et al.，2008）[142]；另一方面，如果跨区域搜寻不同习俗、不同文化背景中的外部知识，也将会为企业增加全新的知识要素来源，从而碰撞出新的火花，因而可以提高突破式创新产生的成功概率（张绍丽和于金龙，2016；李琳和郭立宏，2018）[369,300]。

关于地理维度的外部知识搜寻研究同样集中在搜寻远近与企业创新绩效的关系，而且也存在两种冲突的观点。有些研究者认为，近距离的外部知识搜寻既可以减少搜寻活动中发生的交通费用和交易成本，也可以加强本地区内的创新合作网络，提高本地区的知识交换频率和效率，有助于企业获取、吸收和整合相关知识，从而促进企业创新绩效的提高（Ganesan et al.，2005；韩宝龙等，2010；李琳和熊雪梅，2012；魏江等，2015）[80,283,301,336]。例如，Nicholas（2008）[169]从发明者的视角出发，研究得出较近的地理距离对技术和知识传播有积极作用，而相对较远的地理距离会使发明者与外界知识产生隔离，从而抑制创新效率。但是，另有学者认为，过度搜寻本地技术或知识会使企业陷入"冗余危险"，即企业过度拥有现有区域的知识或技术，不利于企业的创新能力提升（Boschma et al.，2009）[32]。而远距离的知识获取可以避免这种缺陷，因为远距离的知识由于制度、文化等因素的差异而具有浓厚的空间特色和新颖性，更容易产生新的组合方式，进而帮助企业提升创新绩效。例如，Sidhu 等（2007）[212]研究了不同环境特征下地理上近距离搜寻和远距离搜寻的效果，结果发现在静态环境中，近距离搜寻因为能够满足外部市场的缓慢变化而可以明显地提升企业的创新绩效，但是在动态环境中，近距离的搜寻不能满足环境快速变化对企业创新的要求，此时只有远距离的外部知识搜寻有利于企业的创新。当然，针对上述两种观点，也有学者提出地理距离维度和企业创新的非线性关系。例如，中国学者郑华良（2012）[377]以浙江省 115 家集群企业为例，通过实证分析得出，搜寻地理距离与集群企业的创新绩效呈现倒 U 形的关系。也就是说，过度地远距离搜寻或过度地近距离搜寻都不是最佳选择，只有采取适当的地理搜寻距离才能发挥外部知识搜寻的正向作用。

2.3.3 认知维度

认知维度（Cognitive dimension）通常也称为技术维度（Technological dimension），是指搜寻的外部知识与企业现有知识基的相似度，相似度越高，表明二者的认知距离越短，企业对所搜寻的外部技术熟知程度越高（Li et al.，2008）[142]。关于认知维度的外部知识搜寻研究虽然日渐增多（Ahuja and Lampert，2001；Rosenkopf and Nerkar，2001；Wu and Shanley，2009）[5,192,252]，但是由于认知或者说知识的相似度相较于时间和地理距离来说十分抽象，因此这些研究对认知维度的测量方法大相径庭。总的来说可以分为以下几类：一是按照搜寻知识与企业已有知识基的相似性来测量认知距离。以专利技术为例，每一个技术都会有一个或多个所属技术分类，根据它们的技术类型可以测算出一个取值为 0~1 的技术相似度指标。Li 等（2014）[143]以中国 2000—2009 年的专利许可为样本发现，中国企业通过搜寻相似技术可以实现更高的创新绩效，而非相似技术却没有此效果。二是根据搜寻企业与被搜寻企业是否属于同一行业来区分认知维度的开发式搜寻和探索式搜寻。例如，如果一个电子行业的企业在电子行业内搜寻外部知识属于认知维度上的开发式搜寻，如果去其他行业，如制药行业搜寻外部知识，那这属于认知维度上的探索式搜寻（Benner and Tushman，2002）[28]。此外，从产业链的视角还可以把探索式搜寻的范围扩大，如某企业在非同行业供应商中去搜寻知识，也可视为认知维度上的探索式搜寻。三是用组织邻近性来衡量认知维度。这种方法的关键在于如何定义组织边界。有学者用组织类型来区分认知的邻近与疏远。同样从搜寻企业出发，如果被搜寻方也为企业，那么二者因为具有相同的发展目标和相似的管理制度而产生组织邻近，如果被搜寻方是高校等教育机构时，由于管理制度、发展目标及考核观念等的不同而产生较弱的组织邻近（杨雪等，2015）[350]。这三种方法中，相似度既可以衡量知识本身的相似性，也可以衡量企业层面的熟知程度，因而更贴近认知维度的本意，所以成为实际应用最为广泛的测量外部知识搜寻认知维度的方法。

除了如何衡量认知维度外，学者们同样关注了外部知识搜寻在认知维度上的远近对企业绩效的影响。他们认为搜寻认知上的远近各有利弊。企业在较熟悉的认知范围内搜寻相似的外部知识，更容易识别有价值的技术或知识，而且这些技术或知识更容易被管理，因为吸收能力是组织日常活动的副产品，企业不需要付出更多的额外成本就能有效协调新知识和已有知识。所以在认知维度搜寻相似知识的好处在于节约搜寻成本和管理成本（Cohen，1990；Rosenkopf and Almeida，2003）[53,191]。但是过度搜寻相似的知识会使企业难以脱离原有的技术轨道，而陷入冗余危机或者造成短视，很难实现突破式创新（殷俊杰和邵云飞，2017）[352]。而认知距离较远的非相似知识对企业来说是新颖的，它们成为企业进行根本性或突破性创新的基础元素（Ahuja and Lampert，2001；周飞和孙锐，2016）[5,378]。不过，由于非相似知识与企业原有的知识基础相差较大，企业要想获得这些非相似知识和技术并对它们加以利用，必须付出大量的人力、物力以及时间成本。而且和过度多元化类似，过度搜寻不相似或不熟悉的技术会使企业陷入信息超载、能力不足等困境，从而对企业创新绩效和财务绩效产生负面影响（Rosenkopf and Nerkar，2001）[192]。所以，有研究发现企业外部知识搜寻的认知距离与创新绩效之间呈现倒 U 形的关系（Phene et al.，2006；Rothaermel and Alexandre，2009；Petruzzelli and Savino，2014）[181,193,177]。例如，Rothaermel 和 Alexandre（2009）[193]以美国制造业为例，从认知维度出发通过实证分析得出企业外部知识搜寻与企业绩效存在倒 U 形关系，而且这种关系受到了企业吸收能力的正向调节作用。

虽然关于外部知识搜寻维度存在不同的说法，但总的来说，时间、地理和认知维度是现有研究中最常见、最符合搜寻实践的三个维度。这三个维度将以前抽象的外部知识搜寻研究变得具体化，使得企业外部知识搜寻变成看得见的东西。然而，也存在一些不足：关于外部知识搜寻的三个维度，现有文献没有从多维度的视角将所有搜寻维度整合到一个框架中去研究。大多数文献采用单一的视角，仅仅分析沿着时间、地理或认知中的某一个维度进行搜寻会对企业创新产生何种影响。另有部分文献从双边的视角出发，着重研究"时间+认知"或"地理+认知"的组合搜寻方式及其对企业创新绩效的影响。例如，Katila 和 Ahuja（2002）[117]通过调查 131 家机器人制造企业，发现在行业内搜寻年龄较长的旧技术会损害企业创新，但是在行业外搜寻年龄较长的旧技术会促进企业创新。李琳和杨田（2011）[302]选取我国 6 大汽车产业集群的 12 家典型汽车生产集团进行实证检验，发现地理邻近与纵向组织邻近对集群创新绩效的影响呈替代关系，与横向组织邻近呈互补关系。虽然这些基于双边维度视角的研究在一定程度上证实了外部知识搜寻维度之间存在共变性，即某个维度的变化会引起另一个维度的变化。但是他们没有进一步研究这种弹性变化的量,如一个单位时间维度的变化会引起多大程度的认知维度的变化;更缺乏一个空间结构的视角来将时间、地理、认知三个维度同时整合到一个研究框架中。企业的任何一次外部知识搜寻都无法脱离这三个维度,都需要在每个维度上做出决策。因此,任何将这三个搜寻维度分割开来的研究都有可能远离真实的企业实践,其研究成果在某种程度上也会产生偏差,失去现实指导意义。

2.4 外部知识搜寻的影响因素

研究影响企业外部知识搜寻活动的因素可以帮助我们更加完整地认识企业外部知识搜寻规律,以指导企业更好地开展外部知识搜寻工作。但是很少有学者专门系统性地去研究影响外部知识搜寻活动的因素,而是散落在大量的相关研究中。根据相关文献,影响企业外部知识搜寻的因素可能来自企业内部,也可能来自企业外部(Lavie et al., 2010;袁健红和龚天宇, 2011)[131,359]。具体来说可以归纳为三个层面:第一,企业层面的因素;第二,行业层面的因素;第三,区域层面的因素。

2.4.1 企业层面的因素

作为一种企业行为,外部知识搜寻首先受到企业自身特征的影响。许多研究发现在相同的外部环境下,如在同一个行业、同一个地区内,不同企业的外部知识搜寻策略也有所不同(袁健红和龚天宇, 2011)[359]。这就是企业层面特征导致的结果。通过梳理相关文献,本研究将从以下四个方面来探讨企业因素对外部知识搜寻的影响。

1. 企业基本特征

企业基本特征,如企业规模、企业年龄、企业性质等,往往被作为影响企业外部知识搜寻的控制变量进行讨论,说明这些特征是不容忽视的因素(Benner, 2007;Chiang and Hung, 2010)[27,49]。首先,关于企业规模对知识搜寻的影响存在两种正反观点。有研究认为大企业因为拥有丰富的内外部资源，所以有利于他们进行外部知识搜寻，特别是会促进范围更广的开发式搜寻；但是也有研究发现，随着企业规模的扩大，企业的惰性会增大，由于大企业的生存压力小，技术创新的动力不强，他们更倾向于沿用既定的技术来提高生产率，从而降低了探索式知识搜寻的可能性（Rothaermel and Deeds，2004）[194]。其次，已有研究通常用生命周期理论来解释企业年龄对外部知识搜寻策略的影响。即使同一家企业，在不同生命周期阶段对知识搜寻的选择也会不同（刘志阳等，2017；周洲，2017；余谦等，2018）[310,379,358]。初创期的企业一方面因为研发新产品、开拓新市场的需求而具有外部知识搜寻的强烈动机，另一方面却因为经营时间较短、人力物力等资源的匮乏而限制了他们进行外部知识搜寻活动（刘志阳等，2017）[310]。当企业发展到成熟阶段，已具备一定的市场份额时，企业开始倾向于稳健的生产和经营方式，逐渐放弃外部知识搜寻。而衰退期的企业大多不会再进行外部知识搜寻（Benner，2007）[27]。最后，中国企业的企业性质经常被国内研究者讨论。研究显示不同所有制类型的企业在技术选择、知识获取、综合学习等方面存在较大的能力差异，民营企业的创新活力往往高于国有企业（甄丽明和唐清泉，2010）[374]。

2. 企业管理特质

现有研究还发现一些内部管理特质，如组织结构、管理者的风险偏好和历史经验、企业文化等因素，对企业外部知识搜寻活动有显著的影响（张钢和许庆瑞，1996；王霄和胡军，2005；汪丽等，2012）[364,331,329]。组织结构是企业全体员工为了实现企业目标，在管理工作中进行分工协作，在职务范围、责任、权利方面所形成的结构体系。在有些企业中，组织结构表现为高度集权式，高层管理者制定所有的决策，低层管理人员只负责执行高层管理者的指示。这类企业往往倾向于在固有的知识基内发展，创业人员创新的积极性不高。也有一些企业是高度分权式的，把决策权下放到基层管理人员手中，这种分权型的决策方式对外部知识搜寻有正面促进作用（Jansen et al.，2008）[111]。就管理者的特性来说，他们的风险偏好和管理经验都会对企业外部知识搜寻活动产生较大影响。风险偏好型管理者更青睐探索式创新，因而偏向于风险较大的非本地知识搜寻活动；而风险厌恶型管理者追求稳定的回报，更倾向于使用熟悉的管理和经营方式，因而不愿在知识搜寻活动中冒太大风险，往往只采用开发式的搜寻模式或者只进行内部研发。丰富的历史搜寻经验同样会促使管理者沿着熟悉的路径去制定搜寻策略（Lavie and Rosenkopf，2006）[130]。企业文化是指由企业员工的价值观、信念、处事方式等组成的特有文化形象。O'Reilly 和 Chatman（1996）[1]根据企业与外界环境的沟通程度将企业文化分为开放型和封闭型文化。在开放型文化中，员工与外界保持有效的交流与沟通，这类企业更倾向于通过外部知识搜寻来解决企业问题，提升企业的竞争力（Sidhu et al.，2004）[213]。在封闭型文化中，员工的活动受限于企业内部圈子，缺少与外界的交流，因而对外部环境的变化不能做出迅速的反应，而且当搜寻知识与内部知识产生异质性时容易引发排斥反应（Andriopoulos and Lewis，2009）[11]。

3. 企业吸收能力

企业的吸收能力概念最早由 Cohen（1990）[53]在分析企业研发作用时提出，是指企业识别、获取、吸纳、转化和开发利用外部知识的能力，内部研发是企业提高吸收能力的主要途径。有研究表明吸收能力能够增强企业与外界的互动，进而影响企业的外部知识搜寻活动。此外，吸收能力还可以进一步提高企业的学习能力，帮助他们在获取外部知识后更好地整合内外部知识要素，使得新旧知识产生较大的协同创新（洪茹燕，2012；康青松，2015）[284,294]。国外学者 Laursen（2012）[126]将吸收能力区分成同化能力和监督能力，实证表明这两方面的能力越强，企业在认知维度上的搜寻距离越远。此外，在知识搜寻的相关文献中，吸收能力往往被视为一种具体的动态能力来研究它对知识搜寻与企业创新绩效关系的调节作用。而且大多数研究发现吸收能力越高，企业外部搜寻带来的创新或财务绩效提升越高。例如，Rothaermel 等（2009）[193]以美国制造业为样本，以 R&D 投入来衡量企业吸收能力，实证分析结果表明吸收能力正向调节知识搜寻与企业绩效的关系。

4. 企业冗余资源

冗余资源（Slack resource）是指企业可获取或已经拥有的但是非日常生产经营中所必需的资源（Nohria and Gulati，1996）[170]。根据冗余资源在生产经营过程中被吸收和利用的不同，Sharfman 等（1988）[210]将冗余资源划分为几种类型：一是可利用的冗余资源（Available slack resource），是指那些没有被投入到组织设计或具体生产流程中去的资源；二是可开发的冗余资源（Recoverable slack resource），是指那些已经被吸收到生产系统中但运行成本较高的资源，这种冗余资源可以通过企业的重新组织和设计恢复到正常成本，因而被称为可开发的冗余资源；三是潜在的冗余资源（Potential slack resource），是指那些将来的资源，如通过增加额外的债务或股权资本等能从环境中产生的资源。关于冗余资源对知识搜寻的影响有不同的观点。一部分研究认为，冗余资源作为一种后备资源，可以提高企业抵御失败风险的能力，从而促进企业进行外部知识搜寻（Levinthal and March，1993；Sidhu et al.，2004）[139,213]。另一部分研究认为，冗余资源的存在阻碍了知识搜寻，因为冗余资源本身可以帮助企业实现绩效目标，这样一来，企业会选择利用较低成本的冗余资源而不是通过高风险的外部知识搜寻来提升绩效，所以拥有冗余资源的企业进行知识搜寻的动机会更小（Bourgeois，1981）[33]。和吸收能力一样，冗余资源被视为企业的一种动态能力，所以也常常被用来研究它对知识搜寻与企业绩效关系的调节作用。有学者认为冗余资源可以正向调节二者的关系，但是也有研究发现冗余资源由于增加了企业负担而对二者的关系存在负向调节作用（李剑力，2009；李远东，2016）[298,308]。

企业层面的因素常常作为控制变量纳入研究企业外部知识搜寻活动的研究中，很少有专门的文献和理论去探讨企业因素对外部知识搜寻活动的影响。其实，作为企业创新战略中的首要环节，外部知识搜寻决策决定了企业到哪里去寻找什么知识的问题，这一前端工作也直接影响了企业创新的后续部署和安排（王元地等，2015；杨雪等，2017）[332,351]。在这个决策过程中，一方面，直接参与创新活动的企业发明者会影响外部知识搜寻活动的开展；另一方面，公司治理中企业所有者和高层管理者的利益冲突或博弈也会决定外部知识搜寻活动如何展开。然而，在现有文献的梳理中，很少有文献从发明人特征和公司治理特征这两方面来分析企业外部知识搜寻活动。

2.4.2 行业层面的因素

除了企业层面的因素，外部知识搜寻还受到来自行业因素的影响。这部分主要从行业竞争强度、行业技术特性以及其他行业因素来分析它们对企业知识搜寻的作用。

1. 行业竞争强度

行业竞争强度是指行业中竞争对手之间竞争的激烈程度，通常可以由行业内的企业数量来测量。许多研究表明外部竞争会对企业知识搜寻策略产生影响。一般来说，过多的竞争者除了使本行业的产品价格和利润降低外，还会导致产品和服务的趋同化。在高度的行业竞争环境下，企业很难通过改变现有产品或服务来满足客户需求，必须通过创新来提供差异化的产品和服务。所以，竞争强度首先会促使企业增强外部知识搜寻的意愿（Sidhu et al., 2004）[213]。很多学者还进一步分析了竞争强度对搜寻策略的影响，他们认为如果企业仅沿着原有的惯例和路径开展开发式搜寻很难形成新的竞争优势，来自行业竞争的威胁会迫使企业产生跳出现有技术轨迹，而跨界去搜寻突破式创新的技术和知识要素的迫切需求（Jansen et al., 2006）[110]。如同生物进化论中的突变一样，在竞争激烈的经济环境中，一批又一批的企业在创新浪潮中被淘汰，同时也不乏大量的企业在生产要素重新组合的过程中诞生和发展，关键在于企业能否通过创新来创造新的竞争优势（Teece, 1993; Hagedoorn et al., 2018）[226,92]。

2. 行业技术特性

行业技术特性是指整个行业的技术发展水平。经济合作与发展组织（Organization for Economic Co-operation and Development, OECD）按照研发费用占销售收入的比例,即研发强度或研发密度,对行业技术特性进行了划分。研发强度大于8%的行业属于高技术行业,常见的高技术行业有航空航天制造业,医药制造业,计算机及办公设备制造业,无线电、电视及通信设备制造业,医疗、精密和光学科学仪器制造业五类产业。由于该标准直观易用,因而逐步得到了世界各国的认可(Camisón and Villar-López, 2014; Wadho and Chaudhry, 2018; 张天译, 2017; 尹骁, 2018)[39,240,370,353]。有研究表明不同技术特性行业中的企业,由于他们实现企业目标的途径不同,导致他们对外部知识搜寻的需求不同。高技术行业企业的产品和服务依赖于高技术水平,因此这类企业不仅具有较强的内部研发水平,也更倾向于技术知识导向的外部搜寻。而中低技术行业企业的业绩主要来自于市场的开拓,所以他们对外部知识搜寻的意愿不强,更倾向于市场知识导向的外部搜寻(Grimpe and Fier, 2009)[88]。

3. 其他行业因素

其他行业因素,如行业的生命周期、经济周期等在一定程度上也会对该行业内的企业知识搜寻活动产生影响。如同企业生命周期,一个行业也存在生命周期,行业生命周期是指行业从开始出现到完全退出社会经济活动所经历的时间。行业的生命发展周期包括四个发展阶段:幼稚期、成长期、成熟期、衰退期(王文翌和安同良,2015)[330]。在行业发展的幼稚期也就是初创期,由于对行业的不熟悉,行业内所有企业都处于一种"摸着石头过河"的状态。对那些资金雄厚、实力较强的企业来说,可以通过借鉴和模仿国外同行业企业的先进技术,通过学习不断壮大自己,因此初创行业中的企业外部知识搜寻主要表现为地理距离较远、认知距离较近(陈玥希等,2005)[269]。处于成长期的行业,早期通过外部知识搜寻获益的企业成了行业领头羊,这部分企业为了保持竞争力仍然采用原先的知识搜寻模式,而那些后来者开始模仿领头羊,所以这时也出现了行业内的较近地理距离知识搜寻(张家伟,2007)[367]。当行业发展到成熟期时,非技术因素基本上都已固定,垄断竞争市场的格局基本形成,行业领头羊和其追随者仍然继续他们的搜寻模式。当行业走向衰退期,说明市场中该行业的产品已经形成饱和或者市场已经出现了新的替代品。这时，企业需要采用突破式的创新来提供更新的产品和服务，所以行业内的知识搜寻已经不能满足衰退行业的技术需求，此时企业大多倾向于通过认知距离较远的跨界搜寻来寻找新的突破点。由此可见，处在不同生命周期的行业，企业的外部知识搜寻方式是各不相同的。另外，行业的经济周期也会影响企业知识搜寻。和行业生命周期不同，按照受宏观经济周期的影响，可把行业划分为增长性行业、周期性行业和防御性行业。不同类型行业中的企业其知识搜寻偏好不同。如增长性行业的企业，他们本身依靠技术进步和新产品的推出来维持增长，因此该行业内的企业一直倾向于通过外部知识搜寻获取更多的创新资源。与宏观经济波动相关性较强的周期性行业，在经济繁荣的时候，周期性行业业绩表现好，因此无须靠创新来获取收益，在经济萧条的时候，周期性行业业绩显著下滑，此时企业可能通过知识搜寻等创新途径去争取绩效的提升。防御性行业与周期性行业刚好相反，如食品业和公用事业，因为社会需求对其产品的收入弹性影响小，所以这些行业的收入相对稳定，正是这种稳定的收入使得这类行业缺乏创新的动力（贾明琪等，2015）[290]。

2.4.3 区域层面的因素

现有文献还从区域层面分析了可能影响企业外部知识搜寻活动的各种宏观因素。通过相关文献的梳理，本部分从知识产权制度、区域开放程度以及其他宏观因素三个方面加以考察。

1. 知识产权制度

一个区域知识产权制度的完善程度反映了当地对企业创新成果的保护强度。当地对知识产权的保护强度会同时影响搜寻方和被搜寻方的决策，从而对企业外部知识搜寻活动发生的概率产生影响。当区域知识产权制度建设不完善时，政府对企业创新成果的保护力度很弱，一方面，对搜寻企业来说，会降低他们的创新意愿，而提高他们重复利用旧知识、旧技术的概率。因此，当知识产权保护力度不够时，企业怠于进行外部知识搜寻的活动（Teece，1993；Laursen and Salter，2013）[226,128]。另一方面，对被搜寻方来说，他们更愿意将技术转移到知识产权保护力度大的地方，顾振华等（2015）[280]利用2003—2012年美国在亚太地区和拉丁美洲26个国家和地区的跨国公司面板数据进行经验验证，发现当发展中国家知识产权保护力度提高时，处在全球价值产业链高处的发达国家更愿意把生产制造放置在产业链低端的发展中国家，从而增加了发达国家知识和技术转移以及发展中国家知识搜寻的可能性。这在一定程度上说明，高知识产权保护力度促进企业的外部知识搜寻，而低知识产权保护力度阻碍企业的外部知识搜寻。

2. 区域开放程度

区域开放程度反映了一个地区与国内或国外其他地区联系的紧密程度。关于区域开放程度对知识搜寻的影响，大多数研究持正面的观点，认为一个地区的开放程度越高，越有利于企业开展外部知识搜寻等创新活动（赵伟和王春晖，2013；Isaksson et al.，2016）[373,109]。另有部分学者从搜寻成本的角度分析得出随着区域开放程度的提高，它对落后地区企业外部知识搜寻的作用是先促进后削弱。随着开放程度不断加深，企业外部知识搜寻会经历两个阶段。第一个阶段，由于落后地区的技术水平与发达地区的技术水平差距较大，主要通过搜寻被发达地区淘汰的或科技含量较低的外部技术来弥补自身的技术不足，所以这时候的知识搜寻成本随着区域开放程度的提升而急剧下降，企业外部知识搜寻的意愿也不断提高。随着开放程度的不断提高以及对技术的模仿和学习，落后地区的技术能力逐步提升，他们的搜寻需求不再满足于低端或淘汰的技术，而是对高新技术的需求日渐旺盛。但是距离技术前沿越近，企业的搜寻成本越高，因此在第二阶段，区域开放程度的提升反而会阻碍企业的外部知识搜寻活动（Mansfield，1988；魏建漳，2015；Azarmi，2016）[151,335,19]。

3. 其他宏观因素

其他环境因素，如区域经济发展水平、创新能力、环境动荡性等，也会对企业外部知识搜寻产生一定影响。一般来说，经济发展水平越高的地区，其知识产权保护力度、技术市场的开放程度越高，从而有利于企业进行外部知识搜寻活动（赵立雨，2016）[372]。另外，创新能力强的区域，如科技型企业聚集的高新区，羊群效应使这些地区的企业进行外部知识搜寻的概率要高于一般的地区（Luo，2010）[149]。环境动荡性主要是指技术和市场需求引起的外部环境变化。部分学者认为环境动荡会促进企业外部知识搜寻，因为技术和市场需求的变化导致现有产品和服务不再满足需求，促使企业进行新产品和新服务的开发，从而提高了外部知识搜寻的概率（Hwang and Lee，2010；Guo and Wang，2014）[108,245]。也有部分研究认为动荡的环境会阻碍知识搜寻，因为持续剧烈的环境变化会降低外部搜寻所获新知识的价值（Levinthal and Posen，2007）[138]。

通过对外部知识搜寻文献的梳理，本书分别从企业层面、行业层面和区域层面归纳了现有研究关于外部知识搜寻活动影响因素的分析。在整理过程中发现，这些因素基本上都以控制变量或调节变量的形式散落在不同主题的外部知识搜寻文献中，没有引起学术界足够的重视。总的来说存在以下几个方面的问题：首先，现有文献对这些影响因素的分析基本上是浅尝辄止，缺乏更深入的理论性分析；其次，几乎所有文献都仅限于讨论这些影响因素对某个单一维度的知识搜寻活动的影响，没有从外部知识搜寻的多维度空间结构视角去探寻这些影响因素的作用；最后，这些影响因素都散落在不同的研究主题中，缺乏一个整体分析框架来对外部知识搜寻活动的决定因素进行理论性分析，更没有对不同企业外部知识搜寻活动异质性的形成机制进行深入研究，即回答为什么不同企业外部知识搜寻空间结构会存在异质性。外部知识搜寻是企业创新的前端工作，只有弄清楚了搜寻活动的来龙去脉才能更好地帮助企业在创新管理中做出正确的搜寻决策，走出创新困境，保持竞争力。本书对外部知识搜寻空间结构形成机制的研究基于这些已有文献并将其作为分析基础，因此，通过翔实地梳理和归纳，可以为后续研究从多个层次、系统性地分析企业外部知识搜寻空间结构的作用因素，并从理论视角提炼其异质性形成机制打下扎实的文献和理论基础。

2.5 外部知识搜寻的结果

纵观现有研究，国内外探讨外部知识搜寻结果的研究层出不穷，学者们对外部知识搜寻结果的分析主要集中在外部知识搜寻与企业创新绩效之间的关系。相关文献大致可以分为两类：一类是考察外部知识搜寻中某单一维度的搜寻距离对创新绩效的影响；另一类是考察其中某两个维度的搜寻距离对创新绩效的影响。表2-2中列举了部分企业外部知识搜寻对创新绩效影响的代表性文献。

表2-2 外部知识搜寻对企业创新绩效的影响

分类	自变量	因变量	数据来源	结果	代表作者
单一维度	时间距离	技术影响力和创新绩效（专利被引数量）	美国33家制药企业1981—1987年的专利数据	同时利用新知识和旧知识更有利于创新	Nerkar (2003)[167]
单一维度	地理距离	创新绩效（新产品和专利产出综合指标）	制造企业问卷调查	国际搜寻比国内搜寻对创新绩效更有促进作用	吴航和陈劲 (2015)[338]
单一维度	认知距离	技术发展（专利被引数量）	美国光盘行业的专利数据	跨知识边界的搜寻对企业后续技术发展有显著作用	Rosenkopf and Nerkar (2001)[192]
两个维度	时间+认知	新产品数量	美国131家机器人制造公司	行业内的旧知识损害创新，行业外的旧知识促进创新	Katila and Ahuja (2002)[117]
两个维度	地理+认知	突破式创新（根据专利被引数据判断）	202家美国生物公司的707件专利	国内非相似知识搜寻和国外相似知识搜寻都有利于企业的突破式创新	Phene et al. (2006)[181]

第一类关于单一维度的搜寻对企业创新绩效影响的研究中，学者们分别从时间维度、地理维度和认知维度出发，探讨了各维度下的不同知识搜

寻模式与创新绩效的关系。首先，从时间维度来说，现有研究将所搜寻的知识年龄作为衡量搜寻时间，即知识新旧程度的标准。关于企业搜寻的知识新旧程度对创新绩效的影响在理论界还存在一定的分歧。一部分文献认为新知识更有利于创新，因为新知识对企业来说更具有启发性，能够帮助他们更好地进行创新以解决当下的困境（Katila and Ahuja，2002）[117]。但是也有研究认为旧知识因其可靠性高、风险性小而更利于企业的创新绩效提升（邬爱其和方仙成，2012）[337]。还有学者针对这两种冲突从平衡新旧知识的搜寻视角提出同时使用新知识和旧知识对企业创新绩效有较大的促进作用（Nerkar，2003）[167]。其次，从地理维度来看，以全球化为背景，现有大多数研究按照国家边界把企业外部知识搜寻的地理维度划分为国内搜寻和国外搜寻两大类。关于这两类搜寻对企业创新绩效的影响也有两种不同的观点。一方面，有研究认为地理邻近会加强企业与本地知识网络的联系，有助于企业获取和转移知识，因而对创新绩效有促进作用，而地理距离较远的知识搜寻会增加企业搜寻成本，同时由于文化、制度、习惯等差异会影响企业对非本地知识的学习和消化吸收，所以不利于企业创新（Ganesan et al.，2005）[80]。另一方面，也有学者提出过度的近距离搜寻会导致企业陷入本地知识冗余的"能力陷阱"，但是远距离的知识搜寻，特别是来自发达国家的知识会给企业提供更新鲜的外部知识，最终促进企业创新绩效的提升（吴航和陈劲，2015）[338]。最后，关于认知维度与创新绩效的研究较为广泛。虽然现有研究对认知维度的定义比较明确，即搜寻知识与企业现有知识基的距离，但是在测量方式上存在较大差异。有些学者用搜寻企业所在的产业是否与本企业所在产业一致将认知距离划分为产业内的知识搜寻和产业外的知识搜寻（Katila，2002）[116]；有些学者使用搜寻知识与企业现有知识的相似度来区分知识领域内和知识领域外的搜寻（Li et al.，2008）[142]；还有些学者根据搜寻方与被搜寻方的组织类型来测量认知维度的距离（杨雪等，2015）[350]。大多数研究都认为企业在现有知识体系内进行过多地搜寻会限于相似陷阱而很难实现突破性创新，而过多地进行远距离认知的搜寻会由于信息超载、搜寻和管理成本增加等原因对企业创新产生负面作用，因此关于认知维度的知识搜寻与企业创新关系的现有研究提出企业需要平衡认知维度的宽度和深度搜寻以实现更高的创新绩效。

考虑到企业会进行多维度的外部知识搜寻，后续的研究出现了部分关于多维度搜寻与企业创新绩效的分析。大多数文献从两个维度，如"时间+认知""地理+认知"探讨了如何平衡两个维度的搜寻，以达到促进企业创新的效果。"时间+认知"维度组合的搜寻强调新旧知识对企业创新的影响取决于新旧知识与企业原有知识认知的距离。Katila 和 Ahuja（2002）[117]通过对131家机器人公司的实证研究发现，知识新旧程度是抑制还是促进企业创新取决于该技术所处的行业与搜寻企业的行业是否相同。他们发现行业内的旧知识因为对企业来说过于熟知或已经被深度挖掘多次而很难再找出新东西，所以抑制了企业的创新绩效；然而行业外的旧知识虽然对行业创新者来说可能已经失去了时效性，但对搜寻者来说却是全新的领域，因而可能发现新的机遇，所以跨行业的旧技术或旧知识仍然可以促进企业的创新绩效。"地理+认知"维度组合的搜寻强调地理距离和认知距离的协调对创新绩效的影响。例如Phene 等（2006）[181]使用国内外知识区分搜寻的地理维度，使用知识相似度测量搜寻的认知维度，根据两个维度将外部知识划分为国内相似知识和国外相似知识，国内非相似知识和国外非相似知识。实证研究表明，国外相似知识和国内非相似知识对企业的突破式创新有着积极的影响，但是其他两种搜寻对突破式创新没有显著作用。现有关于两个维度的研究表明企业外部知识搜寻的不同维度存在互补作用，即可以利用某个维度探索式搜寻的优势来弥补另一个维度上开发式搜寻的缺陷，通过这种变化同样能达到对创新绩效的促进作用。尽管这些研究显示学者们已经开始关注多维度知识搜寻，并且取得了一定进展，但是相关研究仅局限在"时间+认知"维度和"地理+认知"维度的探索，缺乏对"时间+地理"维度的分析，更缺少从空间视角把多个维度同时纳入一个模型中去分析的文献。因此，关于外部知识搜寻空间及其与创新绩效的关系还有待深入探讨。

关于企业外部知识搜寻结果的研究，早期学者们主要关注某一个维度下的知识搜寻活动对企业创新的影响，特别是对认知维度的研究较为丰富，后期研究从单一维度扩展到对两个搜寻维度的研究，主要是"时间+认知"维度和"地理+认知"维度。本研究发现这些研究在衡量各个搜寻维度时，普遍存在一些问题。首先，他们仅仅笼统地把时间维度的搜寻分为对新旧知识的搜寻，把地理维度的搜寻分为对国内和国外知识的搜寻，把认知维度的搜寻分为同一知识领域内外的搜寻。这种粗略的划分方式不能清晰地刻画企业的外部知识搜寻活动，会对搜寻结果的研究产生一定偏差。同时，这种划分方式在研究两个维度时不能很好地测量它们之间的共变性，即一个维度的变化会引起另一个维度在什么方向和多大程度上发生变化。其次，现有文献将外部知识搜寻的多个维度割裂开来，没有从多维空间视角去分析企业外部知识搜寻结构与创新绩效和财务绩效的关系，脱离了企业的搜寻实践，因而得出的研究结果可能存在偏差，值得商榷。最后，关于企业外部知识搜寻结果的现有研究还忽略了一个动态视角。企业在不同发展阶段时使用什么样的搜寻策略会带来更好的绩效呢？怎么识别不同发展阶段的最优外部搜寻结果？这些都是值得后续进一步研究的问题。此外，在研究外部知识搜寻对企业创新绩效影响时，有部分文献考虑了权变因素的影响，如企业吸收能力的调节作用（Rothaermel and Alexandre，2009；Sirén et al.，2012；Guo and Wang，2014）[193,216,245]，但是还有很多其他权变因素同样值得考虑，如技术特征、搜寻企业与被搜寻企业的关系等。

2.6 研究评述

围绕企业外部知识搜寻，现有文献在外部知识搜寻的模式、外部知识搜寻的维度、外部知识搜寻的影响因素、外部知识搜寻的结果等方面进行了大量研究，也取得了诸多具有创见性的成果，为本书开展外部知识搜寻空间异质性及形成机制研究奠定了良好的基础。但总体来看，仍存在一定的不足。据此，本节总结归纳出有待进一步研究的问题，以引出本书所拟的研究内容，如图 2-2 所示，箭头左边是已有研究，右边是本书重点研究内容。

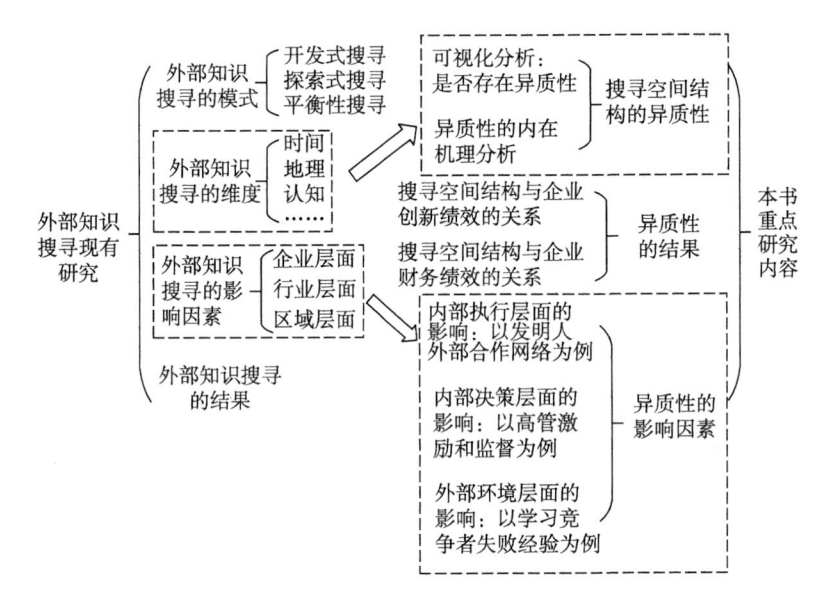

图 2-2　现有相关研究与本书重点研究内容

通过对国内外文献的分析，发现现有研究对企业外部知识搜寻缺乏一个系统性的分析框架。首先，在研究视角上，过去的研究没有在一个整体的框架中从空间结构的视角同时考虑多个搜寻维度及其变化。早期，本地搜寻的研究者大多笼统地对待外部知识，如考察是否存在外部知识搜寻活动，即"点"的观点。而非本地搜寻的研究者则通常采取"线"的观点，仅从单一的认知维度来定义本地和非本地知识搜寻。而且，由于不同学者在衡量认知维度时所选择的测量方式不同，导致相关研究缺乏一致性结论。近年来，一些学者开始强调某两个搜寻维度之间的相互作用，即"面"的观点。这些研究注意到了不同维度之间的作用，深化了对外部知识搜寻的理解，但研究结论仍然不够贴近真实的企业实践，且未能从整体上深入分析不同企业在搜寻结构上的异质性，以及这些维度之间的共变关系，尤其是基于量化分析的视角，其与企业技术能力的关系也有待实证检验。由此可见，外部知识搜寻同企业绩效关系的实证工作也有待重新检验。虽然关于企业外部知识搜寻的结果已有众多结论，但是现有文献对外部知识搜寻多维空间结构整体性的忽略，导致这些研究结果与现实情况可能存在一定偏差。其次，在研究内容上，过去的文献主要讨论外部知识搜寻的结果，即对企业绩效的影响，对其前端研究缺少一个系统性的理论分析框架。虽然大部分研究都会提到影响企业外部知识搜寻活动的因素，但是还没有一个文献从多维空间的角度系统研究决定企业外部知识搜寻空间结构选择的因素，更没有文献从更高的理论视角出发，提炼出企业外部知识搜寻空间异质性的形成机制。不同企业在外部知识搜寻策略上为什么会存在差异？需要重点考察哪些层面的作用？是哪些因素共同作用构成了这种搜寻活动异质性的形成机制？只有弄清这些问题，我们才可以拓展知识搜寻的研究链条，才能全面而深入地理解和认识企业外部知识搜寻活动，得出的相关结论才会帮助企业有效地开展搜寻活动，进而实现技术创新能力的提升。

上述不足也构成了本书拟在研究内容中解决的一些关键性科学问题。

第一，关于企业外部知识搜寻空间结构的异质性。首先，需要确定外部知识搜寻维度，明确外部知识搜寻空间结构的理论框架。文献综述中虽然已经系统地整理出现有研究中常见的几个关于外部知识搜寻维度，但是需要进一步阐述为什么需要将这些维度放在一起讨论，什么是外部知识搜寻空间结构。其次，需要通过可视化分析将企业外部知识搜寻活动置于多维的空间结构中。可视化分析可以更加形象地揭示外部知识搜寻结构是由哪些维度构成的，其形态特征如何。同时，可视化分析还可以帮助我们纵向比较不同时期的企业外部知识搜寻结构，横向比较不同企业之间的搜寻结构差异，也就是外部知识搜寻结构的异质性。再次，需要分析这种搜寻结构异质性形成的内在机理；在理论分析上，可以挖掘搜寻维度相互影响的深层次原因，解释异质性搜寻结构的内在机理，在实证分析上，可以验证各个维度之间如何相互作用从而形成外部知识搜寻结构，即当某一维度的搜寻距离增加时，其他几个维度的搜寻距离将如何变化，增大还是减小？变化的程度如何？最后，需要分析外部知识搜寻结构与企业绩效的关系。分析搜寻结构与企业绩效的关系，主要目的是从企业经营实践回答为什么本书第二部分内容需要重点研究外部知识搜寻结构异质性的影响因素。提升绩效、保持长久不衰的竞争力是企业经营的目的，不同企业在外部知识搜寻空间结构上虽然存在异质性，但这种异质性对于改变企业绩效来说毫无作用，即使弄清楚了影响它的各种因素，也不会对企业实践有现实的指导意义。所以这部分内容可以帮助本研究以搜寻空间结构的视角重新检验关于外部知识搜寻活动与企业创新绩效和财务绩效的关系，更重要的是，能够从实践上回答下一步研究外部知识搜寻空间结构异质性的影响因素的必要性。

第二，企业外部知识搜寻空间结构异质性的形成机制。外部知识搜寻影响因素的文献综述表明，影响企业外部知识搜寻活动的因素存在于各个层面，包括企业、行业和区域等。虽然本研究不可能穷尽所有因素，但是本研究结合理论与实践，提出一个"自下而上、由内到外"的多层次、整体性分析框架。具体来说，分别从直接参与企业外部知识搜寻活动的发明者、直接决定企业外部知识搜寻战略决策的高层管理者，以及影响企业外部知识搜寻活动的行业竞争者三个方面出发，采取先通过理论分析构建相关假设，再利用实证分析来验证假设的方式，详细讨论这三个层面的作用，并从整体性的理论视角提炼出企业外部知识搜寻空间结构异质性的形成机制。

第3章 实证背景、数据来源及样本筛选

医药行业作为一个持续动态发展的高技术产业,常常被创新管理研究者所关注。而美国医药企业作为行业领头羊,更是经常被选作创新研究的素材。同样,本书也以美国医药企业为实证研究背景,对其外部知识搜寻活动进行系统研究。本章的主要目的是通过对世界医药行业和美国企业的基本情况以及药品研发特点进行分析,说明以美国医药企业为例研究外部知识搜寻活动的合理性。首先介绍全球医药行业的发展概况、医药行业的主要特点,尤其是在药品研发方面的特点;其次结合美国医药企业的发展现状,简要分析他们在创新过程中的外部知识搜寻活动;最后详细介绍本书后续研究中相关数据的来源和样本筛选过程。

3.1 医药行业的发展和特点

3.1.1 世界医药行业的发展概况

医药行业(Pharmaceutical industries)主要是指化学制药企业和新兴生物制药企业的集合(李沐纯,2010)[304]。随着世界人口总量的增长、社会老龄化程度的加剧、疾病谱的不断扩大,以及人们健康意识的提升,全球医药行业持续快速增长,被称为永不衰落的朝阳产业(黄淑芳,2013)[289]。20世纪70年代,全球医药行业市场规模仅有200亿美元,90年代增至2000亿美元,到2000年已经超过4000亿美元,年平均增长速度超过10%。尽管21世纪后,尤其是2010年后由于大量专利到期,全球医药行业增速有

所放缓，但市场整体需求依然强劲，其平均增速也保持在年5%左右。特别是部分新兴国家和地区的快速增长继续推动了整个行业的发展，到2016年，世界医药行业已经拥有大约11100亿美元的市场规模（见图3-1）❶。

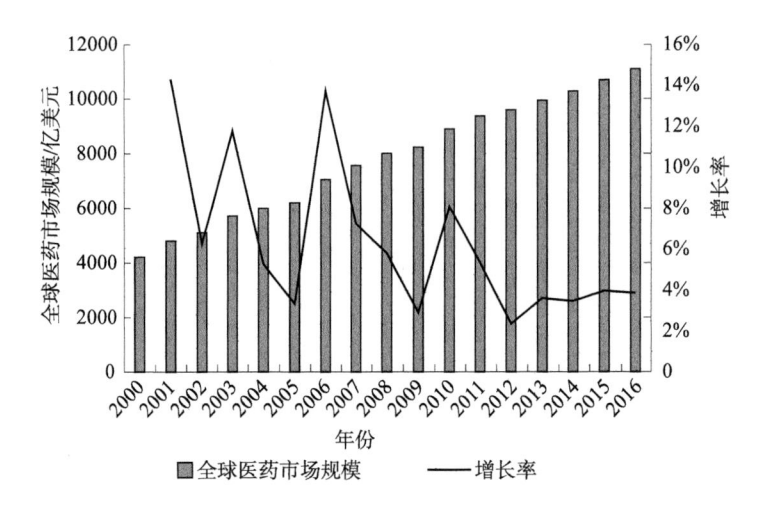

图3-1 2000—2016年全球医药市场规模

数据来源：艾美仕市场研究公司（IMS Health），不包括医疗器械销售。

从区域分布来看，全球药品销售主要集中在美国和欧洲。发达国家不仅是药品销售的主要市场，也是全球药品制造市场的主体（见图3-2）。美国一直是全球最大的药品制造和销售市场，近年来始终保持着约40%的市场份额。其次是欧盟地区和日本，2016年分别占据了全球医药市场22%和8%的份额。同时，以中国为代表的新兴国家近年来在药品销售市场上获得了快速增长，2016年中国的医药市场份额达到了全球20%的占比。以中国、俄罗斯和巴西为代表的新兴经济体虽然在药品研发和制造方面不及发达国家，但是得益于不断增长的GDP、持续扩大的医疗改革，他们在医药销售额上保持了强劲的增长趋势，成为拉动全球医药市场增长的主要力量。

从创新投入和产出来看，欧美的医药行业占据领先优势（见表3-1）。根据欧盟委员会公布的2015—2016财年全球医药行业的研发投入情况，美

---

❶ 根据可获得的统计数据，大多数实证背景中的描述性数据截至2016年。

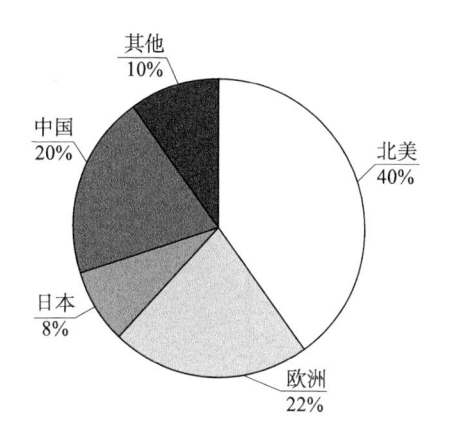

图 3-2 2016 年全球医药市场份额分布情况

数据来源：艾美仕市场研究公司（IMS Health）。

国 2016 年在医药领域投入 612.33 亿欧元的研发经费；英国以 111.78 亿欧元的投入金额位列第二；德国和法国分别以 98.32 亿欧元和 66.51 亿欧元排在第四和第五；亚洲国家中日本最多，以 106.08 亿欧元位列全球第三；中国医药行业研发投入 14.12 亿欧元，位列亚洲第二，全球第八。就医药产出而言，全球大部分的在研新药也主要集中于欧美国家。在研新药是指包括临床前研究项目、处于临床研究及注册阶段的项目以及增加新适应证的已上市药物项目。2016 年，全球在研新药数量 13718 个，美国在研新药占全球的 48%，欧洲占比 29%（其中英国 6%、德国 3%、法国 3%），日本和中国分别占全球的 3% 和 4%。2016 年全球共批准上市的原创性新药数量共 31 个，其中美国占了 19 个，尽管相较于 2015 年的 45 个获批新药数量急剧下降，但其质量颇高，绝大多数药物都是全球首次获得批准，因此美国仍然遥遥领先于其他国家。值得注意的是，中国在研新药数量虽然多于许多欧盟大国和日本，但我们没有一个获批上市的原创性新药，所谓的在研新药基本上是"Me-too"（模仿）药物❶[102]。

---

❶ Me-too 药物特指具有自己知识产权的药物，其药效和同类的突破性的药物相当。这种旨在避开专利药物的知识产权保护的新药研究，大多以现有的药物为先导物进行研究。研究的要点是找到不受专利保护的相似的化学结构，这种研究有时可能得到比原"突破性"药物活性更好或有药代动力学特色的药物。

表 3-1　2016 年全球医药行业创新概况

主要地区	主要国家	研发投入金额 /亿欧元	在研新药数量 /个	批准上市的原创性 新药数量/个
北美	美国	612.33	6585	19
欧洲	英国	111.78	823	10
	德国	98.32	412	
	法国	66.51	412	
亚洲	日本	106.08	412	2
	中国	14.12	549	

数据来源：欧盟委员会公布的 2015—2016 财年全球 30 多个行业研发投入情况；美国 FDA 发布的《2016 年度新药审评报告》。

3.1.2　医药行业的研发特点

医药行业在研发上具有高投入、长周期、靠专利等特点。第一，制药行业需要相当大的资金投入。大量的资金投入不仅包括厂房和仪器设备的构建、新产品在市场上的推广，更主要的是在新药的研究开发、临床试验环节。据塔夫茨药物研发中心统计，2003 年研制一个新药平均需要超过 10 亿美元的研发费用，而随着药物研发难度的增大，到 2013 年已经增加至 25 亿美元。根据 OECD 的定义，研发强度在 8% 以上属于高技术行业，全球领先的制药企业的研发投入占其营业收入比重平均高达 21%，远远高于其他高技术行业的平均水平。新药开发过程中，耗费资金最多的是临床试验阶段，包括临床前的试验、临床试验和新药上市后的安全监测和不良反应检测。据美国药品研究与制造商协会（Pharmaceutical Research and Manufacturers of America，PhRMA）的数据分析，2010 年美国医药行业在临床前试验以及各期临床试验的研发投入金额占到总研发投入的 95.2%（见图 3-3）。

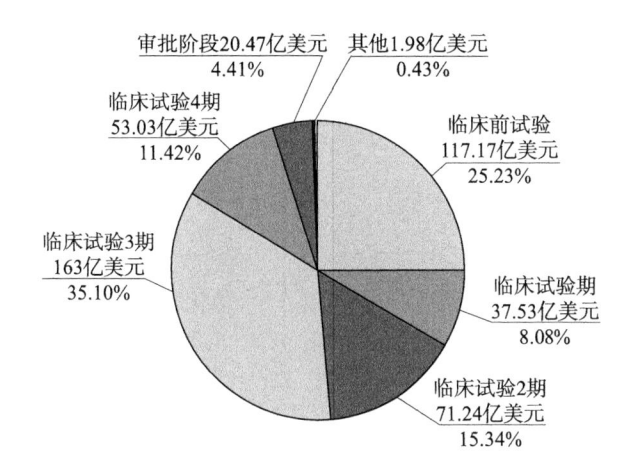

图 3-3　美国医药企业新药研制各阶段的研发投入分配情况

数据来源：PhRMA 公布的 *Pharmaceutical industry 2011 profile*。PhRMA 成立于 1958 年，是一个集中美国医药行业公司的贸易协会，其使命是支持企业在制药和生物制药的研究中为病人研发新药物的公共政策。

第二，制药行业的研发周期很长。由于生物医药涉及人的生命安全，不仅需要临床试验对疾病治疗效果进行观测，上市前的审批和上市后的监管等环节也必不可少，因此整个周期耗时较长。根据成功上市的新药统计分析，一般来说，一个新药从开始研制到形成最终产品并上市需要 10~15 年的时间（见图 3-4）。首先是实验室研究阶段，针对一种疾病，实验人员会实验 5000~10000 个化合物，然后经过临床前的药物提纯等试验流程，平均仅有 250 个化合物留下来，整个过程平均历时 3~6 年。接着进入临床试验阶段，至少需要在志愿者身上进行三期临床试验，这个过程是耗资和耗时最长的阶段，平均需要花费 6~7 年时间，临床试验下来仅有 5 个化合物能够被选中。最后，提交药监局审核，仅有一个新药能够获得审批并进行大规模生产，面向市场之后仍然需要接受上市后的监管（Munos，2009）[161]。在国际上，新药开发成功的概率仅有 1/10000~1/5000。

第三，高投入、长周期的研发同时也伴随着制药行业的高风险和高收益特征，因此，为了保护自身的长远利益，和其他行业相比，医药企业更依赖专利申请来保护技术创新。国外大型制药企业对药品专利信息非常重视，如辉瑞、默克、礼来、雅培等医药企业都设有自己的专利信息部门，不仅负责本企业药品专利战略部署，还负责对药品从研制、生产到销售等方面进行全面、系统的市场调研和信息分析。从专利申请来看，大部分药品专利是在临床试验开始之前申请的。相关调查显示，在美国医药行业80%的技术创新都申请了专利，远远高于所有行业35%的平均水平（Arundel and Kabla, 1998）[16]。此外，与其他行业，如技术高度分散的电子行业相比，医药行业的技术相对集中，一个专利基本上代表一种新药或一种产品，基于该专利的知识搜寻活动仅用于解决此新药研发问题，因而可以排除其他因素的影响。所以，以医药企业专利技术为研究对象，可以有效追踪和刻画以解决单个创新问题为目的的知识搜寻活动（Khanna et al., 2016）[120]。

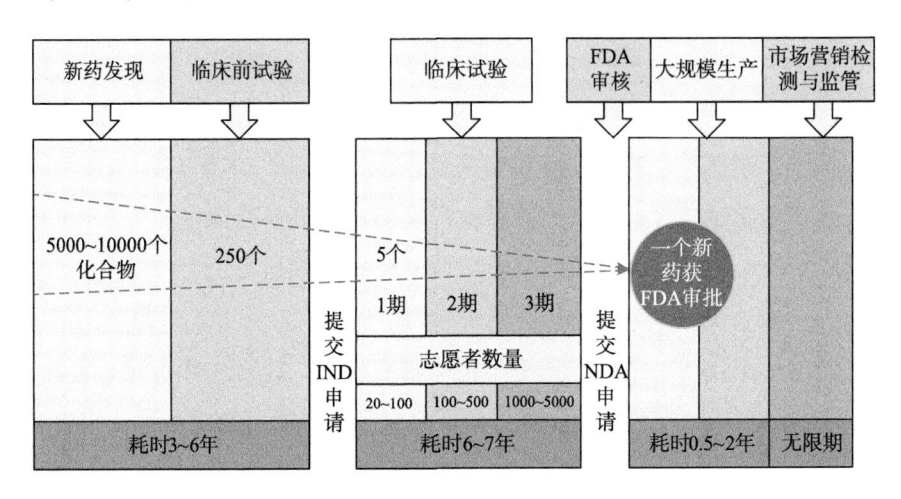

图 3-4 新药发现到上市的各阶段及其时耗

3.2 美国医药企业的发展及其创新活动分析

3.2.1 美国医药企业的发展概况

从全球医药行业发展现状来看，美国始终占据着全球领先的地位。总体来说，近几年美国医药市场规模保持着5%的稳定增长速度，占据全球大约40%的市场份额（见图3-5）。

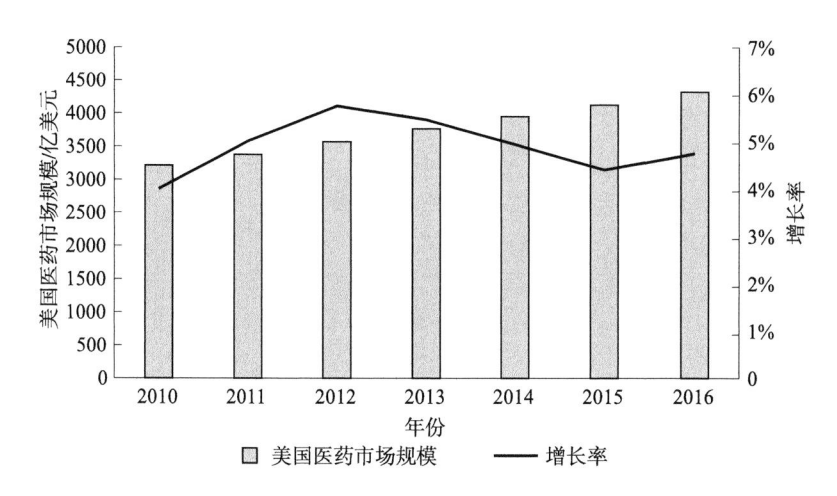

图3-5 2010—2016年美国医药行业市场规模

数据来源：艾美仕市场研究公司（IMS Health）。

美国《医药经理人》（*PharmExec*）杂志于2017年6月12日公布了全球医药行业排名前50位的企业。该排名的主要依据是2016年各企业处方药在全球的销售额，因此能够较为准确地反映各家医药公司业务的整体实力。TOP50企业中，美国占据了16个席位，表3-2列出了这16家企业的名称和所在地区，以及当年的销售额和研发费用。进入TOP50的美国企业数量长期保持全球领先优势。其中，第一名的位置长年被辉瑞公司（Pfizer）占据。该排行榜从2000年开始，每年公布一次，至2017年已有18年时间。18年中，辉瑞15次排名第一（分别在2001—2013年，2016—2017年）。默沙东（MSD）在2000年排名第一，2014—2015年瑞士的诺华排名第一。

表3-2 2017年全球制药企业TOP50中的美国企业

排名	企业名称	所在地区	处方药销售额/亿美元	研发费用/亿美元
1	Pfizer	纽约	459.06	78.41
4	MSD	新泽西	355.63	97.6
6	Johnson	新泽西	316.71	69.67

续表

排名	企业名称	所在地区	处方药销售额/亿美元	研发费用/亿美元
7	Gilead	加利福尼亚	299.92	39.25
9	Abbvie	伊利诺伊	252.99	41.52
10	Amgen	加利福尼亚	218.92	37.55
12	Allergan	加利福尼亚	185.97	28.45
14	BMS	纽约	181.63	44.05
15	Lilly	印第安纳	171.73	49.28
20	Celgene	新泽西	111.14	27.62
23	Mylan	宾夕法尼亚	108.39	70.55
24	Biogen	马萨诸塞	98.18	19.73
35	Abbott	伊利诺伊	38.59	1.37
39	Regeneron	纽约	33.38	20.52
41	Alexion	康涅狄格	30.82	7.47
50	Ferring	新泽西	21.34	3.09

众多大型医药企业集中在美国，也形成了较为激烈的市场竞争格局。这些医药企业总体呈现梯队式排列，第一梯队的大型企业，如辉瑞、默沙东、强生等企业，他们的产品几乎覆盖医药行业的所有治疗领域，从研发到生产再到市场销售，都有一条高度整合的产业链。第二梯队的大型生物技术公司和专科药企，如安进、百健、新基等企业，虽然也拥有自己高度整合的产业链，但主要集中在治疗领域。位于第三梯队的中型生物科技公司主要致力于某些细分的医疗领域，如自身免疫系统疾病、中枢神经系统疾病、肿瘤和其他罕见疾病等，或者针对大型企业没有涉足的细分市场，利用生物医药技术的进步来开发新治疗领域，以满足尚未开发的医疗需求。

3.2.2 美国医药企业的创新情况

随着市场竞争程度的加剧，相比于20世纪八九十年代，新药开发的难度越来越大（尤佳等，2017）[354]。新药研发的周期变得越来越长，企业投入的成本也越来越高，但是研发投入的增加却没有伴随着新产品的同步产出。以 PhRMA 的成员企业为例，这些成员企业每年在新药研发中投入大量资金，该数据从1995年的152亿美元，攀升至2016年的近600亿美元。虽然近几年增速有所放缓，但始终稳定在500亿美元以上（见图3-6）。然而，和投资增速形成鲜明对比，获得审批的新药数量并没有增加，反而出现了下降趋势。根据新药上市流程，临床试验结果支持新药的安全性和有效性方可提交 FDA 进行审核，审核通过后才能大规模生产并上市销售。新药申请通常包括两类，新分子实体（NME，如化学药物）和生物制剂（BLA，如免疫生物制剂、疫苗类制剂）。图3-7显示了 FDA 历年审批的新药数量，1996年达到峰值，分别审批通过了53个 NME 和3个 BLA，随后呈现逐年减少的趋势。2007年达到低谷，仅有16个 NME 和2个 BLA 通过审核，2016年也只批准了15个 NME 和7个 BLA。近几年新药通过总数维持在35件左右。这两组走势相反的数据说明美国医药行业的研发投入产出率在逐年下降。

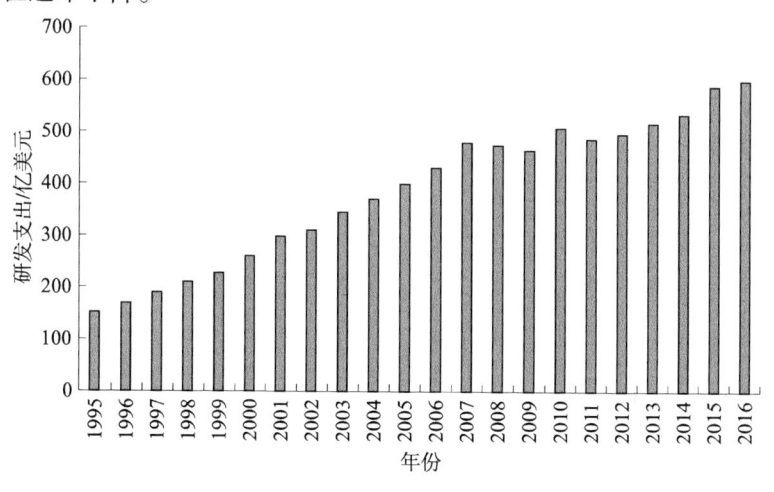

图3-6　1995—2016年美国 PhRMA 成员企业研发支出

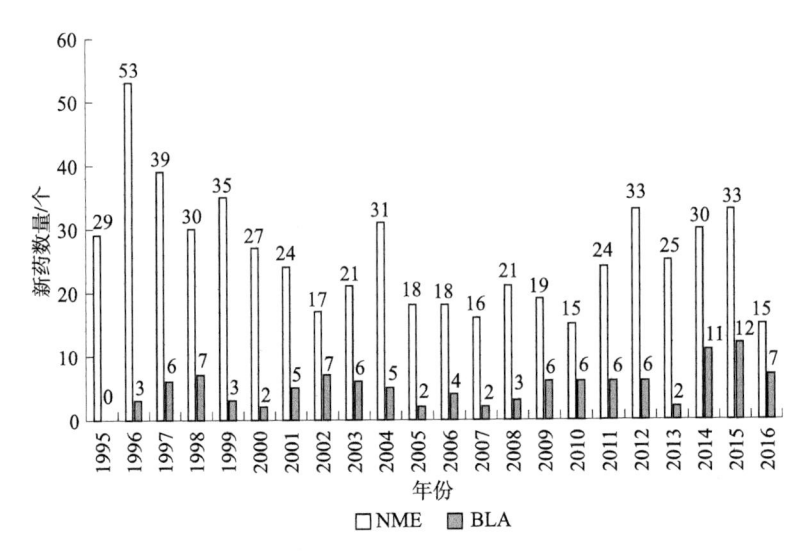

图 3-7　1995—2016 年获得 FDA 批准的 NME 和 BLA 新药数量

数据来源：FDA 药品审评与研究中心。

面对新药研发的创新困境，美国医药企业开始采取积极的应对措施。主要通过整合内外部资源来保持和提升技术优势。一方面，美国医药企业加强外部研发合作网络，从外部获取技术和知识来应对环境变化，有效整合内外部资源以推动研发效率的提升。医药行业是研发全球化程度最高的行业之一，美国有 30% 的药物研发工作分布在海外进行，在境内进行的研发活动也有 49% 是同国外企业共同合作完成的。也就是说，封闭式的自主研发已经很难满足医药行业的新药开发需求，企业必须有效利用全球化的创新资源，包括外部知识和技术、创新科研人才等，才能实现新药新技术的持续开发。例如，2018 年 3 月 14 日，美国礼来制药公司宣布正式在中国上海成立创新合作中心，旨在整合内外部优质资源，共同推动医药创新进程。礼来公司全球执行副总裁、礼来研究院总裁 Jan Lundberg 博士介绍："药物的研发是一个漫长又复杂的过程，其中充满了很多不可预见的风险。以往大多由企业内部机构提供研发所需的全部要素的药物研发模式遇到了越来越多的挑战。礼来一直致力于将自主研发与外部协作研发相结合，与大量外部伙伴进行了不同层次的合作，使资源得到最广泛的利用，大大增强了礼来和合作伙伴的创新与生产效率,加速了新药品开发和上市的进程。我们期待礼来中国创新合作中心在不远的未来与中国生物药企及其他本土企业建立更密切的合作关系。"通过扩大外部创新合作网络,礼来公司充分获取当地高质量的创新技术、知识,以及其他优质资源,为自己的新药研发提供了源源不断的动力。当然,这种合作网络不仅伴随着技术和知识的输入,同时伴随着技术和知识的输出,也推动了当地医药行业的发展。除此之外,一些大型医药企业还通过并购的方式来获取外部知识和补充产品线。美国医药巨头也是全球医药巨头企业辉瑞公司就长年热衷于通过收购各种类型的制药企业来不断获取创新资源并扩充其业务。例如,2000年以900亿美元成交额收购华纳兰伯特公司;2003年以600亿美元收购法玛西亚公司;2009年以680亿美元收购惠氏公司;2015年以每股90美元,斥资约170亿美元收购美国药物及医疗设备制造商赫士睿公司;2016年以140亿美元现金收购美国抗癌药制造商Medivation公司,得到了Medivation公司的畅销前列腺癌药物Xtandi,壮大了自己的抗癌药品业务。企业并购是大型制药企业获取外部知识和技术的一种重要方式。通过兼并或收购,他们不但可以获取其他企业拥有的现成新药,而且也能够获取被并购公司的已有知识和技术。

3.3 数据来源与样本筛选

借鉴已有研究,本研究利用专利来测量医药企业的创新活动,使用专利引文来表征医药企业外部知识搜寻中的具体知识或技术。文中涉及的所有实证研究都使用专利后向引文(Backward citations)中的他引[1]来测量医药企业在创新过程中的外部知识搜寻行为。正如已有文献所讲,虽然使用专利引文测量创新搜寻存在一定缺陷,但它仍然是企业创新管理研究中追踪企业的创新和外部知识搜寻活动时,最被大家认可和使用的方法

---

[1] 本书所指他引是不属于同一申请人的专利引文,包括共同申请人。例如,A专利申请人有a、b、c,他引是指a、b、c申请人以外的其他申请人申请的专利。

(Phene et al., 2006)[181]。第一，专利引文仅仅代表了企业的部分创新搜寻活动，它们是知识流动中的可编码部分，还有很多知识流动是不可编码和追踪的，如伴随员工流动形成的知识流动，创新工作者在解决问题时根据自己的历史认知形成的路径搜寻，跟外界交流过程中获取的解决方案等(Polanyi, 1959; 汤超颖等, 2004)[184,326]。然而，早已有学者对这种质疑做出过相应的解释，如 Mowery 等 (1996)[158] 就认为以专利为代表的可编码创新搜寻活动和其他不可编码的隐性知识搜寻活动是紧密相关，且互为补充的，所以专利引文虽然不能代表所有搜寻活动，但它们可以代表大多数搜寻行为。而且因其可编码的优势，专利引文不仅可以还能更好地衡量创新搜寻行为。第二，有人指出专利申请是企业的战略选择，并非所有的技术创新最终都会去申请专利保护。这一点也是本研究专门选择美国医药企业作为研究对象的原因。美国医药企业是竞争激烈且创新驱动的行业，企业非常依赖专利申请来保护技术和知识创新 (Arundel and Kabla, 1998; Penner-Hahn and Shaver, 2005)[16,176]。相关调查显示，美国医药行业 80% 的技术创新都申请了专利，远远高于其他所有行业 35% 的平均水平 (Arundel and Kabla, 1998)[16]。

  本研究所用数据包括美国上市公司数据和美国发明专利数据，分别来自美国 Compustat 和 USPTO。Compustat 提供了美国上市公司的基本信息，如企业名称、上市代码、企业地址、成立时间、上市时间、退市时间等，以及企业在上市期间的高管信息和相关财务数据。USTPO 提供了完整的美国专利信息，包括唯一识别的专利号、专利名称、专利类型❶、IPC 技术分类号、专利申请时间、授权时间、发明人名称和地址❷、申请人名称、唯一代码和

---

  ❶ 美国专利包括发明专利（Utility patent）、外观设计（Patent for design）和植物专利（Patent for plant）三种类型，其中发明专利最具有新颖性和实用性，因此本研究的研究对象是指美国发明专利。
  ❷ 该数据中没有提供发明人唯一代码，作者根据发明人名称和所在地识别了发明人唯一代码，尽可能避免同名的情况。

地址、专利引文信息（Backward citations 和 Forward citations）❶等。

在样本筛选过程中，首先，根据上市公司信息中的 SIC 行业分类号和企业所在地，找出 SIC 为 "2834" 的 706 家美国本土医药上市公司；其次，通过匹配上市公司名称和专利申请人名称，确定企业和专利的所属关系❷，匹配后仅有 410 家美国医药上市公司在 1980—2010 年申请过 72926 个发明专利；再次，根据专利号匹配专利引文数据，通过专利的申请人代码和发明人代码识别出他引和自引❸；最后，筛选出满足以下条件的 63 家企业 22702 个发明专利的 242793 个后向他引：①1980—2010 年上市经营期限超过 10 年（包括 10 年）❹；②1980—2010 年至少有 10 年在美国有过发明专利申请❺；③每个专利的后项引用中至少要有一件他引。最终，获得 1980—2010 年 63 家美国制药上市公司 22702 个发明专利的 242793 个后向他引（见图 3-8）。

表 3-3 列出了 63 家样本企业的名称和上市代码，以及专利申请数量和专利后向引文数量。在具体的实证研究中，由于每部分分析重点不一样，最终的样本选择、分析单元和变量设置可能有所不同，因此，这些内容将会在各个章节再做详细说明。

---

❶ 专利引文信息包括两部分：Backward citations（专利后向引文）是指专利引用他人的专利作为参考文献，是本研究用以表征外部知识搜寻的主要数据来源；Forward citations（专利前向引文）是指专利被他人引用，主要用以衡量专利的创新质量。

❷ 由于两个数据库中公布的企业名称格式不完全一致，本研究首先分别采用计算机精确匹配和模糊匹配的方法进行识别，然后通过人工识别的方式进行多次核查，并尽可能地考虑企业更名和母子公司的情况，以确保数据的可靠性。

❸ 如果专利与其被引专利的发明人和申请人中有相同的人或者组织，则视为自引，否则为他引。

❹ 因为本书主要研究以专利表征的技术创新过程中的外部知识搜寻活动，所以仅观察专利申请活跃的企业样本。

❺ 考虑到专利授权的有效性，22702 个专利是指 1980—2010 年申请，且截至 2012 年都已被授权的专利，有两年的滞后是因为专利从申请到授权的平均时间大约是两年，该方法可尽量缓解数据搜集过程中的右截断问题。

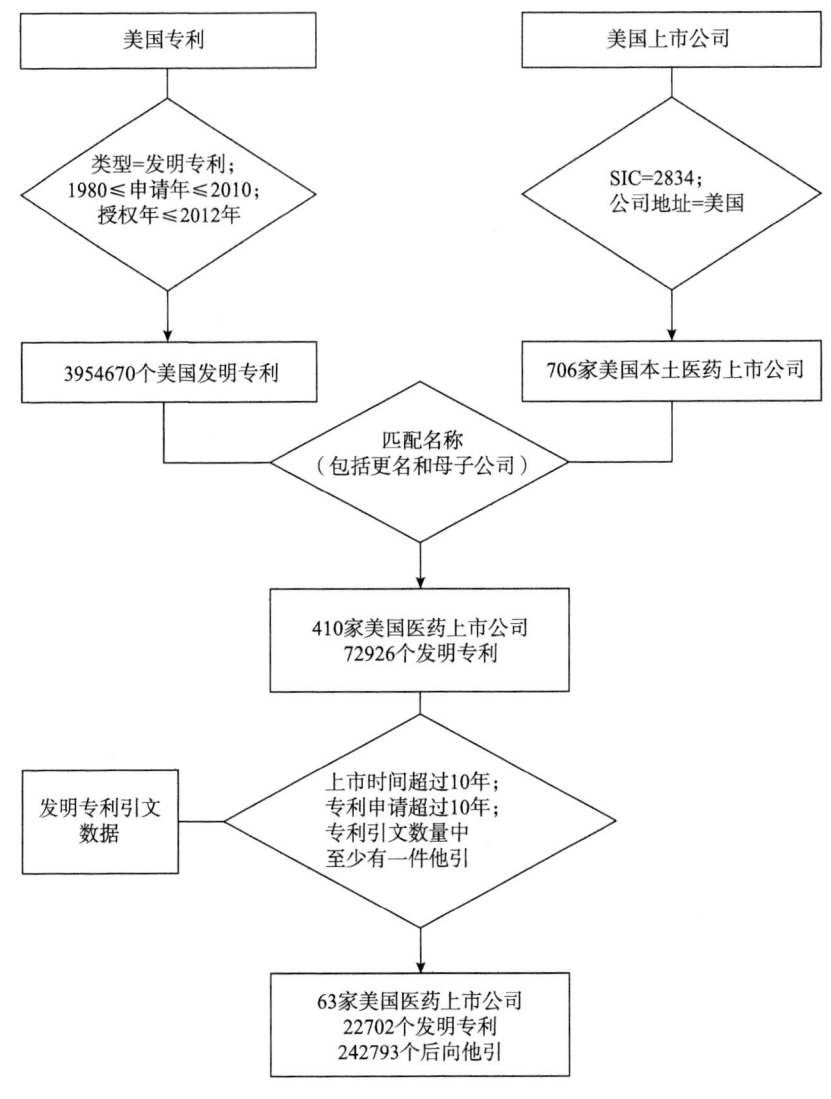

图 3-8　样本筛选过程

表 3-3　63 家样本公司及其专利信息

企业名称	上市代码	成立时间	专利数量	引文数量
Merck & Co Inc	007257	1891	2527	10003
Abbott Laboratories	001078	1888	2380	36915
Pfizer Inc	008530	1849	2168	12966
Eli Lilly and Co	006730	1876	2167	9575

续表

企业名称	上市代码	成立时间	专利数量	引文数量
Bristol-Myers Squibb Co	002403	1887	2094	18482
Genentech Inc	005020	1976	1541	11869
Baxter International Inc	002086	1931	1485	54441
Warner-Lambert Co	011288	1856	1240	5463
Schering-Plough	009459	1971	1114	8833
Wyeth	001478	1860	767	9181
Alza Corp	001359	1968	667	4943
Chiron Corp	003011	1981	540	4527
Vertex Pharmaceuticals Inc	024344	1989	408	4484
Sepracor Inc	024473	1984	286	2366
Neurogen Corp	019069	1988	247	1243
Rigel Pharmaceuticals Inc	133468	1996	190	2878
Nektar Therapeutics	030137	1990	160	4729
Cephalon Inc	023945	1987	148	1691
Celgene Corp	013599	1986	146	2261
Gliatech Inc	061433	1987	68	896
Ligand Pharmaceuticals Inc	025937	1987	65	1018
Adolor Corp	133724	1993	63	1108
Genelabs Technologies Inc	024179	1983	62	487
Noven Pharmaceuticals Inc	014918	1987	47	766
Scherer（RP）/DE	009458	1971	46	213
Atrix Laboratories Inc	021685	1989	42	946
K-V Pharmaceutical Co	006315	1942	41	654
Icagen Inc	266316	2001	40	144
Vivus Inc	030007	1991	39	635
MacroChem Corp	006924	1981	38	399
Durect Corp	140044	1998	37	2012
DUSA Pharmaceuticals Inc	024898	1991	36	521
Bone Care International Inc	062821	1984	35	666
Praecis Pharmaceuticals Inc	134685	1993	35	361
Theratech Inc/UT	025243	1988	31	259

续表

企业名称	上市代码	成立时间	专利数量	引文数量
Cellegy Pharmaceuticals Inc	061166	1989	30	336
Cubist Pharmaceuticals Inc	063866	1992	30	238
Lectec Corp-Old	012947	1977	28	315
Regeneron Pharmaceuticals Inc	023812	1988	136	498
Pharmacia Corp	007536	1911	126	1610
Emisphere Technologies Inc	015446	1986	124	5958
ICOS Corp	024110	1989	120	569
Agenus Inc/DE	129466	1994	119	1476
AVANIR Pharmaceuticals Inc	021776	1988	107	2121
Cor Therapeutics Inc	024220	1988	102	849
Amylin Pharmaceuticals Inc	024843	1987	100	804
Guilford Pharmaceuticals Inc	030352	1993	95	3134
Kosan Biosciences Inc	140445	1995	93	1032
NitroMed Inc	155794	1987	80	1761
Johnson & Johnson	006266	1886	79	494
Inspire Pharmaceuticals Inc	138466	1993	75	547
Pharmos Corp	012757	1982	28	212
Medicis Pharmaceutical Corp	021186	1988	28	619
Anadys Pharmaceuticals Inc	157414	1992	27	320
InSite Vision Inc	029032	1986	26	384
Vestar Inc	012732	1984	23	153
Alpharma Inc	001034	1975	22	327
King Pharmaceuticals Inc	112033	1994	22	238
Perrigo Co Plc	024782	1887	18	358
Anesta Corp	029643	1986	18	282
ONYX Pharmaceuticals Inc	062826	1992	17	51
Indevus Pharmaceuticals Inc	020983	1988	15	81
SciClone Pharmaceuticals Inc	025047	1989	14	91
合计	63	—	22702	242793

3.4 本章小结

医药行业是创新驱动的高技术产业，也是备受全人类关注的朝阳行业。本章首先概括了世界医药行业的发展情况，并针对企业创新活动分析了医药行业高投入、长周期、靠专利等研发特点；其次分析了美国医药行业的发展现状和创新活动；最后介绍了本研究的实证数据来源和样本筛选过程。美国作为世界上最发达的医药企业滋生地，长期以来依靠连续不断的研发投入和新药发现，占据了绝大部分的市场份额，在医药行业保持着世界级的领先水平。然而，在日益激烈的竞争市场和越发动态变化的外部环境下，发达的美国医药企业同样面临着增长的压力，依靠创新在竞争中寻求增长突破点依然是大多数美国医药企业的出路，而原有的仅依靠自有知识进行研发的封闭模式已经无法满足外部快速变化的市场需求。在开放的环境下，高效的技术创新要求企业充分搜寻和获取外部知识，以实现新产品产出和商业化的过程（Chesbrough，2006；Schumpeter，2017）[47,208]。尽管已有现象显示，面对日益艰难的研发活动，美国医药企业开始积极采取各种方式获取外部知识和技术，并在新药研发上有所成效，但是不同的企业在创新过程中如何搜寻外部知识，他们的外部知识搜寻活动是否表现不一致，是什么原因导致了这些差异，究竟应该怎么展开外部知识搜寻才能更有效地提升企业创新能力和竞争力等一系列问题都有待我们更进一步研究和挖掘。

第4章 外部知识搜寻空间结构异质性及其与企业绩效的关系

本章首先从多维空间视角来定义外部知识搜寻空间以及企业的外部知识搜寻空间结构，构建其理论框架；其次以63家美国上市医药企业的专利技术为样本，对其外部知识搜寻空间结构进行可视化分析，揭示不同企业外部知识搜寻空间结构的异质性规律；再次通过理论和实证分析来阐释该异质性现象的内在机理；最后简要分析企业外部知识搜寻结构与企业创新绩效和财务绩效的关系，从企业管理实践上进一步说明后续深入研究企业外部知识搜寻空间结构异质性影响因素的必要性。

4.1 外部知识搜寻空间结构的理论框架

从企业实践和现有研究来看，企业的外部知识搜寻活动通常涉及三个维度，即时间维度、地理维度和认知维度（Li et al.，2014；杨雪等，2015）[143,350]。本书文献综述部分已经将现有研究中这几种常见的外部知识搜寻维度做了详细的归纳总结。时间维度衡量被搜寻知识的新旧程度，地理维度衡量被搜寻知识拥有者与搜寻企业的地理距离，认知维度也称为技术维度，衡量被搜寻知识与搜寻企业已有知识基的认知距离（Li et al.，2014；Paruchuri and Awate，2017；Asakawa et al.，2018；陈朝月和许治，2018）[143,174,17,266]。其中，认知维度是现有文献中研究最为广泛的一个维度。大量外部知识搜寻研究者从认知维度出发来定义和区分开发式搜寻和探索式搜寻，或本地搜寻和非本地搜寻（远程搜寻）（Argyres，1996；

Rosenkopf and Nerkar, 2001; Benner and Tushman, 2002; Nerkar, 2003; Dowell and Swaminathan, 2006)[15,192,28,167,66]。例如, Dowell 和 Swaminathan (2006)[66]用搜寻知识与企业原有技术轨道的差异来衡量探索式搜寻的程度,他们认为这种差异越大意味着企业外部知识搜寻越偏向探索式搜寻。又如, Rosenkopf 和 Almeida (2003)[191]把企业搜寻自己以前没有涉足过的新领域的知识定义为探索式搜寻,把企业搜寻已有涉足领域内的知识定义为开发式搜寻。通常,这些从技术或认知维度出发的研究在测量方法上都是基于专利的技术分类,专利技术分类的不同代表着两种技术在认知上存在差异(杨雪等, 2017)[351]。

虽然时间维度和地理维度出现在文献中的频次不及认知维度,但二者也是外部知识搜寻研究中不可或缺的维度。就时间维度而言,有研究认为由于有限理性和路径依赖,企业习惯从近期的技术或知识中去寻找解决当前问题的方案(Miller, 2002)[155]。也有人认为当企业习惯性地通过搜寻现有技术和知识来寻找解决方案时,容易忽略那些陈旧技术和知识中潜在的可挖掘信息。例如,许多大型医药企业就经常聘用专业科研机构来重新检测 20 年前放弃的一些临床试验项目,希望能从中发现新的机会(Khanna et al., 2016)[120]。此外,时间维度的研究越来越受到学者们的关注,还有一个重要原因是,现在大多数研究都使用专利来表征外部技术或知识,而各国各地区的专利保护周期都具有较强的时效性。以美国和中国发明专利为例,其有效期都是自申请之日起 20 年。通常,考虑到知识产权保护期限的有效性,企业在进行外部知识搜寻的过程中往往会把专利技术年龄或专利的剩余保护期限作为参考因素(Katila, 2002)[116]。有人认为新技术或新知识因为时间较新而具有不确定性的特征,而旧技术或旧知识虽然时效性欠缺但更为可靠,因此把搜寻旧技术、旧知识定义为时间维度上的开发式搜寻,把搜寻新技术定义为时间维度上的探索式搜寻(Li et al., 2014)[143]。

地理维度同样是值得关注的维度。首先,聚集经济效应(Agglomeration economies)告诉我们地域上的集中会导致社会分工深化、企业联系加强,区域资源被大家共同利用(Saxenian, 1996)[205],因此企业在遇到问题时更倾向于先在邻近的地域内搜寻解决方案。其次，技术和知识转移中附带的黏性知识（Sticky knowledge）相对于信息而言更为隐蔽（Von Hippel, 1994；Szulanski, 1996）[238,224]，在一个较小的地理区域内，企业之间可以更加充分而有效地互动和共享这类隐性知识，因此创新知识传播的可能性会更大（Asheim and Isaksen, 2002；Paruchuri and Awate, 2017）[18,174]。最后，地理维度常常与体制和文化维度紧密相关（Knoben and Oerlemans, 2006；蒋石梅等，2012）[122,292]，不同国家、不同地区之间的文化、习俗和制度都不尽相同，因而跨区域，特别是跨国界的知识搜寻对企业的后续学习和吸收增加了难度和不确定性。根据被搜寻知识创造者或拥有者所在地与搜寻企业所在地的距离，学者们通常把近距离的搜寻定义为地理维度的开发式搜寻，把远距离的搜寻定义为地理维度的探索式搜寻（Phene et al., 2006）[181]。当然，不排除未来可能还会出现其他新的搜寻维度研究，但就目前而言，这三个外部知识搜寻维度是最为广泛和最被大家接受的维度。因此，本书所要研究的外部知识搜寻空间结构也是基于这三个维度。

　　同时在时间维度、地理维度和认知维度上的决策构成了企业外部知识搜寻的三维空间结构（见图4-1）。企业每一次进行外部知识搜寻活动，都需要同时在时间、地理和认知维度上做出搜寻决策，是搜寻新知识还是旧知识，是在邻近地区搜寻还是在较远距离搜寻，是在熟悉的技术领域搜寻还是在陌生的技术领域去搜寻。任何将这三个维度分开的单独研究都会偏离企业的搜寻实践，得出的研究结论也可能出现偏差。根据传统物理学的空间概念，在日常生活中，长、宽、高三个维度共同构成了立体的三维空间（也称三度空间）（陈泽明等，2016）[270]。由此，本研究将时间、地理、认知三个维度共同组成的空间定义为企业外部知识搜寻三维空间❶。企业的每一次外部知识搜寻活动都会同时在这三个维度上去决定搜寻距离，而每个企业可能拥有的资源不同、做决策的人不同，或者受到的外部环境影响不同等，因而每次搜寻活动在三个维度上做出的决策可能不尽相

---

❶ 本书所指"空间"应与现实生活中的空间区分开来，"搜寻空间"是一个虚拟概念，且该空间是开放的状态，未来可能出现其他新维度的研究，此空间还可以扩展到四维及以上。

同。这便决定了企业该次外部知识搜寻活动在搜寻空间中所处的位置,本研究把它定义为企业的外部知识搜寻空间结构,简称搜寻结构。

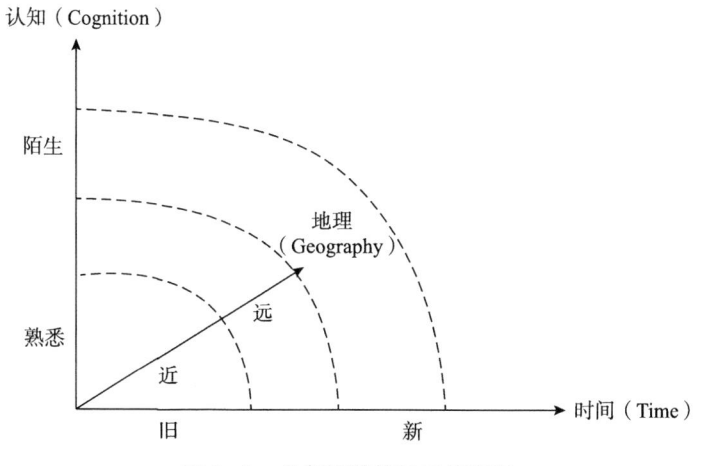

图 4-1　外部知识搜寻三维空间

外部知识搜寻空间结构异质性是指企业之间的搜寻空间结构存在差异或者变化。异质性这一概念源于遗传学,它与同质性是相对的,如果一种物质或者一种特征的分布明显不均匀,那么它就具有异质性(翟茹雪,2018)[360]。因此,探索企业在外部知识搜寻空间结构上的异质性就是观测企业之间的外部知识搜寻空间结构是否存在显著的分布不均匀的特征,即不同企业在外部知识搜寻过程中,沿着三个维度做出的搜寻决策是否存在明显的差异或者变化。

4.2　外部知识搜寻空间结构的可视化分析

为了确认企业是否存在外部知识搜寻空间结构异质性这一现象,首先需要将各个企业的搜寻结构进行可视化,通过直观有效的现象观察来发现规律。根据本研究对外部知识搜寻空间结构的定义,企业每一次搜寻活动都包括时间、地理和认知维度上的距离选择,因而每一次搜寻都会落在外部知识搜寻空间中的某个特定位置上。所以,只要测量出每次搜寻活动中三个搜寻维度各自的距离大小,就能够在一个搜寻空间中描绘出企业所有搜寻结构的分布状况。

4.2.1 量化搜寻维度

根据现有文献,人们在研究企业外部知识搜寻时,虽然使用的测量方法不同,但总体来看,所涉及的维度可以概括为时间维度、地理维度和认知维度。综合已有研究,本研究将基于这三个基本维度来考虑企业外部知识搜寻空间。当然,也不排除未来可能会出现第四个或第五个维度的探索研究,但是就现阶段的研究而言,这三个维度的空间结构分析尚待进一步探索,因此,本研究从此三个维度出发,利用多维空间结构的思想,以弥补现有研究将企业外部知识搜寻空间结构割裂开来分析而产生的观点片面、结论偏差等不足。根据以专利引文为数据基础的知识搜寻文献,在医药领域,一件专利通常被看作是解决一个创新问题,而其背后的专利引文被认为能够刻画为解决此创新问题而展开的知识搜寻活动。因此本研究将1980—2010年63家美国制药上市公司22702个发明专利作为实证样本,以每个专利为观测单元,利用专利引文对三个搜寻维度进行测量,具体方法如下[1]。

时间维度是衡量外部知识新旧程度的指标(Katila and Ahuja, 2002)[117],使用专利申请年份与所有被引用专利申请年份之差的平均值的对数值来测量,考虑到后续分析的方便性,以及与其他维度的一致性,用此计算的最大值减去原始值得到最终的时间维度。该变量的值越小,表示搜寻时间越旧;值越大,表示搜寻时间越新。如式(4-1)所示:

$$Time = \max\left\{\ln\left[\frac{\sum_{N}(Year_{focal\ patent} - Year_{cited\ patent})}{N} + 1\right]\right\} - \ln\left[\frac{\sum_{N}(Year_{focal\ patent} - Year_{cited\ patent})}{N} + 1\right] \quad (4-1)$$

地理维度是衡量搜寻地理距离的指标(Lublinski, 2003)[146],用专利

---

[1] 考虑到极值可能给均值计算带来偏差,因此在计算均值前针对极大值和极小值做了1%的两端缩尾处理。

发明人所在地与所有被引用专利发明人所在地平均球面距离的对数表示。为方便计算，该指标仅以第一发明人所在地进行测算。根据 USTPO 提供的美国专利发明人所在城市经纬度，可测算两个城市的球面距离。该变量的值越小，表示搜寻地理距离越近；值越大，表示搜寻地理距离越远。具体计算方法如式（4-2）所示：

$$Geography = \ln\left\{\frac{\sum_{j=1}^{N}[R\cos^{-1}(\sin L_i \sin L_j + \cos L_i \cos L_j \cos(|G_i - G_j|))]}{N} + 1\right\}$$

(4-2)

式中，R 是地球半径，L_i 是专利发明人所在城市的纬度，L_j 是被引用专利发明人所在城市的纬度，G_i 是专利发明人所在城市的经度，G_j 是被引用专利发明人所在城市的经度。

认知维度是企业对所搜寻知识领域的熟悉程度（Petruzzelli and Savino, 2014）[177]，先分别计算企业过去五年在每个被引用专利所属技术领域的专利申请数除以过去五年的专利申请总数，再取平均值。同样，为了便于分析，用此计算的最大值 1 减去原始值得到最终的认知维度。该变量的值越小，表示搜寻技术距离越近，即企业对搜寻的技术领域越熟悉；值越大，表示搜寻技术距离越远，即企业对搜寻的技术领域越陌生。

$$Cognition = 1 - \frac{\sum_{i}^{N}(number\ of\ applications_i / total\ number\ of\ applications)}{N}$$

(4-3)

4.2.2 可视化结果：异质性现象的存在

为了更形象地描绘企业外部知识搜寻空间结构，揭示企业间搜寻结构的差异，本研究进行了可视化分析。根据企业外部知识搜寻活动的各个维度指标的取值，在搜寻三维空间中确定其搜寻坐标，本研究分别选取了七个时间节点（1980 年、1985 年、1990 年、1995 年、2000 年、2005 年和 2010 年），勾画了不同时期的企业外部知识搜寻空间结构分布图。这样的可视化结果不仅能横向比较企业的外部知识搜寻空间结构，还能纵向展示企业外部知识搜寻空间结构的演化过程。如图 4-2 所示，每个点代表企业的每次搜寻同时在时间、地理和认知三个维度中做的决策。

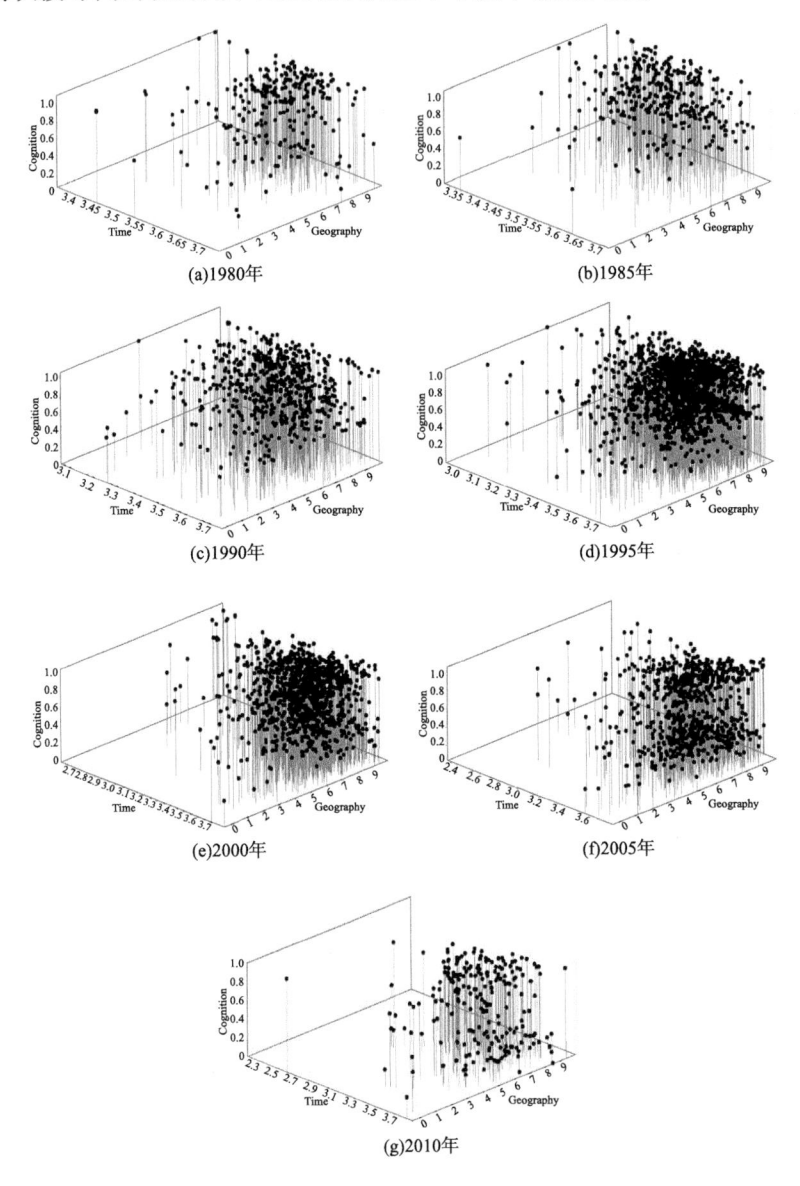

图 4-2　企业外部知识搜寻空间结构的时间演变

注：专利样本在 2005 年和 2010 年有明显减少趋势，原因可能是授权时间越来越久，由平均 1.75 年提高到平均 3.58 年，增加了一倍，企业专利申请变得更谨慎；此外，本研究所选专利是 2010 年之前申请，2012 年之前授权的，而此图以申请年进行统计，存在右截断问题，尤其会导致 2010 年的样本减少。

第4章 外部知识搜寻空间结构异质性及其与企业绩效的关系

从图4-2中可以看出：

① 横向比较发现，这些点分布在搜寻空间的不同位置，说明各个企业的外部知识搜寻空间结构存在异质性，不是所有企业的搜寻活动都遵循一种搜寻结构。

② 观察纵向演变发现，搜寻结构的异质性还表现在随时间的变化上，不同时期的企业间外部知识搜寻结构也有所不同。此外，每个图中"左下方"的搜寻活动都相对稀少，说明每个时期，企业都很少选择同时在三个维度进行近距离搜寻的结构（"旧-近-熟悉"的搜寻结构）。与前期相比，后期越来越多的外部知识搜寻活动向空间结构"右上方"集中，即企业越来越倾向于同时在三个维度进行远距离搜寻（"新-远-陌生"的搜寻结构），但似乎存在着某种力量的牵扯，使得很多搜寻没能到达"右上方"，而是落在了搜寻空间的"右下方"或其他地方，即同时沿着三个维度进行远距离的搜寻结构比较少，更多的是以某个维度的近距离搜寻来成全另外两个维度的远距离搜寻。

4.3 外部知识搜寻空间结构异质性的内在机理分析

可视化显示企业间外部知识搜寻空间结构存在异质性，那这种异质性现象背后的深层次原因，即其内在机理究竟是什么呢？从直观的可视化空间结构来分析，是时间、地理和认知三个维度共同构成了搜寻空间，而在三个维度上的距离选择差异造成了异质性的企业搜寻结构。三个搜寻维度之间可能存在相互作用，进而影响了彼此的距离选择。为了进一步解释这个现象，需要从理论上分析搜寻维度之间的相互关系，并通过数据的统计分析来验证这些关系，以揭示搜寻结构异质性产生的内在机理。

4.3.1 内在机理：新颖性和确定性的平衡

可视化分析结果表明很少有企业选择"左下方"的搜寻结构，即"旧-近-熟悉"的知识搜寻结构，相反地，企业越来越倾向选择搜寻空间"右上方"的搜寻结构,即青睐"新-远-陌生"的知识搜寻结构。然而,似乎存在某种力量的牵扯,大多数企业无法选择这种三个维度的远距离搜寻结构,而是放弃某些维度的远距离搜寻来成全其他维度的远距离搜寻,折中地选择了其他地方的搜寻结构。企业在三个维度上差异化的距离选择便形成了企业间异质性的搜寻结构。企业为什么不在每个维度上都选择近距离的搜寻或在每个维度上都选择远距离的搜寻?各个搜寻维度之间的距离选择有什么相互关系?只有弄清楚这里面的内在机理,才能回答这些问题,才能真正理解搜寻结构的异质性现象。

现有文献指出(Nelson, 1982; Leonard-Barton, 1992; Katila and Ahuja, 2002; Sidhu et al., 2004; 张峰和邱玮, 2013; Lucena, 2016)[164,136,117,213,363,147],无论是在时间维度、地理维度,还是认知维度上,企业都不可以进行过度的本地搜寻或远程搜寻。他们强调这两种知识搜寻之间的平衡状态,并发现各个维度的搜寻距离与企业创新往往存在倒 U 形关系,但却没有指明其中的内在机理。本研究将企业在外部知识搜寻过程中会面临的两难总结为:新颖性和确定性的冲突(见图 4-3)。

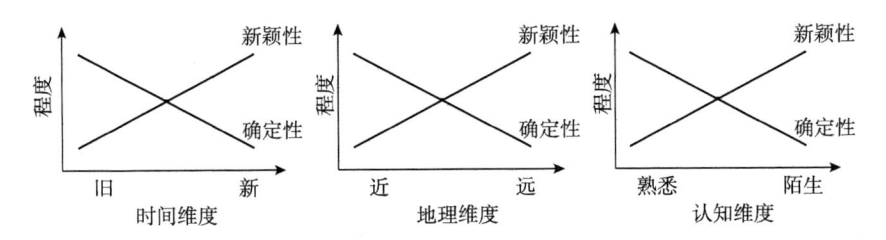

图 4-3 三个维度中的新颖性和确定性

在时间维度上,搜寻距离的长短表示搜寻知识的新旧程度不同,意味着搜寻的确定性程度不同,知识的新颖性程度也不同(Katila, 2002; Katila and Ahuja, 2002; Nerkar, 2003)[116,117,167]。根据本研究对时间维度的测量,时间维度距离越长,代表搜寻的知识问世时间越短,一方面,企业可获得这些新知识的信息较少,对它们可能缺乏全面的认识,也就是搜寻的确定性程度较低;另一方面,这些问世时间很短的新知识,其新颖程度却很高,可以为企业提供最新的知识和信息。反之,时间距离越短,确定性程度更高,新颖性程度越低。所以在时间维度上的选择可能会使企业陷入两难。单从技术创新来看,新知识相比于旧知识更能给企业带来创新启发,因为这些差异化的新知识不同于企业已有的旧知识,它们附带的新信息能够反映当前产品和技术市场的需求与发展趋势,可以帮助企业更好地解决当下问题,从而更有利于企业创新(Katila and Ahuja, 2002;Dunlap-Hinkler et al., 2010)[117,67]。但是,从确定性来看,搜寻新知识会增加企业的搜寻成本。新知识或新技术因时间较新可能向外界传递的信息不确定,因而具有可靠性低、风险大等特点,为了有效识别这些新知识、新技术,企业在搜寻过程中就需要付出更多的人力、时间和资金成本(Nerkar, 2003;邬爱其和方仙成,2012)[167,337]。

在地理维度上,搜寻距离的长短表示搜寻知识所在地与企业所在地的地理远近。根据本研究对地理维度的测量,地理距离越长,代表搜寻的知识距离企业越远,由于地理的限制,企业可能对这些远方知识的信息获取很少,认识不足,确定性的程度就越低。但是,对新颖性来说,由于地理距离的限制,来自远方的知识更可能给企业提供不一样的知识和信息(Lublinski, 2003)[146]。反之,地理距离越短,意味着确定性程度越高,新颖程度越低。所以,企业同样会面临地理维度带来的确定性和知识新颖性之间的冲突。一方面,来自不同地区的知识会给企业提供更新鲜的外部差异化知识,避免企业落入本地知识的"短视陷阱",进而促进企业创新绩效的提升(吴航和陈劲,2015)[338];但另一方面,地理距离较远的知识搜寻会加大不确定性,由于文化、制度、习惯等差异会影响企业对其他地区异质性知识的认识、学习和消化吸收,从而增加企业的搜寻成本和学习成本(Ganesan et al., 2005)[80]。

在认知维度上,搜寻距离的长短表示企业对搜寻知识所在领域的熟悉程度。根据本研究对认知维度的测量,认知距离越长,表示企业对搜寻知识所在领域越不熟悉,受到有限理性的限制,跨领域搜寻可能使企业对陌生领域的知识认识不足,确定性的程度就越低。不过,对新颖性来说,来自不同领域的知识更可能给企业提供异质性的、全新的信息(Lavie et al.,

2011)[129]。同样，搜寻的认知维度也会使企业陷入确定性和知识新颖性的困境。企业在自己的现有知识体系内进行创新搜寻往往会限于相似陷阱而很难实现突破性创新，而认知距离较远的非相似知识对企业来说是异质性的、新颖的，是企业进行突破式创新的知识来源（Ahuja and Lampert, 2001；周飞和孙锐, 2016；于飞等, 2018）[5,378,355]。然而，搜寻不相似的知识也会使企业面临不确定性的问题。由于这些新颖性知识通常存在于不同的行业或技术领域，与企业原有知识基相差较大，企业要想搜寻并获取这些非相似知识和技术，需要付出更多的人财物，而且过度地搜寻不相似或不熟悉的技术会使企业陷入信息超载、能力不足等困境（Rosenkopf and Nerkar, 2001）[192]。

简单来说，随着每个维度搜寻距离的增加，知识的新颖性逐渐增加，但知识的不确定性逐渐降低。对企业来说，从提升创新能力考虑，他们要追求能够带来异质性知识元素的远程搜寻，从搜寻成本和风险考虑，他们要避免具有高度不确定性的远程搜寻。这样一来，每个维度上都存在本地搜寻和远程搜寻的相互牵制。现有研究通常是在单个维度上分别讨论这一矛盾体，因为时间、地理和认知维度是相对独立的。正如前文分析，导致各个维度上这一冲突的原因是不同的。在时间维度上，新颖性与确定性是由知识的成熟度决定的；地理维度上，新颖性与确定性由地域文化、制度、政策的差异所致；认知维度上，新颖性与确定性是由两个知识基之间的技术距离引起的。

那如果同时考虑三个搜寻维度，也就是在多维搜寻空间中，知识新颖性和确定性之间的矛盾又如何变化呢？对创新元素的渴望使企业朝三个维度都进行远程搜寻，而对确定性的要求又将搜寻往本地拉回。当三对相反的力量同时作用时，这种张力或牵制作用将会更加突出，可能是原来单一维度的两倍甚至三倍（见图4-4）。例如，一个来自不同技术领域、不同地区的新知识或新技术，无论是在时间、地理还是认知上，对企业而言都是全新的东西，具有最高的新颖性，这些差异化的知识可以更大程度地为企业创新问题提供不一样的解决办法。但同时这些新知识或新技术的确定性也是最低的，

第4章 外部知识搜寻空间结构异质性及其与企业绩效的关系

企业对它们的认识很有限,能够获得的信息相对较少。相反,如果同时在三个维度进行本地搜寻,那企业将会获得确定性最高、新颖性最低的知识。对企业而言,这种知识更容易被获得、学习和吸收,但是对后续创新的帮助可能效果不大。(Li et al.,2008;Li et al.,2014)[142,143]。

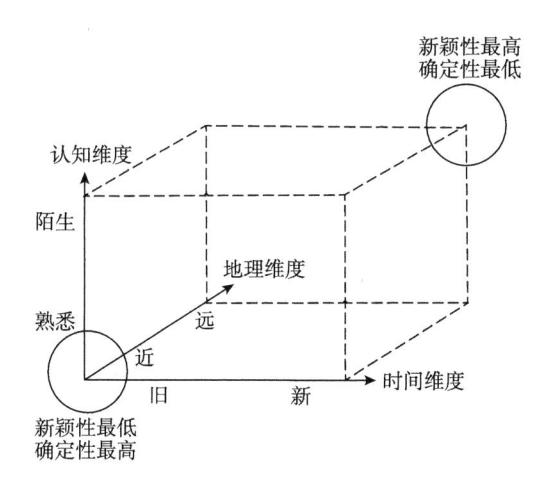

图4-4 多维搜寻空间中的新颖性和确定性

那为了缓解知识新颖性和确定性之间的冲突,学者们建议在本地搜寻和远程搜寻之间寻求一种平衡。但是大多数研究都局限在对一个维度或两个维度的平衡探索,远离了企业多维搜寻空间的实践(Choi et al.,2018;Grimpe and Kaiser,2010;Katila and Ahuja,2002;Li et al.,2018;Nerkar,2003;Xu,2015)[50,89,117,140,167,255]。例如,他们在认知维度上区分了搜寻深度和宽度,认为企业可以通过搜寻更多之前使用过的知识来降低不确定性(深度),同时通过广泛搜索他们没有使用过的知识来追求新颖性(宽度)(Katila and Ahuja,2002)[117]。类似地,有学者分析时间维度上的深度搜寻(新知识)和宽度搜寻(时间跨度大)对创新存在交互作用(March,1991;Nerkar,2003;Xu,2015)[152,167,255]。然而,这样的建议并不能从根本上缓解本地和远程搜寻的冲突。根据定义,搜寻深度和宽度在时间或认知维度上是两个相对的指标。当企业搜寻更多他们已经使用过的知识(或时间上的旧知识)时,在总数一定的情况下,没有使用过的知识(或时间上的新知识)的占比必然会下降。因此,实际上还是没有回答如何在保持新颖性的同时减少不确定性。而在两个维度的平衡中,有些学者讨论了认知维度和地理维度对突破性创新的交互作用,但忽略了搜索中的确定性问题(Phene et al., 2006)[181]。

那么,在多维搜寻空间中,企业如何解决新颖性和确定性引起的本地搜寻和远程搜寻的两难问题呢?创新中对异质性和新颖性知识的追求要求企业进行远程搜寻,而对不确定性的控制要求企业进行本地搜寻。当只关注一个维度时,很难解决两者之间的冲突,因为企业不能同时在一个维度上选择本地和远程搜寻。但在多维搜寻空间中,时间维度、地理维度和认知维度是相互独立的三个维度。企业可以通过调整各个维度的搜寻距离来权衡新颖性和确定性。具体而言,企业可以坚持或增加对某些维度的远距离搜寻,以保持对技术创新有益的新颖性知识的追求,同时适当地放弃某些维度的远距离搜寻,以减少不确定性带来的搜寻风险或成本。也就是放弃某些维度的新颖性来换取其他维度的新颖性,或者说放弃某些维度的确定性来换取其他维度的确定性,最终通过各个维度之间的相互作用,在多维度搜寻空间中实现新颖性和确定性的平衡。

综合以上分析,本章提出以下三个具体假设,并将在后文中通过实证分析来检验三个搜寻维度之间的相互关系。

H1:时间维度的远距离搜寻负向影响地理维度和认知维度的远距离搜寻。

H2:地理维度的远距离搜寻负向影响时间维度和认知维度的远距离搜寻。

H3:认知维度的远距离搜寻负向影响时间维度和地理维度的远距离搜寻。

4.3.2 验证搜寻维度之间的相互关系

表4-1是时间、地理和认知三个维度测量指标的描述性统计及其协方差矩阵。协方差可以判断两个变量的变化趋势是同步的还是相反的。三个变量两两之间的协方差显示,时间维度和地理维度的变化趋势相反(-0.022, $p<0.01$),时间维度和认知维度的变化趋势相反(-0.045, $p<0.01$),地理维度和认知维度的变化趋势也相反(-0.028, $p<0.01$)。从协方差结果来看,时间维度、地理维度和认知维度两两都互相牵制。由此

第 4 章　外部知识搜寻空间结构异质性及其与企业绩效的关系

可以初步印证可视化的结果，企业在进行外部知识搜寻时，不会同时在三个维度上都进行远距离的搜寻，而是选择放弃某个维度的远距离搜寻来成全其他维度的远距离搜寻。

表 4-1　三个维度的描述统计及其协方差矩阵

Variables	Mean	S.D.	Min	Max	1	2	3
1. Time	3.450	0.119	2.771	3.689	—		
2. Geography	7.385	0.758	2.267	9.445	-0.022***	—	
3. Cognition	0.656	0.248	0.000	1.000	-0.045***	-0.028***	—

注：*** 表示 $p<0.01$。

协方差和可视化图虽然初步显示外部知识搜寻三个维度间存在相互牵制的作用，但无法详细刻画各个维度之间的相互影响关系，即一个维度的变化会引起另一个维度多大程度的变化。因此，为了进一步了解企业的外部知识搜寻结构，本章使用回归分析来测量各个维度之间的相互影响，并利用边际效应和弹性分析测算各维度之间的影响程度。在回归中，依次将三个维度中的某一维度作为因变量，其余两个作为自变量，并且引入它们的二次项用以考察非线性关系。为控制企业的组间差异使用了企业代码生成的虚拟变量（i.firm_id），此外还控制了搜寻时间（即专利申请时间 Application years）、技术领域（Technological classes）。由于三个变量均是有限制的数值（时间维度大于0，地理维度大于0，认知维度介于0和1之间），因此回归模型均使用 Tobit 模型（McDonald and Moffitt, 1980; Angrist, 2001）[153,12]。

表 4-2 是地理维度和认知维度对时间维度的回归结果。结果显示，地理维度和时间维度存在显著的负相关关系 [模型（1），$\beta=-0.002$，$p<0.01$]，不存在 U 形或倒 U 形关系 [模型（2），$\beta=-0.009$，$p<0.01$; $\beta=0.001$，$p>0.1$]；认知维度和时间维度也存在显著的负相关关系 [模型（3），$\beta=-0.041$，$p<0.01$]，不存在 U 形或倒 U 形关系 [模型（4），$\beta=-0.048$，$p<0.01$; $\beta=0.052$，$p>0.1$]。将地理维度和认知维度放入一个模型中，回归结果也保持一致。Tobit 回归模型中回归系数即边际效应，因此根据回归系数可分析地理维度和认知维度变化引起的时间维度变

化。增加 1 个单位的地理维度可引起 0.002 个单位的时间维度减少,增加 1 个单位的认知维度可引起 0.041 个单位的时间维度减少❶。

表 4-2 地理维度和认知维度对时间维度的影响

Variables	(1) Time	(2) Time	(3) Time	(4) Time	(5) Time	(6) Time
Geography	-0.002*** (0.001)	-0.009*** (0.002)			-0.003*** (0.001)	-0.010*** (0.002)
Geography squared		0.001 (0.001)				0.001 (0.001)
Cognition			-0.041*** (0.007)	-0.048*** (0.011)	-0.042*** (0.007)	-0.044*** (0.011)
Cognition squared				0.052 (0.060)		0.039 (0.060)
Constant	3.494*** (0.007)	3.525*** (0.014)	3.511*** (0.006)	3.514*** (0.007)	3.531*** (0.009)	3.520*** (0.015)
Observations	22702	22702	22702	22702	22702	22702
Number of firms	63	63	63	63	63	63
Chi^2	4387	4417	4375	4378	4387	4419

注:Robust standard errors in parentheses; *** $p<0.01$, ** $p<0.05$, * $p<0.1$; firm id/application years/technological classes are included.

表 4-3 是时间维度和认知维度对地理维度的回归结果。结果显示,时间维度和地理维度存在显著的负相关关系[模型(1),$\beta=-0.191$,$p<0.01$],不存在 U 形或倒 U 形关系[模型(2),$\beta=-0.266$,$p<0.01$;$\beta=-0.369$,$p>0.1$];认知维度和地理维度存在显著的负相关关系[模型(3),$\beta=-0.227$,$p<0.01$],不存在 U 形或倒 U 形关系[模型(4),$\beta=-0.216$,$p<0.05$;$\beta=-0.085$,$p>0.1$]。将时间维度和认知维度放入一个模型中,回归结果也保持一致。根据回归系数,在时间维度上增加 1 个单位将会减少 0.191 个单位的地理维度,而增加 1 个单位的认知维度将会引起 0.227 个单位的地理维度减少。

---

❶ 本部分边际分析中所指 1 个单位的时间维度和地理维度均是取自然对数之后的数值。

第4章 外部知识搜寻空间结构异质性及其与企业绩效的关系

表4-3 时间维度和认知维度对地理维度的影响

Variables	(1) Geography	(2) Geography	(3) Geography	(4) Geography	(5) Geography	(6) Geography
Time	-0.191*** (0.069)	-0.266*** (0.083)			-0.203*** (0.069)	-0.282*** (0.083)
Time squared		-0.369 (0.229)				-0.392* (0.229)
Cognition			-0.227*** (0.063)	-0.216** (0.093)	-0.235*** (0.063)	-0.228** (0.093)
Cognition squared				-0.085 (0.524)		-0.074 (0.524)
Constant	8.097*** (0.240)	8.366*** (0.292)	7.625*** (0.054)	7.619*** (0.064)	8.336*** (0.248)	8.619*** (0.302)
Observations	22702	22702	22702	22702	22702	22702
Number of firms	63	63	63	63	63	63
Chi^2	1666	1669	1707	1708	1719	1721

注：Robust standard errors in parentheses；*** $p<0.01$，** $p<0.05$，* $p<0.1$；firm id/application years/technological classes are included.

表4-4是时间维度和地理维度对认知维度的回归结果。结果显示，时间维度和认知维度存在显著的负相关关系［模型（1），$\beta=-0.052$，$p<0.01$］，虽然在模型（2）和模型（6）中，时间维度的二次项系数显著为负［模型（2），$\beta=-0.103$，$p<0.01$；模型（6），$\beta=-0.091$，$p<0.01$］，一次项系数也显著为负［模型（2），$\beta=-0.073$，$p<0.01$；模型（6），$\beta=-0.068$，$p<0.01$］，但并不表示时间维度和认知维度就存在显著的倒U形关系，因为结合一次项和二次项的系数，该倒U形曲线的对称轴应该在x轴左边，时间维度取值为正，因此在有效区间内，时间维度和认知维度是存在显著负相关关系的。同样，地理维度和认知维度也存在显著的负相关关系［模型（3），$\beta=-0.004$，$p<0.01$］，虽然在模型（4）和模型（6）中，地理维度的二次项系数显著为负［模型（4），$\beta=-0.002$，$p<0.01$；模型（6），$\beta=-0.002$，$p<0.01$］，一次项系数也显著为负［模型（4），$\beta=-0.008$，$p<0.01$；模型（6），$\beta=-0.007$，$p<$

0.01],但并不表明地理维度和认知维度就存在显著的倒 U 形关系,因为结合一次项和二次项的系数,该倒 U 形曲线的对称轴也在 x 轴左边,因此在地理维度的有效区间内,它和认知维度是存在显著负相关关系的。根据回归系数,增加 1 个单位的时间维度将会减少 0.052 个单位的认知维度,而地理维度增加 1 个单位将会减少 0.004 个单位的认知维度。此回归分析进一步验证了协方差分析中得出的初步结果。

表 4-4　时间维度和地理维度对认知维度的影响

Variables	(1) Cognition	(2) Cognition	(3) Cognition	(4) Cognition	(5) Cognition	(6) Cognition
Time	-0.052*** (0.009)	-0.073*** (0.011)			-0.053*** (0.009)	-0.068*** (0.011)
Time squared		-0.103*** (0.031)				-0.091*** (0.031)
Geography			-0.004*** (0.001)	-0.008*** (0.001)	-0.004*** (0.001)	-0.007*** (0.001)
Geography squared				-0.002*** (0.000)		-0.002*** (0.000)
Constant	1.033*** (0.032)	1.107*** (0.039)	0.880*** (0.008)	0.912*** (0.010)	1.064*** (0.033)	1.147*** (0.040)
Observations	22702	22702	22702	22702	22702	22702
Number of firms	63	63	63	63	63	63
Chi^2	5619	5642	5626	5648	5627	5670

注:Robust standard errors in parentheses; *** $p<0.01$, ** $p<0.05$, * $p<0.1$; firm id/application years/technological classes are included.

实证分析综合显示,以上三个假设均得以验证。三个搜寻维度之间存在相互牵制作用,为了平衡知识新颖性和确定性,企业在外部知识搜寻过程中会不同程度地选择放弃某个维度的远距离搜寻,来成全其他两个维度的远距离搜寻,从而在搜寻结构上表现出异质性。

4.4 外部知识搜寻空间结构与企业绩效的关系分析

分析外部知识搜寻空间结构与企业绩效的关系，一是为了证实远距离搜寻新颖性知识可以给企业带来更高的绩效，二是为了说明后续研究异质性影响因素的必要性。可视化分析表明，不同的企业在外部知识搜寻空间结构上确实存在差异，即存在异质性。上一节也结合实证和理论阐述了这种异质性现象产生的内在机理。但是为什么还需要进一步研究影响搜寻结构异质性的影响因素呢？企业作为营利性组织，其基本经营和运作目标就是追求利润的最大化，他们进行外部知识搜寻活动的目的也是实现创新能力的提升和财务绩效的最终改善（陈爽英等，2012；张同斌等，2017）[268,371]。如果不同的外部知识搜寻结构能够给企业带来不一样的搜寻结果，即差异化的创新绩效和财务绩效，那么，从企业管理实践的视角来说，需要弄清楚究竟是哪些因素会影响企业对外部知识搜寻结构的选择，这样才能帮助企业更好地认识外部知识搜寻活动，通过改变这些影响因素来实现更高效的搜寻活动，进而达到企业绩效的提升。虽然本书第 1 章已经分析过研究外部知识搜寻的理论和实践意义，但是为了更具说服力，本部分还将进一步通过实证分析不同的搜寻结构是否会给企业带来不同的绩效（包括创新绩效和财务绩效），再度从企业管理实践视角回答研究企业外部知识搜寻结构异质性影响因素的必要性。

4.4.1 变量与模型

该实证的因变量是企业的创新和财务绩效，因此以企业为分析单元，数据结构是企业 – 年❶。按照 4.2 节异质性实证中的样本筛选，本部分获得 63 家企业 1980—2010 年总共 1006 个企业 – 年观测值。为了尽可能地控

---

❶ 在搜寻结构与创新绩效关系分析中，本研究采用专利层面的数据，以专利申请后五年内的被引用次数作为创新绩效指标，同时控制专利层面、发明人层面，以及企业层面的因素，回归结果与企业层面的结果基本保持一致。

制其他因素对企业创新和财务绩效的影响，本部分还涉及了一些企业基本特征、财务特征等来自企业层面的变量。

1. 因变量（Dependent variables）

因变量包括两部分，一是企业创新绩效（Innovation performance，IP），该指标使用发明专利申请量衡量，即滞后一年成功申请的发明专利数量。具体来说，成功申请的专利是指1980—2010年期间申请，且截至2012年都已被授权的专利，用两年的滞后是因为专利从申请到授权的平均时间大约是两年，该方法可尽量缓解数据搜集过程中的右截断问题（Phene et al.，2006)[181]。虽然专利数量并非一个完美的测量企业创新产出的指标，也被许多学者质疑，但它仍然是创新管理研究领域使用最广泛、认可度最高的衡量企业创新绩效的重要指标（Hagedoorn and Cloodt，2003；陈子凤和官建成，2014；Qi et al.，2017；魏国江，2018)[91,271,186,334]。为了缓解变量可能存在的偏态性，具体测算时该指标加1取自然对数（Wooldridge，2005)[251]。同时也选用滞后两年和三年的发明专利申请量进行稳健性检验，结果基本保持一致。二是企业财务绩效（Financial performance，FP），考虑到企业创新要素投入到绩效产出可能存在的滞后期（黄庆等，2004)[288]，财务绩效选用滞后一年的企业净利润，同样使用取对数的方法来缓解可能存在的偏态，由于净利润的最小值是负数，因此采用原始数据加上最小值的绝对值再加1后再取对数。分别使用滞后两年和三年的财务绩效进行稳健性检验，结果基本一致。除此之外，考虑数据的可获得性，本研究还使用企业专利被他人引用的总量作为衡量创新绩效的指标，使用净资产收益率作为衡量财务绩效的指标，分别进行稳健性检验，结果保持一致。

2. 自变量（Independent variables）

自变量构成了企业外部知识搜寻空间结构。在可视化分析中本研究构造了时间、地理和认知维度的测量指标，三个指标均是连续变量。在本节以及下一章影响因素实证研究中，为了便于分析，简化对搜寻结构的分类，和许多研究一样，本研究也采用二分法对各个维度进行划分。同时，为了区分不同的搜寻结构，借鉴开发和探索相关研究的命名方式，本研究

第4章 外部知识搜寻空间结构异质性及其与企业绩效的关系

将每个维度的近距离搜寻命名为开发式搜寻（Exploitation），将维度的远距离搜寻命名为探索式搜寻（Exploration）。需要指出的是，本节和下一章所指"开发 - 探索"仅限命名，用于搜寻结构的区分，并不沿用一般研究中关于"开发 - 探索"的内涵。首先根据各自变量的中位数将三个维度划分为开发（小于中位数） - 探索（大于中位数），然后按照 $2 \times 2 \times 2$ 的矩阵划分成 8 种搜寻结构（见图4-5和图4-6）。第一，是两种极端情况：①过度开发，同时在时间、地理和认知三个维度都进行开发式搜寻的结构，如图4-6（a）所示；②过度探索，同时在时间、地理和认知三个维度都进行探索式搜寻的结构，如图4-6（b）所示。第二，是在某一个维度进行探索式搜寻而在其他两个维度进行开发式搜寻的结构，如图4-6（c）～图4-6（e）所示。第三，是在某两个维度进行探索式搜寻而在第三个维度进行开发式搜寻的结构，如图4-6（f）～图4-6（h）所示。此外，按照同时在几个维度进行探索式搜寻，可将 8 种搜寻结构划分为 4 大类。从数据样本中两种分类的分布情况来看（见表4-5），两种极端情况出现的概率相对较低，沿着三个维度同时进行开发式搜寻的搜寻结构在总体样本中占 14.51%，沿着三个维度同时进行探索式搜寻的搜寻结构同样在总体样本中占 14.51%。回归时，首先比较 4 大类结构对企业绩效的影响，然后再比较每大类下面各小类结构对企业绩效的不同影响。

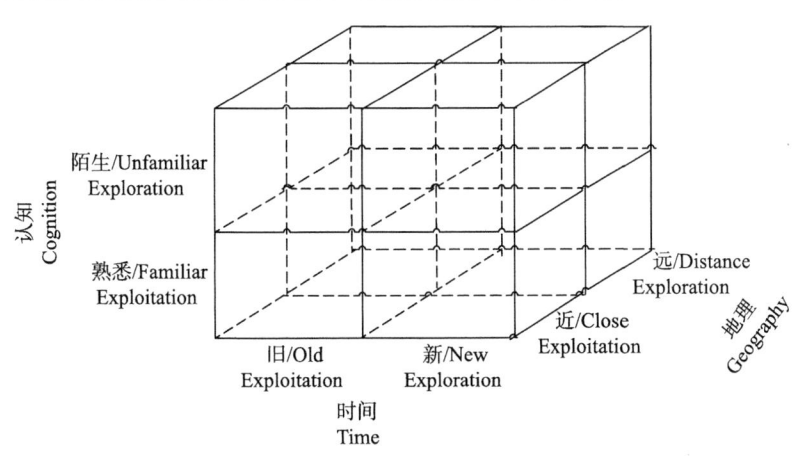

图4-5 企业外部知识搜寻空间结构

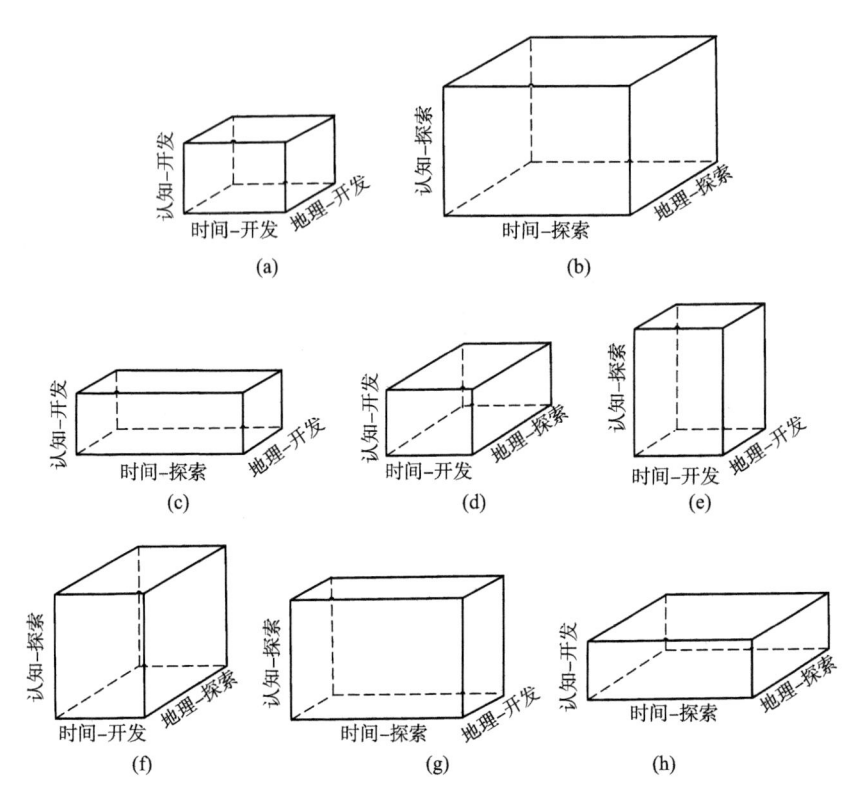

图 4-6 按开发-探索划分的 8 种外部知识搜寻空间结构

表 4-5 各类外部知识搜寻空间结构分布情况

搜寻结构大类 (4 大类)	占比	搜寻结构细分 (8 小类)	占比
开发式搜寻 (Zero dimension)	14.51%	Structure 1 旧-近-熟悉 (old-close-familiar)	14.51%
一个维度 探索式搜寻 (One dimension)	35.49%	Structure 2 新-近-熟悉 (new-close-familiar)	10.34%
		Structure 3 旧-远-熟悉 (old-distance-familiar)	13.72%
		Structure 4 旧-近-陌生 (old-close-unfamiliar)	11.43%
两个维度 探索式搜寻 (Two dimensions)	35.49%	Structure 5 旧-远-陌生 (old-distance-unfamiliar)	10.34%
		Structure 6 新-近-陌生 (new-close-unfamiliar)	13.72%
		Structure 7 新-远-熟悉 (new-distance-familiar)	11.43%

续表

搜寻结构大类 （4 大类）	占比	搜寻结构细分（8 小类）	占比
三个维度 探索式搜寻 （Three dimensions）	14.51%	Structure 8 新－远－陌生（new－distance－unfamiliar）	14.51%

3. 控制变量（Control variables）

控制变量主要是来自企业层面的因素。首先，用资产总额（Total assets）来衡量企业的规模，因为已有研究表明不同规模的企业可能在创造力和盈利能力上表现不同（Sørensen and Stuart, 2000）[220]。其次，在财务指标上考虑了影响企业创新绩效和财务绩效的最常见资产负债率（Lev），它是企业总资产中总负债的占比，该指标通常能反映企业的资本结构，对企业创新绩效和财务绩效均有影响（Barnett and Salomon, 2006；Wang and Qian, 2011）[22,243]。再次，控制能反映企业创新投入和创新能力的指标（Cassiman and Veugelers, 2006）[45]，如企业过去一年的研发投入强度（R&D），即研发投入金额占总资产的比例，研发投入强度可能会影响企业的创新绩效和财务绩效。广告投入强度（Advertising）被许多文献证实会影响企业在市场上的知名度，因而可能影响企业的创新绩效和财务绩效，参照已有经验使用上一年的广告投入金额除以资产总额来衡量广告投入强度（Kor and Mahoney, 2005）[124]。此外，企业拥有的发明人个数（No. of inventors）和合作者个数（No. of partners）同样可能影响创新绩效和财务绩效。合作者是指与企业共同申请专利的申请人。这两个变量可以间接衡量企业拥有的创新人力资源的多样性，当企业融合不同发明人或申请人的现有知识和智慧，这种组合程度会在专利的隐性知识中体现出来，从而影响创新绩效和财务绩效（Hoetker, 2007）[101]。最后，企业涵盖的技术领域多样性（No. of classes），根据国际专利分类号（International patents classification，IPC）可以将所有专利归属到相应的技术领域，并计算出企业当年所涵盖的技术领域个数（Allison and Lemley, 1998）[8]。企业涉足技术领域范围越广，专利创新产出越多，由此生产出来的产品在不同领域均受到专利保护，也有利于为企业创造更多的市场价值并提高经济利润（Harhoff and Reitzig, 2004)[94]。自变量和控制变量均在因变量的观测期上滞后一期，以避免因果转置问题。同样，控制了企业、时间以及技术领域等虚拟变量。

回归模型如式（4-4）和式（4-5）所示：

$$IP_{i,t+1} = \beta_1 Searchtypes_{it} + \beta_2 IP_{it} + \beta_3 C_{it} + u_{i,t+1} \quad (4-4)$$

$$FP_{i,t+1} = \beta_1 Searchtypes_{it} + \beta_2 FP_{it} + \beta_3 C_{it} + u_{i,t+1} \quad (4-5)$$

除已描述的自变量和控制变量外，该模型中还包含了一类特殊变量，即因变量的滞后项。在经济学中，由于惯性或部分调整，企业当期绩效往往被认为是受到了上一期绩效的影响。当面板模型中包含因变量的滞后项时，学者们称其为动态面板数据（Dynamic Panel Data，DPD）。引入的因变量滞后项无疑会受到当期其他变量的影响，是明显的内生变量。此外，该模型还可能遗漏许多不随时间变化的其他变量。为了解决这些问题，本研究选用 Arellano – Bond 方法（Arellano and Bond，1991）[14]。该方法使用内生变量的滞后项作为工具变量解决内生性问题，使用一阶差分解决遗漏变量问题。本研究在回归中同时选用滞后 2 期和 3 期的因变量作为工具变量，Sargan 检验结果显示所选工具变量均有效（P 值为 0.61）（Sargan，1958）[202]。另外，为了缓解可能存在的数据偏态性，所有计数型指标都使用加 1 取对数的方法（Chaganti and Damanpour，1991；Ruef and Patterson，2009）[46,195]。为了减少极端值对回归结果的影响，回归前所有连续变量都进行了 1% 的两端缩尾处理。表 4-6 列出了该实证中涉及的所有变量及其简介。

表 4-6 相关变量简介

变量简称	变量含义	计算方法简介
因变量（Dependent variables）		
Innovation performance（IP）*	创新绩效	滞后一年的发明专利申请量
Financial performance（FP）*	财务绩效	滞后一年的企业净利润
自变量（Independent variables）		
Dimensions		按探索维度的多少区分四类搜寻结构，即开发式搜寻（Zero dimension）、一个维度探索式搜寻（One dimension）、两个维度探索式搜寻（Two dimensions）、三个维度探索式搜寻（Three dimensions），回归中 Zero dimension 为对照组

续表

变量简称	变量含义	计算方法简介
Structures	按三个维度的开发-探索区分八类搜寻结构,即旧-近-熟悉（Structure 1）、新-近-熟悉（Structure 2）、旧-远-熟悉（Structure 3）、旧-近-陌生（Structure 4）、旧-远-陌生（Structure 5）、新-近-陌生（Structure 6）、新-远-熟悉（Structure 7）、新-远-陌生（Structure 8），回归中Structure 1 是对照组

控制变量（Control variables）

变量简称	变量含义	计算方法简介
Total assets*	总资产	企业的资产总额
Lev	资产负债率	企业负债总额除以资产总额
R&D	研发投入强度	企业的研发投入金额除以总资产
Advertising	广告投入强度	企业的广告投入金额除以总资产
No. of inventors*	发明人数量	企业在给定年份拥有的发明人数量
No. of partners*	合作申请人数量	企业在给定年份拥有的合作申请人数量
No. of classes*	技术领域数量	企业过去五年申请的专利数量
Firms id	企业效应	根据企业代码生成的虚拟变量
Application years	时间效应	根据专利申请时间生成的虚拟变量
Technological classes	技术效应	根据专利技术领域生成的虚拟变量

注：标*的变量均取自然对数 ln（variable + 1）；为保证时间维度和认知维度变量值和所述一致（Time 值越大越新，Cognition 值越大越不熟悉），分别用其最大值减去初始计算值，以获得两个最终变量；发明人所在地精确到市。

4.4.2　搜寻空间结构与企业绩效的关系

表4-7是相关变量描述性统计结果和相关系数。虽然个别控制变量之间的相关系数大于0.5，但各个回归中方差膨胀因子（Variance Inflation Factor，VIF）的最大值为5.01，小于临界值10，表明自变量和控制变量之间的相关性不会给回归结果造成重大影响[199]。但是为了进一步排除高度相关变量之间的相互影响，本研究依次将这些控制变量放入模型中进行回归，主要解释变量结果始终保持一致。

表 4-7 描述统计与相关系数矩阵

Variables	Mean	S.D.	Min	Max	1	2	3	4	5	6	7	8	9	10
1. IP	2.365	1.480	0.000	5.323	1.000									
2. FP	-0.195	0.443	-2.609	0.284	0.335	1.000								
3. Dimensions	2.500	0.912	1.000	4.000	0.009	0.060	1.000							
4. Structures	4.522	2.365	1.000	8.000	0.006	0.062	0.955	1.000						
5. Total assets	5.924	2.639	1.126	11.164	0.656	0.550	-0.055	-0.058	1.000					
6. Lev	0.450	0.323	0.034	1.999	0.113	-0.011	-0.078	-0.073	0.167	1.000				
7. R&D	0.233	0.297	0.008	2.026	-0.255	-0.519	-0.016	-0.021	-0.521	0.274	1.000			
8. Advertising	0.016	0.040	0.000	0.263	0.239	0.188	-0.004	-0.001	0.296	0.078	-0.149	1.000		
9. No. of inventors	3.079	1.476	0.693	6.111	0.881	0.309	-0.072	-0.075	0.613	0.169	-0.222	0.216	1.000	
10. No. of partners	0.240	0.464	0.000	1.792	0.484	0.190	-0.056	-0.053	0.421	0.061	-0.099	0.014	0.566	1.000
11. No. of classes	2.511	1.030	0.693	4.595	0.765	0.384	0.045	0.050	0.637	0.217	-0.265	0.295	0.607	0.417

注：其他虚拟变量未列入本表。

表4-8 所示为 Arellano-Bond 模型回归结果。模型（1）和模型（2）是使用四个大类搜寻结构分别对创新绩效和财务绩效进行的回归，其中"旧-近-熟悉"的搜寻结构被作为参照组，其他三类搜寻结构分别与它进行对比。在模型（1）中，One dimension 和 Two dimensions 的回归系数不显著（$\beta = -0.07$, $p > 0.1$; $\beta = -0.024$, $p > 0.1$），Three dimensions 的回归系数显著为正（$\beta = 0.108$, $p < 0.01$），说明相较于同时在三个维度进行开发式搜寻的结构，在一个维度或两个维度进行探索式搜寻的结构对企业创新绩效都没有显著作用，而同时在三个维度进行探索式搜寻的结构更有利于创新绩效的提升❶。

表4-8 企业外部知识搜寻结构对创新绩效和财务绩效的影响

Variables		(1) IP	(2) FP	(3) IP	(4) FP
One dimension	Structure 2	-0.007 (0.021)	0.037*** (0.004)	0.219*** (0.049)	0.068*** (0.010)
	Structure 3			-0.122*** (0.026)	-0.002 (0.008)
	Structure 4			0.070 (0.050)	0.065*** (0.006)
Two dimensions	Structure 5	-0.024 (0.027)	0.089*** (0.008)	-0.070 (0.049)	0.067*** (0.009)
	Structure 6			0.033 (0.050)	0.101*** (0.010)
	Structure 7			0.112** (0.051)	0.098*** (0.010)
Three dimensions	Structure 8	0.108*** (0.042)	0.187*** (0.008)	0.188*** (0.042)	0.187*** (0.011)
DV_{lag1}		0.688*** (0.054)	0.164*** (0.014)	0.694*** (0.095)	0.176*** (0.008)

❶ 由于篇幅有限，其他不显著的 T 检验结果未列出。

续表

Variables	(1) IP	(2) FP	(3) IP	(4) FP
Total assets	-0.089** (0.038)	0.088*** (0.005)	-0.017 (0.043)	0.091*** (0.007)
Lev	0.050 (0.082)	0.197*** (0.010)	0.082 (0.097)	0.202*** (0.011)
R&D	-0.388*** (0.096)	0.292*** (0.016)	-0.235*** (0.082)	0.314*** (0.009)
Advertising	-3.627*** (0.923)	0.981*** (0.185)	-2.794*** (1.064)	0.778** (0.347)
No. of inventors	-0.376*** (0.053)	-0.007** (0.004)	-0.347*** (0.085)	-0.003 (0.005)
No. of partners	0.124*** (0.017)	-0.021*** (0.004)	0.114*** (0.022)	-0.019*** (0.005)
No. of classes	0.111 (0.115)	-0.027 (0.021)	0.075 (0.178)	-0.049*** (0.017)
Constant	2.243*** (0.222)	-0.835*** (0.038)	1.711*** (0.329)	-0.818*** (0.064)
Observations	769	741	769	741
Number of firms	63	63	63	63
Number of instruments	68	68	72	72
Chi^2	2681	2486	1520	2320

注：Robust standard errors in parentheses；*** $p<0.01$，** $p<0.05$，* $p<0.1$；firm id/application years/technological classes are included；两个模型观测值不同是因为部分ROA值缺失，各模型回归样本少于初始样本量（1006个企业-年观测样本）是因为自变量和工具变量中含有多期滞后项，且部分指标值缺失。

在模型（2）中，One dimension、Two dimensions 和 Three dimensions 的回归系数都显著为正（$\beta=0.037$，$p<0.01$；$\beta=0.089$，$p<0.01$；$\beta=0.187$，$p<0.01$），说明相较于同时在三个维度进行开发式搜寻的结构，一个维度、两个维度和三个维度的探索式搜寻结构都更有利于财务绩效的提升。为了进一步比较后三种搜寻结构的区别，对三个系数两两进行T检

验，结果见表4-9，两个维度进行探索式搜寻的结构显著优于一个维度进行探索式搜寻的结构，而三个维度进行探索式搜寻的结构又显著优于一个维度和两个维度的探索式搜寻结构。

表4-9 模型（2）中自变量系数的T检验结果

Variables	One dimension	Two dimensions	Three dimensions
One dimension	—		
Two dimensions	$F = 70.47^{***}$ ($p = 0.0000$)	—	
Three dimensions	$F = 420.30^{***}$ ($p = 0.0000$)	$F = 184.69$ ($p = 0.0000$)	—

在模型（3）和模型（4）中，进一步将搜寻结构进行细分，使用8类细分搜寻结构进行对比。同样，选用"旧-近-熟悉"的搜寻结构作为参照组，其他类型的搜寻结构分别与其进行对比。在模型（3）中，Structure 2（"新-近-熟悉"）的系数显著为正（$\beta = 0.219$，$p < 0.01$），Structure 3（"旧-远-熟悉"）的系数显著为负（$\beta = -0.122$，$p < 0.01$），Structure 4（"旧-近-陌生"）的系数不显著（$\beta = 0.070$，$p > 0.1$）。说明相较于同时在三个维度进行开发式搜寻的结构，当企业沿着一个维度进行探索式搜寻时，单纯的时间维度探索式搜寻结构会产生较高的创新绩效，单纯的地理维度探索式搜寻结构对创新绩效有显著负向作用，而单纯的认知维度探索式搜寻结构不会对创新绩效产生显著影响。两个维度的探索式搜寻结构中，Structure 5（"旧-远-陌生"）和 Structure 6（"新-近-陌生"）的系数不显著（$\beta = -0.070$，$p > 0.1$；$\beta = 0.033$，$p > 0.1$），而 Structure 7（"新-远-熟悉"）的系数显著为正（$\beta = 0.112$，$p < 0.05$），说明相较于同时在三个维度进行开发式搜寻的结构，当企业沿着两个维度进行探索式搜寻时，同时沿着时间维度和地理维度进行的探索式搜寻结构有利于提升创新绩效。Structure 8（"新-远-陌生"）和 Three dimensions 的系数基本保持一致（$\beta = 0.188$，$p < 0.01$），进一步说明三个维度进行探索式搜寻的结构比三个维度进行开发式搜寻的结构更能产生较高的创新绩效。在模型

(4) 中，Structure 2（"新－近－熟悉"）和 Structure 4（"旧－近－陌生"）的系数显著为正（$\beta = 0.068$，$p < 0.01$；$\beta = 0.065$，$p < 0.01$），且 T 检验结果显示二者无显著差异，Structure 3（"旧－远－熟悉"）的系数不显著（$\beta = -0.002$，$p > 0.1$），表明相较于同时在三个维度进行开发式搜寻的结构，当企业沿着一个维度进行探索式搜寻时，沿着时间维度和认知维度的探索式搜寻结构能产生较高的财务绩效，且二者作用效果无显著差异，而沿着地理维度的探索式搜寻结构对财务绩效没有显著影响。两个维度的探索式搜寻结构中，Structure 5（"旧－远－陌生"）、Structure 6（"新－近－陌生"）和 Structure 7（"新－远－熟悉"）的系数均显著为正（$\beta = 0.067$，$p < 0.01$；$\beta = 0.101$，$p < 0.01$；$\beta = 0.098$，$p < 0.01$），说明相较于同时在三个维度进行开发式搜寻的结构，当企业沿着任意两个维度进行探索式搜寻时，都能产生较高的财务绩效。此外，T 检验结果显示（见表 4-10），同时在时间维度和认知维度的探索式搜寻结构、同时在时间维度和地理维度的探索式搜寻结构，能够比同时在地理维度和认知维度进行的探索式搜寻结构产生更高的财务绩效。Structure 8（"新－远－陌生"）和 Three dimensions 的系数基本保持一致（$\beta = 0.187$，$p < 0.01$），同样进一步说明三个维度进行探索式搜寻的结构比三个维度进行开发式搜寻的结构更能产生较高的财务绩效。

表 4-10　模型（4）中自变量系数的 T 检验结果

Variables	Structure 5	Structure 6	Structure 7
Structure 5	—		
Structure 6	$F = 12.88$ *** ($p = 0.0003$)	—	
Structure 7	$F = 8.18$ *** ($p = 0.0042$)	$F = 0.11$ ($p = 0.7428$)	—

以上结果表明，不同的外部知识搜寻结构会对企业创新绩效和财务绩效产生不同的作用效果。总的来说，探索式搜寻结构，尤其是多个维度同时进行探索式搜寻的结构，能够给企业带来更高的创新绩效和财务绩效。

这也从侧面印证了在可视化分析中发现的规律,为什么越来越多的企业会倾向于采用三个维度同时进行探索式搜寻的结构,即朝着搜寻空间的"右上方"集中,是因为这种结构有利于提升企业的创新能力和盈利能力。特别需要指出的是,本部分没有采用实证研究的标准范式,即先利用理论推导提出研究假设,再进行实证验证,而是直接分析外部知识搜寻结构与企业创新绩效和财务绩效的关系。因为该部分的主要目的是在发现企业外部知识搜寻空间结构异质性规律的基础上,从企业管理实践出发,进一步说明这种异质性现象会对创新和盈利产生作用,因此有必要去搞清楚形成这种异质性的原因。事实也证明,不一样的搜寻结构能够产生不同的作用,尤其是多维度的探索式搜寻结构能带来更好的绩效,但为什么不是所有企业都能够做到或者都去选择这些外部知识搜寻结构呢?为了解开这些谜题,就需要对企业外部知识搜寻结构异质性的形成机制进行深入研究。

4.5 本章小结

本章主要对企业外部知识搜寻空间结构的理论框架、异质性现象及其与企业绩效的关系做了详细分析。首先根据现有研究再次明确了外部知识搜寻的三个维度,从理论视角构建了企业外部知识搜寻空间结构的概念性框架,提出了本研究对企业外部知识搜寻空间结构的定义;其次以美国63家上市医药企业的专利技术为样本,在量化搜寻的时间、地理和认知维度基础上,对企业外部知识搜寻空间结构做了可视化分析,揭示了企业搜寻空间结构的异质性现象;再次通过理论分析解释了异质性现象产生的内在机理,并通过实证分析了各个搜寻维度之间的变化关系,进一步验证了理论推理的正确性;最后简要分析了企业外部知识搜寻结构与创新绩效和财务绩效的关系。实证结果显示,不同的企业之间其外部知识搜寻空间结构存在差异。搜寻结构异质性产生的内在机理是企业对知识新颖性和确定性的平衡,在搜寻过程中表现为三个搜寻维度距离选择的相互牵制。异质性的搜寻结构会给企业带来不一样的搜寻结果,表现在对创新绩效和财务绩效的不同作用上。下一章将对影响企业对搜寻结构差异化选择的因素进行系统而全面的分析，为指导企业开展有效的外部知识搜寻活动提供有价值的参考依据。

第5章　外部知识搜寻空间结构异质性的形成机制

通过第4章的研究内容，发现在搜寻过程中，为了平衡和缓解知识新颖性和确定性的冲突，很多企业没有选择同时在多个维度上进行远距离的探索式搜寻，而是折中地选择了牺牲某一个维度的远距离搜寻来成全其他维度的远距离搜寻。不同的企业在搜寻过程中面对的确定性程度不同，对新颖性知识的需求也可能不同，因此会选择放弃或追求不同维度的远距离搜寻，表现为对各个搜寻维度的距离选择有所不同，这些差异便形成了异质性的搜寻结构。

那么，有哪些因素会影响企业对"知识新颖性和确定性的平衡"进而作用于它们的搜寻结构选择呢？根据权变理论（Donaldson，2001）[62]和创新系统理论（Freeman，1995；Nelson R. and Nelson K.，2002）[78,165]，技术创新是一个复杂的系统性工程，企业在以技术创新为目的的外部知识搜寻过程中会受到来自内外部各方面因素的影响。不过，总的来说离不开三个层面的作用，一是企业内部的创新执行层面，二是企业内部的创新决策层面，三是企业外部的环境层面。于是，本章提出一个"自下而上、由内到外"的系统性分析框架，分别以发明人外部合作网络、高管激励和监督、外部竞争者失败经验为例，来探讨不同层面的因素如何通过影响企业搜寻中对不确定性的控制或影响对新颖性创新知识的需求，进而作用于企业对搜寻结构的选择，最终形成企业间搜寻结构的异质性。这三个部分将在标准实证研究范式下展开，即先通过文献和理论分析提出研究假设，再通过研究设计进行实证分析来验证假设。

5.1 内部执行层面的影响：以发明人外部合作网络为例

一般来说，在企业中，发明人是直接发现和解决创新问题的主体。他们通过重新组合内外部知识和技术，创造出新的技术和新的产品（Fleming, 2001）[73]。所以，当企业通过外部知识搜寻来构建自有知识体系解决具体创新问题时，其实是企业内的发明人在利用外部知识搜寻来帮助企业寻求解决方案。但是，由于个体差异的存在，并非所有的发明人在外部知识搜寻中都会做出相同的判断和决策。有些发明人可能倾向于远距离的探索式搜寻，而有些发明人更依赖近距离的开发式搜寻。从发明人的有限理性（Bounded rationality）来说，每个人对外部知识或技术的认识是有限且不一样的，这便造成了他们在知识搜寻过程中的差异化选择（Cyert and March, 1963; Felin et al., 2012）[57,71]。过去有些文献指出，造成发明人知识体系差异化的一个重要原因是他们在社会网络中所处的位置不同（Walker et al., 2000; Nerkar and Paruchuri, 2005; Burt, 2009）[242,168,37]。例如，Nerkar 和 Paruchuri（2005）[168] 对500家化学企业进行分析得出，在企业内部网络中处于中心位置的发明人因为接触到更多的信息而具有比其他人更多的资源和更丰富的知识体系，他们创造的知识或技术更能够被用在企业研发中。除 Nerkar 和 Paruchuri 外，还有很多其他研究也基于发明人视角，从他们在企业内部网络中的位置去解释企业创新中的本地搜寻活动或者企业内部知识基的形成，却鲜有研究从外部网络视角去分析发明人在外部网络中的位置对企业外部知识搜寻活动的影响（Tsai, 2001; He and Fallah, 2009; Tzabbar and Kehoe, 2014; Grigoriou and Rothaermel, 2017; 付雅宁等, 2018）[231,95,234,87,276]。因此，借鉴以前的这些研究，本研究认为发明人在外部合作网络中的位置不同会造成他们对外界知识和技术的认知差异和信息获取差异，因而进一步影响他们在外部知识搜寻过程中的决策，最终形成了企业外部知识搜寻结构的异质性。

5.1.1 理论与假设

企业技术创新的直接参与者是发明人,他们通过执行创新任务发明新技术,构建了企业的知识和技术基础(Allen,1969)[7],也可以说企业技术创造和创新是发明人以脑力劳动为主进行的知识创造活动。在这个过程中,发明人与其他发明人之间的知识交流起到了重要作用(高继平等,2012;Cappelli et al.,2019)[278,42]。因为作为社会成员,发明人生活在开放的环境中,与外界不断的合作和交流使他们获得了更多的知识、信息,从而建立了他们的知识架构,进而影响他们的创新搜寻决策(Ejermo and Karlssom,2006)[70]。发明人的合作网络通常被定义为以所有发明人为节点,以所有发明人之间的合作为节点之间的联系,在此基础上形成的合作关系网络(Yoon and Park,2004)[259]。所以,发明人合作网络本质上是一种社会网络,能够反映发明人的社会结构,以及他们在这个网络中的地位(Ter Wal,2013)[227]。本研究所指发明人外部合作网络是发明人与企业外的其他发明人之间因合作关系形成的社会网络。

过去很多研究表明,发明人在合作网络中的位置对企业创新产出有重要作用(Paruchuri,2010;Carnabuci and Operti,2013;付雅宁等,2018)[173,44,276],但很少有人分析他们在合作网络中的位置是否会影响企业的搜寻活动(Paruchuri and Awate,2017)[174],尤其很少分析发明人在外部合作网络中的位置是否会影响企业的外部知识搜寻活动。本研究认为发明人在外部合作网络中的位置不同,他们获取外部信息的能力就有所不同,因此会构成他们对外部知识的认知差异,也就是说处在不同网络位置的发明人在处理搜寻不确定性问题时存在能力差异,进而会对他们在各个维度上的知识搜寻决策产生影响。选取社会网络分析中最常用的两个网络位置,即结构洞规模和接近中心度(Paruchuri and Awate,2017;汤超颖等,2018)[174,325],本部分将从以下几个方面对发明人在外部合作网络中的位置和企业外部知识搜寻结构关系做出详细的理论假设。第一,处于不同结构洞有效规模位置的发明人,他们对外部知识的认识不同,处理外部信息的能力也不同，进而会决定发明人对不同外部知识搜寻结构的选择。第二，合作网络中的接近中心度大小同样会影响发明人的信息获取，位于不同接近中心度位置的发明人与外部网络中其他发明人取得联系的路径不同，使得他们在获取外部信息时的速度有所差异，因此也会形成他们对外部知识搜寻结构选择的异质性。第三，发明人的这两种网络位置具有替代作用，由于信息冗余，只需要拥有一种网络优势位置便有助于发明人获取外部信息，从而影响其搜寻结构的选择。第四，选择外部合作者的创新能力作为调节变量，进一步证实前三个主假设论证的合理性和正确性。

1. 发明人在外部合作网络中的结构洞有效规模与外部知识搜寻空间结构

1992年，Burt[35]首次在新书《结构洞：竞争的社会结构》（*Structural Holes: The Social Structure of Competition*）中提出了"结构洞"理论（Structural holes），用以研究社会网络的结构形态，分析什么样的网络结构能够给行为主体带来更多的利益和回报。"结构洞"是指社会网络中的空隙。例如，当发明人A是其他两个发明人的唯一联系桥梁，也就是说另外两个发明人没有直接关系，只能通过A产生联系，那从整体看好像网络结构中出现了一个洞穴，而发明人A所处的位置就是结构洞。Burt和其他结构洞研究者都认为[35,236]，行为主体在网络的位置比关系的强弱更重要，网络中的位置决定了个人可获取的信息和资源，以及在网络中的权力。所以，无论关系强弱，如果行为主体处于结构洞位置，他就可以将其他没有直接联系的行动者联系起来，该行为主体拥有比其他不处于结构洞的主体具有更多的信息优势和控制优势，能够给自己带来更多的利益和回报。

衡量结构洞的指标主要包括有效规模、效率、限制度和等级度等，其中有效规模是最基本和常用的衡量指标。有效规模用来测量处于结构洞的行为主体与其他人主体之间累加的关联数量，而非重复数量，有效规模越大，行为主体与外界的非冗余联系越多，能够获得的外部信息和资源也越多（Burt, 2000）[36]。因而，许多研究表明企业或发明人在网络中与不相关主体联系越多，越有利于企业创新。例如，Hargadon和Sutton（1997）[93]发现设计公司

IDEO 就因为与很多不同的行业建立了联系而更具创新力。本研究认为发明人在外部合作网络中的结构洞的有效规模能对其外部知识搜寻结构选择造成影响，主要有以下两方面的原因。

一方面，结构洞的有效规模越大，发明人能接触到的外部发明人越多，因此相比于其他发明人来说，能够获取的资源和信息越多。大量来自外界组织、个体的信息和知识通过合作网络流入处于结构洞位置的发明人，形成了发明人丰富的知识体系，大大增强了他们对外部知识的认识，降低了知识搜寻中的不确定性（Fleming et al., 2007；Grigoriou and Rothaermel，2017）[74,87]，更有利于他们在各个维度上进行远距离的探索式搜寻。从搜寻的时间维度来看，这类发明人能够从许多外部合作者那里获取最新的知识和技术，因而在搜寻的时候可以利用这些新技术新知识来解决自己遇到的创新问题。从搜寻的地理维度来看，处于结构洞有效规模较大位置的发明人与更多来自不同地区的外部发明者建立了联系，因此在搜寻中能够更容易地获取其他地区的外部知识。从搜寻的认知维度来看，外部合作者越多，他们所涉猎的知识领域或知识范围也越大，这些隐性知识通过合作网络也间接地传递给这些处于结构洞有效规模较大位置的发明人，成为这些发明人知识基的一部分，当他们在解决自己的创新问题时，便可以更多地利用来自不同领域的技术和知识。由此可见，与位于结构洞有效规模较小或者不位于结构洞的发明人相比，位于结构洞有效规模较大位置的发明人，他们在时间、地理、认知维度上掌握的对称信息更多，因而具有更强的重新组合各个维度远距离知识的能力，所以更倾向搜寻和使用这些远距离的外部知识来解决创新问题（Fleming et al., 2007）[74]。

另一方面，结构洞的有效规模越大，发明人采用探索式搜寻结构进行外部知识搜寻的动机越强。位于结构洞有效规模较大位置的发明人能够在这个位置上获得更多的信息资源优势和控制地位优势，因此他们更有动机通过探索式的外部知识搜寻来增强和巩固自己在网络中的地位（Nerkar and Paruchuri，2005）[168]。这里存在一个互动或反馈的过程，如果发明人想吸引更多的合作者以巩固自己的地位，以便从合作网络中获取大量资源,那他得主动出击,让更多的人能够"看见他"。知识搜寻的过程不仅是发明人获取外部知识的过程,也是向外传播自己知识的过程(潘佳等,2017)[316]。所以,为了吸引外界注意力,发明人更倾向于采用探索式的搜寻方式与更多的外部合作者建立联系,向外传播自己的知识。在时间维度上,选择更新的技术和知识可以与当前的其他发明人建立联系,相比于旧技术的发明人,这些新技术发明人继续创新的可能性更高,因而与他们建立联系的话,未来合作的可能性也越大。在地理维度上,通过搜寻不同地区的知识与更多地区的发明建立联系,传播自己的技术和知识,增强未来与多地区发明者合作的可能性。在认知维度上,通过搜寻不同领域的外部知识与更多领域的外部发明人建立联系,能增强未来多领域合作的可能性。由此可见,探索式的外部知识搜寻结构通过加强发明人与外部发明人的联系,更广泛地向外传播自己的技术和知识,因而可以吸引更多的合作者,在未来建立更多的合作关系,以增强和巩固自己结构洞的优势地位。

总之,无论是从处理信息的能力还是从巩固优势地位的动机来说,结构洞有效规模的大小不同会导致发明人在外部知识搜寻结构选择上的差异。相较于结构洞有效规模较小位置的发明人,位于结构洞有效规模较大位置的发明人更倾向选择探索式的外部知识搜寻结构。综上所述,提出如下假设。

H1-1:发明人在外部合作网络中的结构洞有效规模的大小影响他们对不同外部知识搜寻结构的选择,结构洞有效规模越大越有助于形成探索式的外部知识搜寻结构。

2. 发明人在外部合作网络中的接近中心度与外部知识搜寻空间结构

接近中心度用来衡量某个行为主体与网络中其他所有行为主体的最短路径长度,如果该行为主体到达网络中其他所有行为主体的最短路径长度之和越小,那么就认为他具有更高的接近中心度(Schilling and Phelps,2007)[206]。较高的接近中心度意味着行为主体与他人的联系路径更短更紧密,在信息的传播过程中越不依赖他人。例如,若行为主体通过第二个主体才能与第三个主体建立联系,当这两条路径距离都较长时,第二个主体的中介作用很突出,但如果两条路径距离都很短时,第二个主体的中介作用便可以忽略不计(陈斌,2010)[265]。已有研究表明,接近中心度会影响知识流动,进而影响企业的创新活动。例如,有研究发现当企业具有较高的接近中心度时,他们下一年的创新效率会较高(Schilling and Phelps, 2007; Zheng and Zhao, 2013)[206,262]。本研究认为发明人在外部合作网络中的接近中心度不同会导致他们对外部知识搜寻结构的选择差异,接近中心度越高的发明人越倾向于探索式的外部知识搜寻结构。这种选择差异同样是源于网络位置带来的信息处理能力和搜寻动机的差异。

首先,较高的接近中心度使发明人能够更快地与外部发明人进行信息共享,可以降低搜寻中的不确定性,所以更有利于探索式的外部知识搜寻活动。网络节点之间的链接是知识传播和共享的渠道,拥有较大接近中心度的发明人能够通过更短的路径与网络中其他发明人取得联系,进行信息共享(Watts, 1999)[247]。发明人可以在短时间内获取分散在网络中其他发明人那里的知识和技术。同时,这些知识和技术通过更短的路径到达发明人,减少了对第三方的依赖,也降低了信息传播过程中失真的概率。因此,相较于接近中心度低的发明人来说,这类发明人对外部知识有更好的理解和认识,更倾向于探索式的外部知识搜寻活动。从时间维度来说,发明人对新知识和新技术的掌握程度更高,因此会选择最新的知识来解决当前问题。从地理维度来说,发明人更容易通过较短的路径很快获取来自不同地区的知识,用以解决创新问题。从认知维度来说,较大的接近中心度帮助他们对各个领域的知识建立了更深更广的认识,因此发明人更倾向于选用多个领域的知识来解决创新问题。由此可见,位于接近中心度较大位置的发明人,在时间、地理、认知维度上受到的不确定性牵制作用较小,能够同时利用多个维度的远距离知识搜寻解决企业创新问题。

其次,接近中心度越大,发明人采用探索式搜寻结构进行外部知识搜寻的动机也会越强。发明人的接近中心度越大,他们与外界越具有良好的沟通和联系,所以,位于接近中心度较大位置的发明人同样能够通过这种地位优势快速获得信息资源(Paruchuri and Awate, 2017)[174]。因此他们更有动力去增强和巩固自己的网络地位，而探索式的外部知识搜寻活动可以帮助他们实现这一目标。为了吸引路径较短的外部合作者，在时间维度上，发明人会选择搜寻更新的知识和技术，而非旧知识和旧技术，因为这些新知识新技术的发明人或拥有者继续创新的可能性更高，未来直接与之发生合作的可能性也越大（Li et al.，2014）[141]。在地理维度上，发明人更倾向于搜寻不同地区的知识，与更多地区的发明人建立联系，传播自己的技术和知识的同时，增强未来直接与多地区发明人合作的可能性。在认知维度上，通过搜寻不同领域的外部知识来增强未来直接与多领域发明人合作的可能性，以巩固自己在接近中心度方面的优势地位。由此可见，相较于开发式的外部知识搜寻结构，探索式的搜寻结构通过加强发明人与外部发明人的联系，来吸引更多的直接合作者以缩短知识传播路径，达到增强和巩固发明人较高接近中心度优势地位的目的。

所以，与结构洞有效规模的逻辑类似，无论是从处理信息的能力还是从巩固优势地位的动机来说，在外部合作网络中拥有较小接近中心度的发明人更倾向于选择开发式的外部知识搜寻结构，而拥有较大接近中心度的发明人更倾向于选择探索式的外部知识搜寻结构。综上所述，提出如下假设。

H1-2：发明人在外部合作网络中的结构接近中心度的大小影响他们对不同外部知识搜寻结构的选择，接近中心度越大越有助于形成探索式的外部知识搜寻结构。

3. 结构洞有效规模与接近中心度的替代作用

这部分将讨论结构洞有效规模和接近中心度对探索式外部知识搜寻的替代作用。同样可以从两方面进行论证。一方面，较大的结构洞有效规模意味着发明人能够从更多的渠道获得远距离的外部知识（张华和张向前，2014；曾婧婧和刘定杰，2017）[366,264]，而较高的接近中心度不仅意味着发明人能够快速地获取外部知识，还意味着发明人能够从外部合作者那里获得较多的非失真信息（Burt，2009；Zheng and Zhao，2013）[37,262]。对结构洞有效规模较小的发明人来说，更快地接触外界并获取有效知识和信息，比那些已经能够接触很多外部合作者，即结构洞有效规模较大的发明人，在形成探索式的外部知识搜寻结构时更有用。因为处于结构洞有效规模较大位置的发明人已经能够从外界获得广泛知识，再增加他们的获取速度只会产生信息冗余，不利于开展探索式的外部知识搜寻；而那些没有处在结构洞位置或结构洞有效规模较小的发明人没有广泛的外部合作，因而更需要通过其他网络优势位置来获取较多知识以便更好地开展探索式的外部知识搜寻。另一方面，从发明人巩固自己网络地位的动机来看，本研究认为结构洞有效规模和接近中心度具有替代作用。正如 Paruchuri 和 Awate（2017）[174]在发明人内部网络与本地搜寻的研究中指出，由于结构洞有效规模和接近中心度都能使发明人在网络中获取知识和信息流动带来的收益，当发明人同时具有两种位置优势时，他便没有动力再在企业中开展本地搜寻来巩固自己的地位，对于只占据一种位置优势的发明人来说，他们更有通过本地搜寻来扩散知识、吸引注意力、加强和巩固自己地位的动力。相似地，在外部合作网络中，同时在结构洞和接近中心度上拥有两种优势地位的发明人可能已经具备了牢固的网络根基，因此没有再通过探索式的知识搜寻结构来增强网络地位的动力（Lee et al., 2001；Andersson et al., 2002）[133,10]。但是对于那些边缘发明人，即两种网络位置都处于弱势或仅拥有一种网络位置优势的发明人来说，想通过探索式的知识搜寻结构增强网络位置优势的愿望更迫切、动力更强（Paruchuri, 2010）[173]。

综合以上分析，本研究认为发明人在外部合作网络中的结构洞有效规模和接近中心度在形成探索式的外部知识搜寻空间结构上具有替代作用。因而提出第三个假设。

H1-3：结构洞有效规模和接近中心度对形成探索式的外部知识搜寻结构有替代作用。

4. 合作者创新能力的调节作用

本部分选择外部合作者的创新能力作为调节变量，来进一步验证和支持以上三个主假设中的分析逻辑和作用机制。位于结构洞有效规模较高位置和接近中心度较高位置的发明人是因为具有快速获取大范围非失真外部信息的能力和向外传播自己的技术和知识以获取未来合作机会来巩固自己网络优势地位的动机,从而在创新过程中更倾向于选择探索式的外部知识搜寻结构。基于以上逻辑,如果与发明人产生直接合作的外部合作者拥有较强的创新能力,即意味着合作者拥有较多的创新知识,那对发明人来说,他们就更有可能快速地获得大量的信息资源,这种地位优势越凸显(Chung and Jackson, 2013)[52],发明人越容易进行探索式的外部知识搜寻,所以会主动加强结构洞有效规模与探索式搜寻结构的正向关系,以及接近中心度与探索式搜寻结构的正向关系。从巩固网络地位的动机来看,如果外部合作者具有较强的创新能力,发明人因为担心自己在网络中的优势地位被削弱,而更有动机向外传播自己的知识,吸引未来合作者来巩固自己在网络中的位置,因此也会增强结构洞有效规模对形成探索式搜寻结构的作用(Paruchuri and Eisenman, 2012)[175]。此外,合作者的创新能力也会使结构洞有效规模和接近中心度的替代作用加强。因为合作者创新能力越强,他们拥有的创新知识和信息也越多,当发明人占据两种优势位置时,他们在获取外部知识过程中产生信息冗余的可能性更大,想要靠向外释放自己的知识来吸引未来合作者以巩固地位的动机也更小(Singh, 2005; Bercovitz and Feldman, 2011)[215,29]。综合以上分析,提出下面三个假设。

H1-4:当合作者的创新能力越强时,结构洞有效规模对形成探索式外部知识搜寻结构的正向作用越强。

H1-5:当合作者的创新能力越强时,接近中心度对形成探索式外部知识搜寻结构的正向作用越强。

H1-6:当合作者的创新能力越强时,结构洞有效规模和接近中心度对形成探索式外部知识搜寻结构的替代作用越强。

5.1.2 研究设计

1. 样本选择

本实证样本选取和分析单元与第 4 章有所差异。在研究发明人外部合作网络时，将发明人过去五年与其他企业的发明人合作申请专利作为网络计算依据，因为仅过去五年参与过外部合作的发明人才能计算网络特征值，所以本部分样本剔除了过去五年从未参与过外部合作的发明人的发明专利，样本量大大减少。最终获得1980—2010年63家美国上市医药公司中，1491个发明人的3679个信息完整的发明专利。同样使用专利后向引文数据衡量企业的外部知识搜寻活动，但因为发明人完成一件专利的过程就是通过搜寻活动来解决一个创新问题的过程（Katila，2002；Khanna et al.，2016）[116,120]，所以在分析发明人网络对其搜寻结构的影响时，观测单元选用每一件发明专利。

2. 变量与模型

因变量（Dependent variables）：因变量构成了外部知识搜寻空间结构。由于本部分主要关注发明人外部合作网络对外部知识搜寻结构的影响，因而选用四类搜寻结构作为因变量。首先根据后向引文计算出每个专利在三个维度上的中位数；其次通过与所有专利样本的比较，把三个维度分别按照中位数区分成开发－探索❶；最后按探索维度的多少将所有专利划分为四类搜寻结构：每个维度都不探索即开发式搜寻（Zero dimension）、只在一个维度探索（One dimension）、在两个维度探索（Two dimensions）、同时在三个维度探索（Three dimensions），Zero dimension作为参照组。

自变量（Independent variables）：用发明人过去五年与企业外其他发明人的合作发明专利来构造外部合作网络，在稳健性检验中使用过去三年的数据构建合作网络，结果基本一致。自变量是发明人在外部合作网络中的两个特征值。一是发明人的结构洞有效规模（Effective size），用以衡量发明人可直接接触到的有效信息源。根据Burt的研究，个体i在网络中的有效规模是指i的网络规模减去网络的冗余度，即有效规模等于网络中的非冗余因素。测量方法如式（5－1）所示：

$$ES_i = \sum_j \left(1 - \sum_q p_{iq} m_{jq}\right), q \neq i,j \qquad (5-1)$$

---

❶ 大于中位数为探索，否则为开发。

其中，j 表示与点 i 相连的所有点，q 是除了 i 或 j 之外的每个第三者。括号内部的量 $p_{iq}m_{jq}$ 代表在点 i 和点 j 之间的冗余度。例如，在图 5-1 中，点 1 和点 2、点 3、点 4、点 5 直接相连，点 1 的网络总规模是 4，但是点 2 又和点 5 直接相连，点 5 又和点 2、点 4 直接相连，点 4 和点 5 直接相连，因此对于点 1 来说，它的冗余等于这些网络成员的平均度数，即 (0+1+2+1)/4=1，那么点 1 的有效规模就是 4-1=3。也就是说虽然点 1 和 4 个点相连，但这 4 个点之间又有相互连接的，因此产生了冗余，所以去掉冗余后点 1 实际只和 3 个点直接相连也能达到当前的网络效果。从信息共享的视角来看，如果点 1 直接与外界 4 个互不相连的点相连，那它可以接触 4 个不同的信息源，获得更多的信息，但是，如果当其他点之间存在相互联系，那便会产生重复的信息（即冗余），这时点 1 虽然与 4 个点相连，但实际上可获得的有效信息是减少了的。因此，有效规模更真实地反映发明人在外部合作网络中可以接触到的有效信息量。另一个自变量是接近中心度（Closeness），测量发明人到达网络中其他发明人的最短路径（Freeman，1978）[79]。参照 Schilling 等人[206]的做法，用该点到其他所有点的最短地理距离倒数之和来计算一个点在网络中的接近中心度，如式（5-2）所示：

$$Closeness_i = \sum_j 1/d_{ij}, i \neq j \tag{5-2}$$

同样，如图 5-1 所示，点 1 的接近中心度是它到点 2、点 3、点 4、点 5 的地理距离倒数之和，点 2 的接近中心度由它到点 1 的距离倒数、到点 5 的距离倒数、到点 3 的距离（2-1-3）倒数、到点 4 的距离（2-1-4 和 2-5-4 中距离小的路径）倒数，相加而得。因此，一个点的接近中心度测量了它到达外界所有点的捷径，值越大说明该点获取外界信息的速度越快。

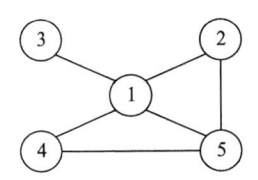

图 5-1 网络特征

第5章 外部知识搜寻空间结构异质性的形成机制

调节变量（Moderate variables）：本研究选取发明人外部合作者的创新能力作为调节变量来进一步证实主假设的理论逻辑。该指标是发明人的所有合作者的平均创新水平（Collaborators patent stock），用合作者过去五年的专利申请量来测量。同样，使用过去三年的专利申请量做稳健性检验，结果基本保持一致。

控制变量（Control variables）：多个层面的控制变量被纳入模型中，尽可能地控制其他因素对企业外部知识搜寻结构的影响。首先，来自专利层面的因素包括专利的技术领域个数（No. of IPC），专利所属技术领域范围不同，发明人可能选择的外部知识搜寻结构不同（Allison and Lemley, 1998）[8]。专利的权利要求个数（No. of claims），权利要求个数越多，要求发明人在搜寻时越要注意更广更新的搜寻，因为只有尽可能地搜寻别人已有的知识后才能避免自己在技术创新中可能产生的重复要求，从而提高技术的新颖性。专利是否为企业的核心技术领域（Core），若为核心技术领域，则该指标取1，否则取0。企业对核心与非核心的专利在搜寻上的战略部署可能有所差异。参照 Granstrand 等人[86]的方法，本研究同样使用两个指标来共同决定是否为核心技术领域。一是专利占比（Patent share, PS），即企业当年在该技术领域的专利申请数占专利申请总数的比值；二是企业在该技术领域的相对技术优势（Revealed technology advantage, RTA），即企业在某个技术领域的专利申请比例相对于整个行业所有企业在该技术领域专利申请比例，计算方法如式（5-3）所示，其中 p_{ij} 为企业 j 在 i 技术领域申请的专利数量。Granstrand 等人根据 PS 和 RTA 的均值将企业专利技术领域分成四类，本研究借鉴此方法，根据两个指标的均值仅分为核心技术领域和非核心技术领域，即当 PS 大于均值3%且 RTA 大于均值4时为核心技术领域，否则为非核心技术领域。

$$RTA = \frac{p_{ij}}{\sum_{i}^{n} p_{ij}} \Big/ \frac{\sum_{j}^{n} p_{ij}}{\sum_{i}^{n}\sum_{j}^{n} p_{ij}} \qquad (5-3)$$

其次，发明人层面控制了发明人过去五年申请的专利数量（Inventor patent stock），发明人申请过的专利数量越多，表明他的创新经验越丰富，对后续外部知识搜寻结构的形成产生影响。发明人的知识宽度（Inventor expertise breadth）是发明人过去五年申请过的专利技术领域个数，该值越大表示发明人拥有更大范围的技术认知，会影响他的搜寻行为。发明人的任期（Inventor tenure）是观察年份与发明人第一次申请专利的年份之差，该值也在一定程度上反映了发明人的技术经验。发明人所在地是否与企业总部位于同一地区（Inventor in headquarters），这是一个0-1变量，如果发明人所在地与企业总部所在地距离在30英里以内则认为是同一地，取值为1，否则为0。如果发明人位于企业总部，那他可获得的企业资源相对比较丰富，因而会影响发明人的搜寻行为（Paruchuri and Awate，2017）[174]。企业层面包含七个指标，先是用总资产表示的企业规模（Total assets）。然后，考虑到企业财务状况可能对创新搜寻活动产生影响，在模型中纳入了企业上一期的财务指标（Jensen，1986；Damanpour，1991；Jia et al.，2019）[112,59,114]，如资产负债率（Lev），未吸收的资产冗余（Unabsorbed slack），即流动资产除以流动负债，以及潜在的资产冗余（Potential slack），即负债除以所有者权益。最后是和创新有关的指标，企业过去一年的研发投入金额（R&D），研发投入的多少可能会影响未来的搜寻决定。企业过去五年的专利申请量（Firm patent stock）在一定程度上可以揭示过去的创新能力，因此可能影响后续的创新搜寻活动。企业的知识宽度（Firm knowledge breadth）是企业过去五年申请的专利所属技术领域个数，与发明人知识宽度类似，企业知识宽度的大小也可能对外部知识搜寻活动产生影响。区域层面，考虑存在的空间聚集效应可能影响企业的搜寻行为，用企业所在地过去一年的专利申请数量来控制区域层面的创新能力（Zeller，2001）[261]。同样，在稳健性检验中分别使用过去两年和三年的累计数量，结果基本一致。为了缓解可能存在的数据偏态性，大部分指标都使用加1取对数的方法。为了减少不可观测因素的影响和可能存在的部分因果转置问题，本研究中的连续性指标均做了滞后一期的处理。为了减少极端值对回归结果的影响，回归前所有连续变量都进行了1%的两端缩尾处理。此外，为了控制企业的其他不可观测变量，回归时使用

i.firm_id 进行控制。申请时间虚拟变量也被纳入回归模型,用来控制时间效应。同时还控制了专利所在技术领域的虚拟变量。表5-1列出了该实证中涉及的所有变量及其简介。

实证模型选用 Mlogit 回归,因为因变量是分类变量。Mlogit 回归中系数估计方式如式(5-4)所示,其中 $j=1$ 是参照组,本实证中选取 Zero dimension 作为参照组,回归系数均为其他各组与该组的比较结果。由该实证中样本仅包含过去五年有外部合作的发明人的专利,因此可能存在样本选择偏差的问题。因此,采用 Heckman 两阶段回归,第一阶段用 Probit 模型测算发明人过去五年有外部合作的概率,因变量是发明人过去五年是否有过外部合作(0-1变量),用因变量的滞后项作为工具变量,即发明人过去6~10年是否有过外部合作(0-1变量),回归结果显著为正。其他解释变量包括第二阶段中发明人层面的四个指标、企业层面的七个指标,以及时间虚拟变量,同样使用了企业固定效应模型。第一阶段回归后得出逆米尔指数(IMR),放入第二阶段的 Mlogit 回归中纠正样本选择偏差。

$$P(y_i = j \mid x_i) = \begin{cases} \dfrac{1}{1 + \sum_{k=2}^{J} \exp(x_i' \beta_k)} & (j = 1) \\ \dfrac{\exp(x_i' \beta_j)}{1 + \sum_{k=2}^{J} \exp(x_i' \beta_k)} & (j = 2,3,\cdots,J) \end{cases} \quad (5-4)$$

表5-1 相关变量简介

变量简称	变量含义	计算方法简介
因变量(Dependent variables)		
Dimensions	外部知识搜寻空间结构	首先把三个维度分别按照中位数区分为开发-探索,然后按探索维度的多少区分四类搜寻结构,即每个维度都不探索(Zero dimension)、只在一个维度探索(One dimension)、在两个维度探索(Two dimensions)、同时在三个维度探索(Three dimensions),回归中 Zero dimension 为对照组

续表

变量简称	变量含义	计算方法简介
自变量（Independent variables）		
Effective size	结构洞的有效规模	发明人合作网络规模减去网络冗余度
Closeness	接近中心度	发明人与网络中其他所有发明人的捷径地理距离倒数之和
调节变量（Moderated variables）		
Collaborators patent stock*	合作者的专利数量	发明人合作者过去五年申请的专利数量
控制变量（Control variables）		
专利层面（Patent level）		
No. of IPC*	IPC 数量	专利所属技术领域的个数
No. of claims*	权利要求数量	专利权利要求的个数
Core	是否企业核心专利（0-1）	PS 大于 3% 且 RTA 大于 4 的专利，取值为 1，否则为 0
发明人层面（Inventor level）		
Inventor patent stock*	发明人专利数量	发明人过去五年申请的专利数量
Inventor expertise breadth*	发明人的知识宽度	发明人过去五年申请专利涵盖的技术领域个数
Inventor tenure*	发明人任期	观测年份减去发明人第一次申请专利的年份
Inventor in headquarters	发明人是否在总部（0-1）	发明人所在地与企业总部所在地距离小于 30 英里，取值为 1，否则为 0
企业层面（Firm level）		
Total assets*	总资产	企业的资产总额
Lev	资产负债率	企业负债总额除以资产总额
Unabsorbed slack	未吸收的冗余资产	企业流动资产除以流动负债
Potential slack	潜在的冗余资产	企业负债总额除以所有者权益总额
R&D	研发投入强度	企业过去一年的研发投入金额除以总资产
Firm patent stock*	企业专利数量	企业过去五年申请的专利数量
Firm knowledge breadth*	企业的知识宽度	企业过去五年申请专利涵盖的技术领域个数

续表

变量简称	变量含义	计算方法简介
区域层面 (Regional level)		
Regional patent stock *	地区专利数量	发明人所在地过去一年的专利申请数量
其他控制变量 (Others)		
Firms id	企业效应	根据企业代码生成的虚拟变量
Application years	时间效应	根据专利申请时间生成的虚拟变量
Technological classes	技术效应	根据专利技术领域生成的虚拟变量

注：标 * 的变量均取自然对数 ln (variable + 1)；发明人所在地精确到市。

5.1.3 实证结果

表 5-2 是该实证中所有变量的描述性统计结果和相关系数矩阵（除了时间和企业虚拟变量之外）。可以观察到，个别控制变量之间的相关系数有大于 0.6 的，如发明人专利数量（Inventor patent stock）和发明人的知识宽度（Inventor expertise breadth）的相关系数是 0.661，企业专利数量（Firm patent stock）和企业的知识宽度（Firm knowledge breadth）的相关系数是 0.634。回归之后计算各个模型中的方差膨胀因子（VIF），最大值为 4.79，小于临界值 10，可以认为这些变量之间的多重共线性问题不会给回归结果带来较大影响（Ryan, 1997）[199]。同样，为了进一步排除高度相关变量之间的相互影响，本研究在稳健性检验中依次将这些控制变量放入模型中进行回归，结果基本保持一致。

表 5-3 所示为 Mlogit 的回归结果。其中模型（1）、模型（2）、模型（3）检验了自变量结构洞有效规模对外部知识搜寻结构的影响，三个模型中自变量的系数分别在 1%、5% 和 1% 的显著性水平下为正，表明和参照组 Zero dimension 相比，发明人在外部合作网络中的结构洞有效规模越大，越有助于形成探索式的搜寻结构（包括一个维度、两个维度和三个维度），但是这些系数大小有所差异。为了进一步比较它们是否在统计上显著有差异，采用 T 检验对三个回归系数进行两两比较，结果见表 5-4，结构洞有

表 5-2 描述统计与相关系数矩阵

Variables	Mean	S.D.	Min	Max	1	2	3	4	5	6	7	8	9	10	11	12	13	14	15	16	17	18
1. Dimensions	2.355	0.849	1.000	4.000	1.000																	
2. Effective size	4.028	5.275	1.000	30.639	-0.092	1.000																
3. Closeness	1.647	2.706	0.000	9.488	-0.012	0.528	1.000															
4. Collaborators patent stock	1.736	0.836	0.693	3.766	-0.180	0.441	0.591	1.000														
5. No. of IPC	1.687	0.619	0.693	3.367	-0.043	-0.001	-0.048	-0.001	1.000													
6. No. of claims	2.593	0.780	0.693	4.454	-0.058	-0.053	-0.193	-0.179	0.147	1.000												
7. Core	0.718	0.450	0.000	1.000	-0.378	0.067	0.095	0.171	0.082	0.004	1.000											
8. Inventor patent stock	2.313	1.172	0.693	5.094	-0.142	0.463	0.646	0.626	-0.018	-0.202	0.193	1.000										
9. Inventor expertise breadth	2.020	0.824	0.693	3.892	-0.134	0.421	0.543	0.625	-0.013	-0.166	0.169	0.661	1.000									
10. Inventor tenure	1.885	0.624	0.693	3.219	-0.088	0.090	0.164	0.117	-0.003	-0.028	0.038	0.409	0.477	1.000								
11. Inventor in headquarters	0.416	0.493	0.000	1.000	-0.043	-0.002	0.219	0.255	-0.021	-0.098	0.135	0.299	0.259	0.049	1.000							
12. Total assets	8.397	2.204	2.585	11.675	-0.034	0.142	0.101	0.086	-0.024	-0.056	-0.201	0.018	-0.039	0.048	-0.166	1.000						
13. Lev	0.474	0.222	0.039	1.190	-0.029	-0.175	-0.335	-0.355	-0.023	0.169	-0.111	-0.346	-0.314	0.005	-0.339	0.279	1.000					
14. Unabsorbed slack	0.430	0.285	0.029	1.656	-0.030	0.040	0.076	-0.173	0.002	-0.014	-0.114	0.013	-0.027	0.019	-0.063	0.228	-0.043	1.000				
15. Potential slack	1.156	1.299	-3.627	6.485	-0.050	-0.087	-0.193	-0.173	0.007	0.073	-0.062	-0.199	-0.206	0.016	-0.245	0.270	0.523	-0.006	1.000			
16. R&D	0.119	0.115	0.018	0.762	0.013	-0.103	-0.128	-0.103	0.000	0.046	0.114	-0.047	0.020	-0.010	-0.005	-0.670	0.054	-0.204	-0.157	1.000		
17. Firm patent stock	5.301	1.401	1.386	6.930	-0.006	0.051	0.150	0.190	0.006	-0.135	-0.201	0.171	0.122	0.084	-0.021	0.644	0.100	0.213	0.038	-0.457	1.000	
18. Firm knowledge breadth	2.925	0.821	0.693	4.331	0.078	-0.072	-0.092	-0.102	0.013	-0.016	-0.308	-0.112	-0.125	0.031	-0.205	0.630	0.337	0.250	0.175	-0.457	0.634	1.000
19. Regional patent stock	4.035	1.728	0.000	7.212	0.007	0.171	0.514	0.327	-0.030	-0.096	0.101	0.406	0.366	0.144	0.224	-0.135	-0.252	-0.053	-0.155	0.062	-0.008	-0.165

注：其他虚拟变量未列入本表。

第5章 外部知识搜寻空间结构异质性的形成机制

表 5–3 结构洞有效规模、接近中心度、二者交互项对搜寻结构的影响

Variables	(1) One	(2) Two	(3) Three	(4) One	(5) Two	(6) Three	(7) One	(8) Two	(9) Three	(10) One	(11) Two	(12) Three
Effective size	0.049*** (0.017)	0.038** (0.018)	0.082*** (0.023)				0.031* (0.016)	0.013 (0.018)	0.061** (0.025)	0.037** (0.018)	0.014 (0.019)	0.086*** (0.027)
Closeness				0.147*** (0.045)	0.172*** (0.048)	0.201*** (0.061)	0.117** (0.047)	0.160*** (0.049)	0.135* (0.070)	0.138*** (0.051)	0.173*** (0.054)	0.195*** (0.070)
Effsize × Close										−0.005 (0.006)	−0.003 (0.006)	−0.013* (0.007)
Collaborators patent stock	−0.207* (0.123)	−0.465*** (0.142)	−0.728*** (0.212)	−0.241** (0.121)	−0.516*** (0.142)	−0.796*** (0.210)	−0.246** (0.121)	−0.527*** (0.143)	−0.778*** (0.213)	−0.253** (0.121)	−0.528*** (0.143)	−0.811*** (0.217)
No. of IPC	−0.149 (0.102)	−0.197* (0.110)	−0.202 (0.159)	−0.112 (0.101)	−0.161 (0.109)	−0.159 (0.159)	−0.128 (0.101)	−0.170 (0.110)	−0.178 (0.159)	−0.126 (0.101)	−0.168 (0.110)	−0.177 (0.159)
No. of claims	−0.217** (0.091)	−0.339*** (0.098)	−0.487*** (0.139)	−0.174* (0.090)	−0.301*** (0.096)	−0.429*** (0.138)	−0.196** (0.091)	−0.312*** (0.097)	−0.464*** (0.139)	−0.199** (0.091)	−0.315*** (0.098)	−0.460*** (0.138)
Core	−2.206*** (0.315)	−3.196*** (0.315)	−4.176*** (0.358)	−2.192*** (0.316)	−3.176*** (0.316)	−4.185*** (0.359)	−2.187*** (0.316)	−3.178*** (0.315)	−4.157*** (0.359)	−2.190*** (0.316)	−3.178*** (0.316)	−4.177*** (0.359)
Inventor patent stock	1.553*** (0.267)	1.126*** (0.298)	1.012** (0.450)	1.267*** (0.293)	0.750** (0.326)	0.663 (0.463)	1.266*** (0.297)	0.740** (0.329)	0.684 (0.471)	1.272*** (0.293)	0.753** (0.325)	0.657 (0.466)
Inventor expertise breadth	−1.937*** (0.383)	−1.289*** (0.406)	−1.525** (0.595)	−1.550*** (0.408)	−0.841* (0.435)	−0.977 (0.608)	−1.610*** (0.413)	−0.847* (0.437)	−1.148* (0.615)	−1.616*** (0.408)	−0.869** (0.432)	−1.086* (0.612)

续表

Variables	(1) One	(2) Two	(3) Three	(4) One	(5) Two	(6) Three	(7) One	(8) Two	(9) Three	(10) One	(11) Two	(12) Three
Inventor tenure	0.079 (0.157)	−0.306* (0.171)	−0.387 (0.258)	0.084 (0.155)	−0.310* (0.170)	−0.397 (0.257)	0.085 (0.155)	−0.311* (0.171)	−0.386 (0.259)	0.081 (0.156)	−0.311* (0.171)	−0.423 (0.259)
Inventor in headquarters	−0.300* (0.158)	−0.320* (0.164)	−0.257 (0.247)	−0.278* (0.156)	−0.275* (0.163)	−0.249 (0.244)	−0.269* (0.156)	−0.280* (0.163)	−0.222 (0.246)	−0.275* (0.157)	−0.284* (0.163)	−0.223 (0.247)
Total assets	−0.187** (0.073)	−0.157** (0.080)	−0.147 (0.116)	−0.151** (0.071)	−0.149* (0.077)	−0.089 (0.114)	−0.190*** (0.073)	−0.164** (0.080)	−0.151 (0.116)	−0.188*** (0.073)	−0.164** (0.080)	−0.137 (0.115)
Lev	−0.388 (0.418)	−1.028** (0.438)	−2.761** (1.233)	−0.313 (0.410)	−0.922** (0.430)	−2.623** (1.187)	−0.301 (0.409)	−0.915** (0.430)	−2.671** (1.232)	−0.325 (0.411)	−0.932** (0.432)	−2.686** (1.201)
Unabsorbed slack	−0.419* (0.226)	−0.638*** (0.242)	−1.063*** (0.400)	−0.405* (0.226)	−0.637*** (0.245)	−1.069*** (0.399)	−0.402* (0.225)	−0.633*** (0.244)	−1.054*** (0.401)	−0.402* (0.226)	−0.630*** (0.245)	−1.088*** (0.405)
Potential slack	−0.021 (0.055)	−0.119* (0.063)	−0.011 (0.211)	−0.019 (0.055)	−0.111* (0.062)	−0.013 (0.205)	−0.011 (0.056)	−0.107* (0.062)	0.001 (0.211)	−0.012 (0.056)	−0.108* (0.063)	−0.002 (0.205)
R&D	0.282 (0.866)	−0.119 (0.894)	1.183 (1.260)	0.395 (0.844)	−0.075 (0.871)	1.404 (1.221)	0.298 (0.846)	−0.085 (0.876)	1.210 (1.250)	0.340 (0.851)	−0.050 (0.881)	1.261 (1.245)
Firm patent stock	−0.029 (0.127)	−0.266* (0.140)	−0.362* (0.210)	−0.105 (0.125)	−0.312** (0.137)	−0.475** (0.208)	−0.043 (0.127)	−0.287** (0.141)	−0.379* (0.211)	−0.048 (0.126)	−0.286** (0.141)	−0.416** (0.212)
Firm knowledge breadth	0.636*** (0.196)	0.792*** (0.205)	0.996*** (0.305)	0.678*** (0.195)	0.845*** (0.206)	1.042*** (0.304)	0.664*** (0.195)	0.836*** (0.206)	1.031*** (0.304)	0.674*** (0.195)	0.840*** (0.205)	1.060*** (0.306)

第5章 外部知识搜寻空间结构异质性的形成机制

续表

Variables	(1) One	(2) Two	(3) Three	(4) One	(5) Two	(6) Three	(7) One	(8) Two	(9) Three	(10) One	(11) Two	(12) Three
Regional patent stock	0.138***	0.122***	0.214***	0.084**	0.056	0.153**	0.096**	0.064	0.165**	0.098**	0.064	0.173***
	(0.042)	(0.045)	(0.063)	(0.043)	(0.045)	(0.065)	(0.043)	(0.046)	(0.066)	(0.043)	(0.046)	(0.066)
IMR	-0.489**	-0.564**	-0.790**	-0.479**	-0.530**	-0.766**	-0.479**	-0.519**	-0.766**	-0.489**	-0.553**	-0.723**
	(0.234)	(0.241)	(0.310)	(0.230)	(0.240)	(0.308)	(0.231)	(0.239)	(0.309)	(0.231)	(0.238)	(0.311)
Firm fixed	Yes	Yes	Yes	Yes	Yes	Yes	Yes	Yes	Yes	Yes	Yes	Yes
Application years	Yes	Yes	Yes	Yes	Yes	Yes	Yes	Yes	Yes	Yes	Yes	Yes
Constant	4.442***	7.143***	7.736***	4.226***	7.059***	7.430***	4.364***	7.111***	7.683***	4.342***	7.123***	7.540***
	(0.837)	(0.869)	(1.201)	(0.828)	(0.864)	(1.203)	(0.832)	(0.866)	(1.208)	(0.829)	(0.864)	(1.216)
Observations	3679	3679	3679	3679	3679	3679	3679	3679	3679	3679	3679	3679
R^2	0.108	0.108	0.108	0.109	0.109	0.109	0.110	0.110	0.110	0.111	0.111	0.111

注：Robust standard errors in parentheses；*** $p<0.01$，** $p<0.05$，* $p<0.1$；one，two，and three are one dimension，two dimensions，and three dimensions；firm id/application years/technological classes are included.

效规模对一个维度的探索式搜寻结构和对两个维度的探索式搜寻结构的影响没有显著差异，但是对三个维度的探索式搜寻结构的影响明显大于其他两种探索式搜寻结构。因此，假设 H1-1 获得了较强的验证，即发明人在外部合作网络中的结构洞有效规模越大，越有助于形成探索式的外部知识搜寻结构，尤其是三个维度的探索式外部知识搜寻结构。

模型（4）、模型（5）、模型（6）检验接近中心度对外部知识搜寻结构的影响，三个模型中该自变量的系数均在1%的显著性水平下为正，说明与参照组 Zero dimension 相比，发明人在外部合作网络中的接近中心度越大，越有助于形成探索式的搜寻结构（包括一个维度、两个维度和三个维度）。同样，为了进一步比较三个回归系数是否在统计上显著有差异，采用 T 检验对它们进行两两比较，结果见表 5-5，T 检验结果均不显著，三个回归系数没有明显差异，说明接近中心度有助于形成探索式的搜寻结构，但对形成哪种多维度的探索式搜寻结构没有显著差异。由此可见，假设 H1-2 获得了验证，即发明人在外部合作网络中的接近中心度越大，越有助于形成探索式的外部知识搜寻结构。

模型（7）、模型（8）、模型（9）将两个自变量同时放入回归，虽然自变量的系数大小有所变化，但基本上都在统计上显著为正。为了检验结构洞有效规模和接近中心度的交互作用，在模型（10）、模型（11）、模型（12）中纳入了二者的交叉项，当然，为了减少共线性的问题，在构建交叉项之前，两个自变量都做了相应的中心化处理（Aiken et al.，1991）[6]。结果显示，只有在模型（12）中，交叉项的系数才在10%的显著性水平下为负，说明在形成三个维度的探索式搜寻结构时，发明人在外部合作网络中的结构洞有效规模和接近中心度有显著的替代作用。图 5-2 描绘了结构洞有效规模和接近中心度对搜寻结构的交互作用，和回归结果一致，接近中心度较大（均值加上一个标准差）时的乘数曲线，明显比接近中心度较小（均值减去一个标准差）时的乘数曲线要平缓，也就是结构洞有效规模一定时，接近中心度越大的越不容易形成三个维度的探索式搜寻结构。因此，假设 H1-3 得到部分验证。

表5-4 结构洞有效规模对几种搜寻结构作用的 T 检验结果

T – test	One dimension	Two dimensions	Three dimensions
One dimension	—		
Two dimensions	$F=0.91$ ($p=0.3392$)	—	
Three dimensions	$F=3.80^*$ ($p=0.0513$)	$F=6.51^{**}$ ($p=0.0108$)	—

表5-5 接近中心度对几种搜寻结构作用的 T 检验结果

T – test	One dimension	Two dimensions	Three dimensions
One dimension	—		
Two dimensions	$F=0.85$ ($p=0.3556$)	—	
Three dimensions	$F=1.33$ ($p=0.2489$)	$F=0.38$ ($p=0.5373$)	—

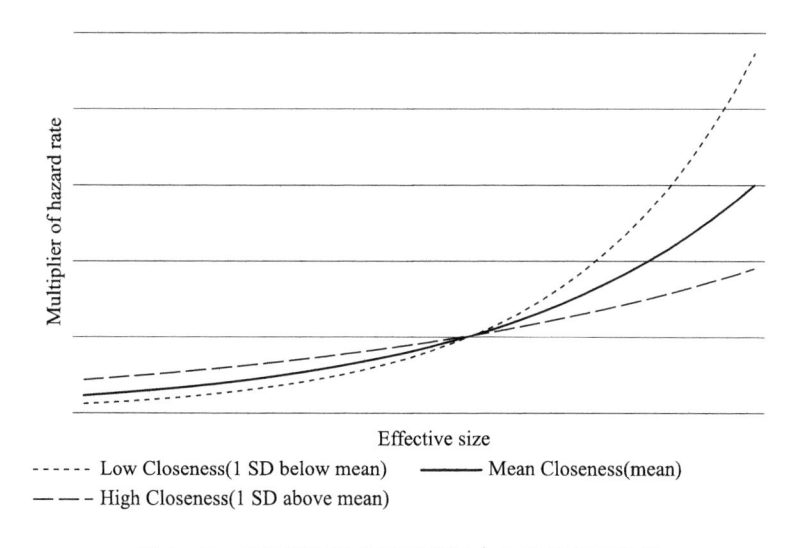

图5-2 结构洞有效规模和接近中心度的交互作用

表5-6所示为合作者创新能力作为调节变量的回归结果。同样，为了减少共线性的影响，交互项构建之前，相关变量都做了中心化处理。其中模型（1）、模型（2）、模型（3）是合作者创新能力对结构洞有效规模和

表 5 - 6 合作者创新能力的调节作用

Variables	(1) One	(2) Two	(3) Three	(4) One	(5) Two	(6) Three	(7) One	(8) Two	(9) Three	(10) One	(11) Two	(12) Three
Effective size	0.025 (0.018)	0.004 (0.019)	0.077*** (0.027)	0.041** (0.018)	0.018 (0.019)	0.092*** (0.028)	0.038** (0.018)	0.013 (0.019)	0.087*** (0.027)	0.032* (0.019)	0.013 (0.019)	0.080*** (0.028)
Closeness	0.118** (0.051)	0.157*** (0.053)	0.178*** (0.070)	0.086* (0.050)	0.124** (0.052)	0.142** (0.070)	0.136** (0.062)	0.183*** (0.064)	0.177** (0.083)	0.118** (0.054)	0.164*** (0.056)	0.149** (0.075)
Effsize × Close	-0.006 (0.005)	-0.004 (0.005)	-0.015** (0.007)	-0.006 (0.005)	-0.004 (0.005)	-0.015** (0.007)	-0.006 (0.005)	-0.003 (0.006)	-0.015** (0.007)	-0.000 (0.005)	0.002 (0.005)	-0.010 (0.007)
Effsize × Collaborators	0.148*** (0.038)	0.145*** (0.039)	0.167*** (0.042)							0.126*** (0.040)	0.118*** (0.042)	0.101** (0.045)
Close × Collaborators				0.122** (0.055)	0.173*** (0.057)	0.233*** (0.064)				0.156*** (0.053)	0.221*** (0.059)	0.233** (0.093)
Effsize × Close × Collaborators							-0.001 (0.008)	-0.005 (0.009)	-0.030*** (0.011)	-0.005 (0.016)	-0.015 (0.012)	-0.044*** (0.012)
Collaborators patent stock	-0.228* (0.122)	-0.499*** (0.143)	-0.792*** (0.222)	-0.226* (0.119)	-0.500*** (0.141)	-0.809*** (0.227)	-0.257** (0.124)	-0.521*** (0.144)	-0.858*** (0.229)	-0.239*** (0.123)	-0.514*** (0.144)	-0.817*** (0.229)
No. of IPC	-0.130 (0.101)	-0.170 (0.109)	-0.185 (0.159)	-0.105 (0.101)	-0.148 (0.110)	-0.154 (0.160)	-0.125 (0.101)	-0.171 (0.110)	-0.176 (0.160)	-0.108 (0.101)	-0.144 (0.111)	-0.152 (0.159)
No. of claims	-0.193** (0.091)	-0.310*** (0.097)	-0.456*** (0.138)	-0.184** (0.091)	-0.300*** (0.097)	-0.441*** (0.138)	-0.199** (0.091)	-0.317*** (0.098)	-0.458*** (0.139)	-0.183** (0.090)	-0.296*** (0.097)	-0.446*** (0.138)

第5章 外部知识搜寻空间结构异质性的形成机制

续表

Variables	(1) One	(2) Two	(3) Three	(4) One	(5) Two	(6) Three	(7) One	(8) Two	(9) Three	(10) One	(11) Two	(12) Three
Core	-2.196*** (0.316)	-3.181*** (0.316)	-4.189*** (0.360)	-2.175*** (0.316)	-3.165*** (0.316)	-4.161*** (0.359)	-2.191*** (0.316)	-3.180*** (0.316)	-4.180*** (0.359)	-2.182*** (0.317)	-3.164*** (0.317)	-4.162*** (0.360)
Inventor patent stock	1.056*** (0.315)	0.609* (0.352)	0.378 (0.505)	0.944*** (0.334)	0.429 (0.380)	0.103 (0.561)	1.253*** (0.334)	0.852** (0.368)	0.338 (0.520)	0.850*** (0.328)	0.330 (0.377)	0.148 (0.557)
Inventor expertise breadth	-1.348*** (0.433)	-0.692 (0.463)	-0.751 (0.664)	-1.237*** (0.450)	-0.496 (0.490)	-0.453 (0.718)	-1.592*** (0.450)	-0.988** (0.479)	-0.719 (0.675)	-1.117** (0.442)	-0.381 (0.486)	-0.487 (0.717)
Inventor tenure	0.086 (0.156)	-0.308* (0.171)	-0.420 (0.259)	0.101 (0.155)	-0.291* (0.171)	-0.406 (0.260)	0.082 (0.157)	-0.316* (0.172)	-0.416 (0.262)	0.090 (0.157)	-0.311* (0.172)	-0.402 (0.262)
Inventor in headquarters	-0.285* (0.155)	-0.288* (0.163)	-0.237 (0.248)	-0.306** (0.155)	-0.315* (0.164)	-0.281 (0.251)	-0.276* (0.157)	-0.277* (0.164)	-0.242 (0.250)	-0.307** (0.154)	-0.335** (0.164)	-0.242 (0.250)
Total assets	-0.192*** (0.073)	-0.166** (0.080)	-0.144 (0.115)	-0.177** (0.072)	-0.153* (0.079)	-0.125 (0.115)	-0.189** (0.073)	-0.164** (0.080)	-0.139 (0.116)	-0.183** (0.072)	-0.154* (0.079)	-0.134 (0.116)
Lev	-0.210 (0.411)	-0.851** (0.430)	-2.560** (1.201)	-0.245 (0.410)	-0.861** (0.431)	-2.563** (1.173)	-0.317 (0.413)	-0.956** (0.433)	-2.615** (1.156)	-0.158 (0.405)	-0.780* (0.426)	-2.520** (1.164)
Unabsorbed slack	-0.350 (0.228)	-0.589** (0.246)	-1.048*** (0.406)	-0.359 (0.223)	-0.592** (0.242)	-1.051*** (0.405)	-0.402* (0.227)	-0.633*** (0.245)	-1.093*** (0.408)	-0.302 (0.226)	-0.531** (0.245)	-1.002** (0.405)
Potential slack	-0.009 (0.056)	-0.106* (0.062)	0.000 (0.204)	-0.010 (0.056)	-0.105* (0.063)	-0.005 (0.198)	-0.012 (0.056)	-0.110* (0.063)	-0.002 (0.195)	-0.012 (0.055)	-0.114* (0.062)	0.005 (0.198)

123

续表

Variables	(1) One	(2) Two	(3) Three	(4) One	(5) Two	(6) Three	(7) One	(8) Two	(9) Three	(10) One	(11) Two	(12) Three
R&D	0.339 (0.842)	-0.059 (0.872)	1.264 (1.241)	0.405 (0.842)	0.009 (0.875)	1.357 (1.243)	0.340 (0.850)	-0.056 (0.882)	1.273 (1.242)	0.410 (0.829)	0.045 (0.863)	1.291 (1.223)
Firm patent stock	-0.053 (0.127)	-0.290** (0.141)	-0.417* (0.213)	-0.083 (0.126)	-0.320** (0.141)	-0.468** (0.215)	-0.049 (0.126)	-0.283** (0.140)	-0.426** (0.213)	-0.096 (0.128)	-0.356** (0.143)	-0.463** (0.218)
Firm knowledge breadth	0.681*** (0.194)	0.843*** (0.204)	1.070*** (0.305)	0.696*** (0.193)	0.862*** (0.204)	1.102*** (0.305)	0.674*** (0.195)	0.835*** (0.206)	1.079*** (0.307)	0.718*** (0.193)	0.903*** (0.205)	1.111*** (0.304)
Regional patent stock	0.097** (0.043)	0.062 (0.046)	0.173*** (0.067)	0.098** (0.043)	0.064 (0.045)	0.173*** (0.066)	0.098** (0.043)	0.062 (0.046)	0.177*** (0.067)	0.086** (0.043)	0.050 (0.045)	0.167** (0.067)
IMR	-0.461** (0.230)	-0.525** (0.237)	-0.700** (0.311)	-0.443* (0.228)	-0.473** (0.236)	-0.624** (0.314)	-0.482** (0.231)	-0.546** (0.238)	-0.702** (0.313)	-0.451* (0.228)	-0.451* (0.237)	-0.616** (0.313)
Firm fixed	Yes	Yes	Yes	Yes	Yes	Yes	Yes	Yes	Yes	Yes	Yes	Yes
Application years	Yes	Yes	Yes	Yes	Yes	Yes	Yes	Yes	Yes	Yes	Yes	Yes
Constant	4.193*** (0.839)	7.039*** (0.874)	7.470*** (1.222)	4.048*** (0.839)	6.869*** (0.873)	7.293*** (1.228)	4.321*** (0.848)	7.201*** (0.882)	7.534*** (1.239)	4.064*** (0.840)	6.909*** (0.874)	7.290*** (1.226)
Observations	3679	3679	3679	3679	3679	3679	3679	3679	3679	3679	3679	3679
R^2	0.112	0.112	0.112	0.112	0.112	0.112	0.112	0.112	0.112	0.116	0.116	0.116

注：Robust standard errors in parentheses; *** $p<0.01$, ** $p<0.05$, * $p<0.1$; one, two, and three are one dimension, two dimensions, and three dimensions; firm id/application years/technological classes are included.

搜寻结构关系的调节作用。三个模型中,交叉项的结果都在1%的显著性水平下为正,调节图5-3也显示合作者创新能力正向调节结构洞有效规模对三种探索式搜寻结构的促进作用,假设H1-4得以验证。

模型(4)、模型(5)、模型(6)检验了合作者创新能力对接近中心度和搜寻结构关系的调节作用,三个交叉项的系数分别在5%、1%和1%的显著性水平下为正,同样,调节图5-4显示合作者的创新能力正向调节接近中心度对三种探索式结构的促进作用,假设H1-5被验证。

模型(7)、模型(8)、模型(9)检验合作者创新能力对结构洞有效规模和接近中心度对搜寻结构的替代作用的调节,仅模型(9)中交叉项的结果在1%的显著性水平下为负。为了更加清晰地展现合作者创新能力对交互项的调节作用,选取均值加减一个标准差作出调节图,如图5-5所示,合作者创新能力较强时,结构洞有效规模和接近中心度对形成单个维度探索式搜寻结构的替代作用更明显。因此,假设H1-6得到验证。

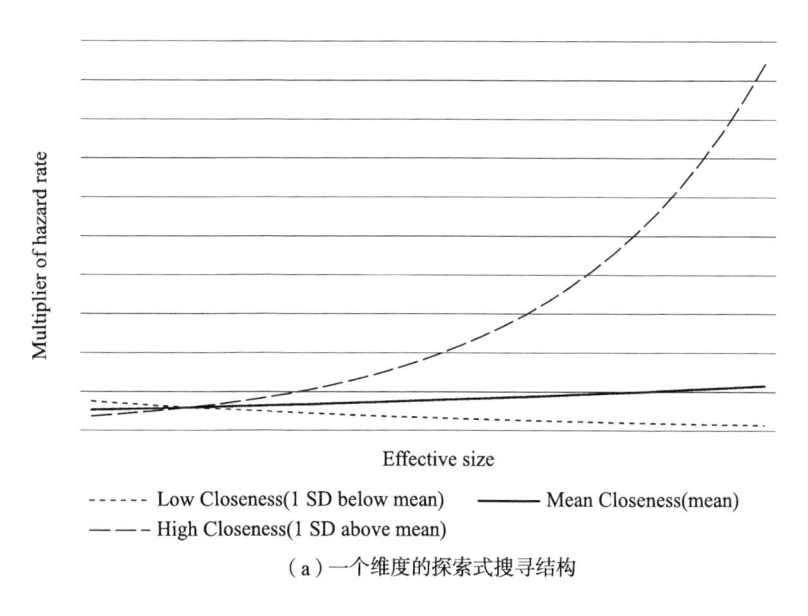

(a)一个维度的探索式搜寻结构

图5-3 合作者创新能力对结构洞有效规模和搜寻结构关系的调节作用

(b) 两个维度的探索式搜寻结构

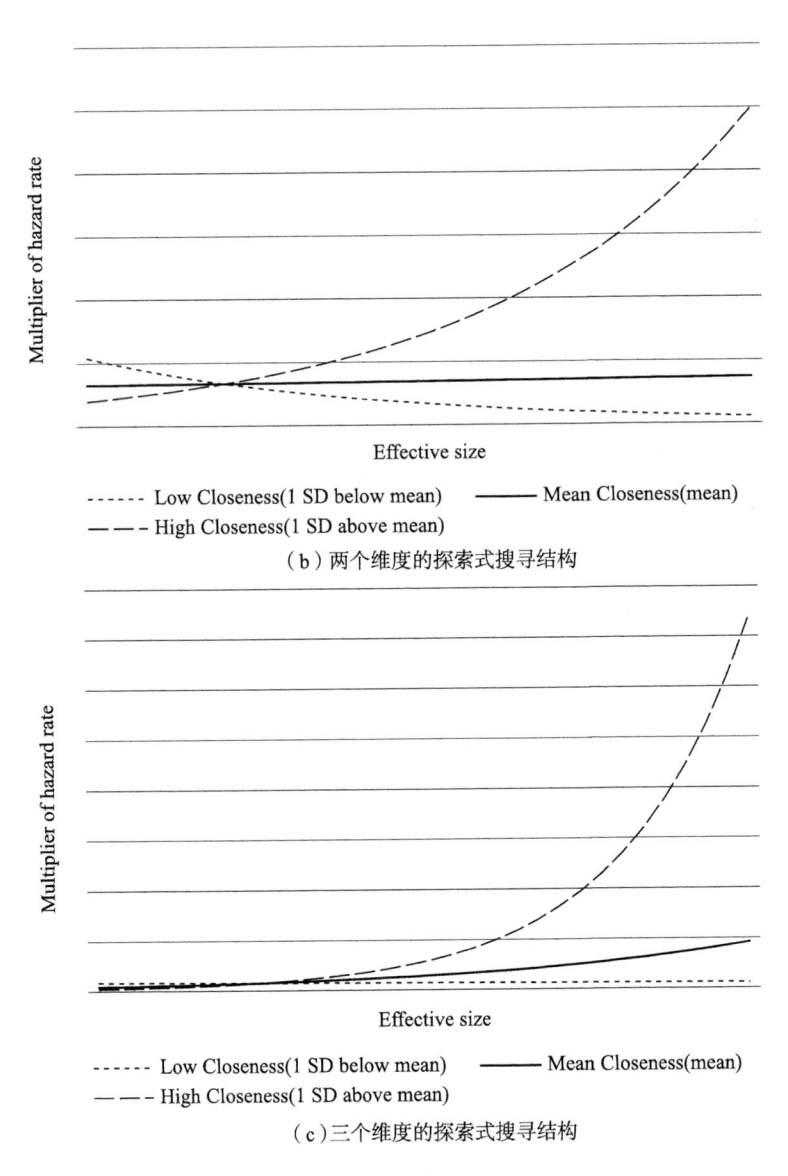

(c) 三个维度的探索式搜寻结构

图 5-3　合作者创新能力对结构洞有效规模和搜寻结构关系的调节作用（续）

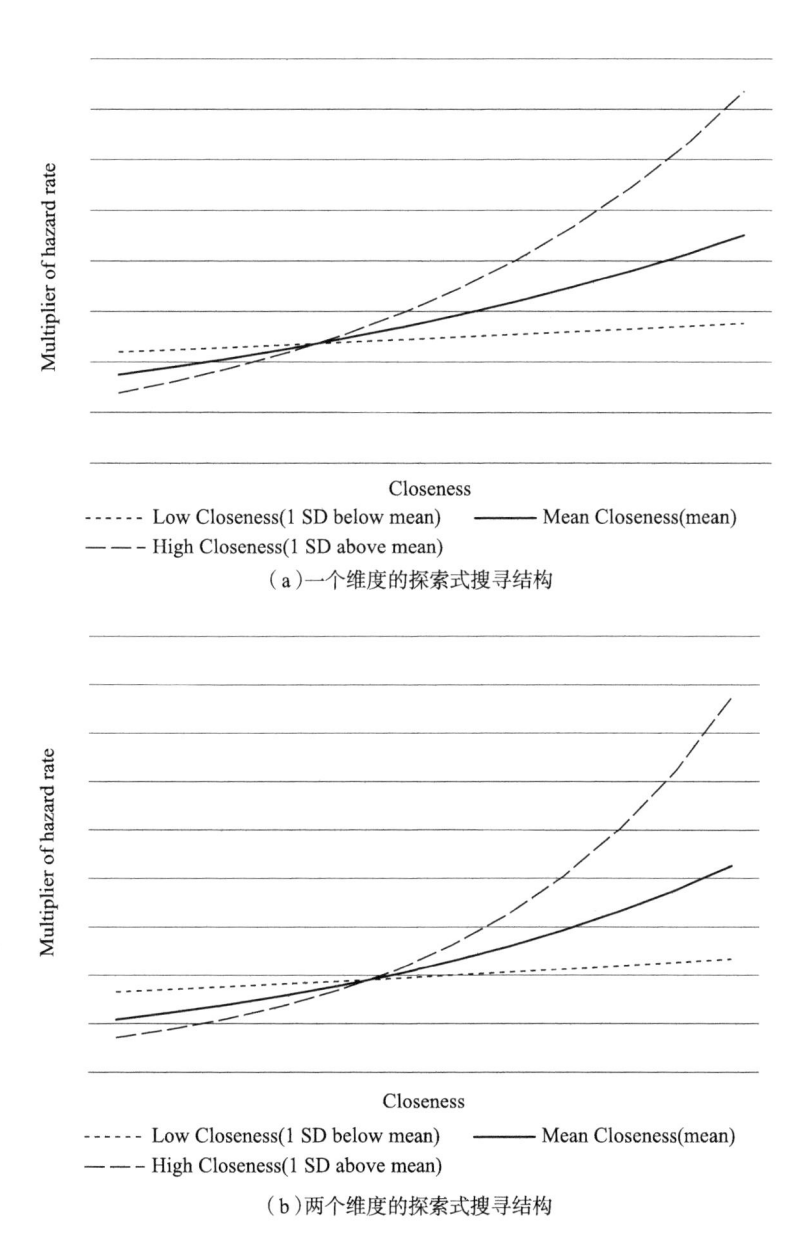

第5章 外部知识搜寻空间结构异质性的形成机制

Closeness
----- Low Closeness(1 SD below mean) ———— Mean Closeness(mean)
— — High Closeness(1 SD above mean)

（a）一个维度的探索式搜寻结构

Closeness
----- Low Closeness(1 SD below mean) ———— Mean Closeness(mean)
— — High Closeness(1 SD above mean)

（b）两个维度的探索式搜寻结构

图5-4 合作者创新能力对接近中心度和搜寻结构关系的调节作用

(c) 三个维度的探索式搜寻结构

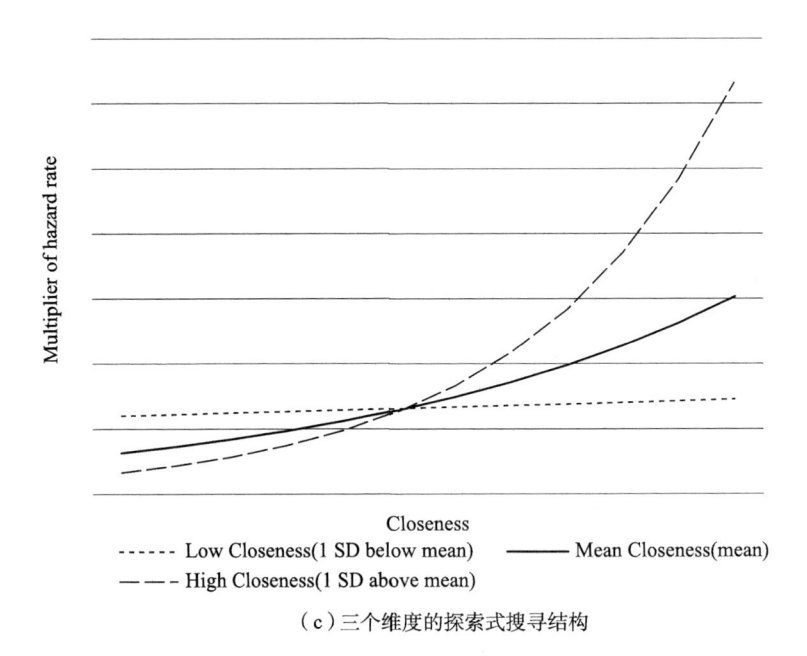

图 5-4　合作者创新能力对接近中心度和搜寻结构关系的调节作用（续）

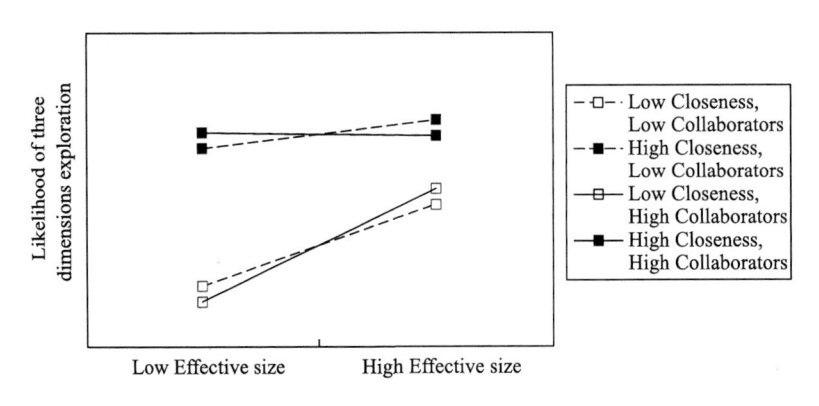

图 5-5　合作者创新能力对结构洞有效规模和接近中心度交互关系的调节作用

5.2　内部决策层面的影响：以高管激励和监督为例

外部知识搜寻作为创新战略中的重要环节，其管理决策的制定离不开企业高管的主导或参与（Belloc，2012；Garms and Engelen，2019）[26,81]。

面对竞争激烈的市场环境，提升技术创新被认为是企业不断创造价值和保持竞争优势的重要途径（Damanpour，1991；Chesbrough，2006；熊伟等，2011）[59,47,345]。然而企业技术创新是一项十分复杂的活动，涉及的人员众多，可能受到多方面的影响，不仅包括直接执行任务解决创新问题的发明者，还包括创新战略制定的企业管理者（Sapra et al.，2014；Irahman and Louise，2019）[201,263]。在企业实践中，往往是由科研者在工作中发现创新问题，并拟出初步解决方案，交由企业管理部门审核批准。大多数企业拥有自己的知识产权办公室，专门负责审批发明人的初步方案，决定是否进一步进行专利申请，以及决定是否继续缴纳年费维持已有专利（Khanna et al.，2016）[120]。知识产权部门的决定又直接受到企业知识产权战略规划的影响，这种企业层面的战略部署又由高管决定。因此，在决策层面，高管的行为决定了企业知识产权部署，进而决定了创新过程中的外部知识搜寻活动。尽管技术创新被认为可以创造真正的企业价值，但是在现代企业所有权和经营权两权分离的情况下，存在着委托代理问题，由于所有者和管理者之间的风险偏好、价值取向和利益目标等存在差异，企业管理者逃避责任、创新投资不足的情况屡见不鲜（He and Wang，2009；Qian et al.，2017；Jia et al.，2019）[96,187,114]。尤其是在开展像技术创新这种复杂且不透明的活动时，股东对管理者创新活动进行监督和管理的难度更大（Jia et al.，2019）[114]。国内外已有许多研究从公司治理的视角研究企业创新，在所有者如何激励和监督管理者的创新行为和创新效率方面，学者们得出了一些结论。例如，徐宁（2013）[346]以中国高科技公司为样本，发现对高管采取适当的股权激励有利于增加他们在创新中的研发投入。而 He 和 Wang（2009）[96]认为如果所有者对高管（特别是 CEO）进行过度的内部监督会削弱他们的权力，妨碍他们的创新决策，进而抑制创新绩效。本研究认为，站在企业内部决策层面，从公司治理视角探讨企业外部知识搜寻结构的形成机制具有重要意义。因此，本部分将从公司治理理论中的激励机制和监督机制两方面重点分析，在不同的治理情境中，高管如何开展外部知识搜寻活动，进而形成企业外部知识搜寻结构的异质性。

5.2.1 理论与假设

技术创新虽然是提升企业价值、保持长久竞争力的有效途径，但同时也是一条充满风险和不确定性的道路。现代企业所有权与经营权两权分离，企业所有者——股东希望通过创新获取长远利益，而企业经营者——管理层更倾向于选择相对容易实现的活动来谋求短期业绩。差异化的利益诉求使得企业管理者在创新战略制定过程中可能背离股东价值最大化的目标，而只是做些敷衍股东的"表面功夫"（Jia et al., 2019）[114]。具体来讲，他们可能在知识搜寻策略上选择成本更低、自己更有把握，但对企业长期绩效提升帮助不大的开发式搜寻，而避免那些成本更高、难度更大却对企业长远发展有利的探索式搜寻（Holmstrom, 1989）[103]。尤其是在类似技术创新这种耗时长、见效慢且透明度不高的活动中，这种委托代理产生的矛盾更为突出（鲁桐和党印，2014；Honoré et al., 2015）[312,106]。许多研究指出，可以使用公司治理的各种方式来解决经理人在创新中的短视问题（Shleifer and Vishny, 1997; Tylecote and Ramirez, 2006; 张洪辉等, 2010）[211,233,365]。

公司治理❶机制主要包括激励和监督两个方面。激励机制是如何激励经理人努力为企业和股东创造价值，以减少其道德风险的一种机制；监督机制是如何对经理人的经营管理行为进行监督和评价，通过建立有效的相互制衡的内部权力机构来实现监督管理的一种机制（Zajac and Westphal, 1994）[260]。激励机制包括报酬激励、剩余索取权和剩余控制权激励、声誉激励等。其中报酬激励是最常见的方式，即给予经理人固定薪金、奖金、股票期权等，使其收益与企业绩效挂钩。监督机制主要表现在两个方面：一是股东（股东大会）、董事会对经理人员的纵向监督，如在董事会中投票决定经理人的去留、董事长与CEO二职分离等；二是监事会、独立董事对董事会、经理人员的横向监督，如在公司设立监事会、在董事会中聘请

---

❶ 本研究所指公司治理仅包含内部治理，不涉及外部治理。

独立董事等（朱长春，2014）[381]。学者们认为这两种公司治理机制既存在互补作用又存在替代作用，但总的来说，从公司所有者股东的视角出发，无论是激励机制还是监督机制都有利于维护和加强他们的权益（Hillman and Dalziel，2003；Van Aaken et al.，2017；Jiang et al.，2018）[100,237,115]。

本节将从公司治理视角，以委托代理理论和其他相关理论为基础，推理激励和监督机制如何影响高管对异质性创新知识的选择，进而影响搜寻结构的形成。首先，分别分析激励机制和监督机制对企业外部知识搜寻结构异质性的影响；其次，讨论激励机制和监督机制对企业外部知识搜寻结构异质性的交互作用；最后，选择高管受教育程度作为调节变量，进一步证实前三个主假设论证的合理性和正确性。

1. 公司治理中的激励机制与企业外部知识搜寻结构

根据委托代理理论，基于激励机制的公司治理是直接将经理人的个人收入与企业绩效联系起来，激励经理人为股东利益服务。适当的财务激励能够在经理人和股东之间建立起一个共同的经济纽带，这样可以减少经理人的短视行为，更能激励他们为公司的长远利益考虑（朱长春，2014；石晓军和王骜然，2017）[381,321]。国内外许多研究已经得出一致的结论，例如，Dong 等（2010）[64]指出，高管股权激励对于经理人在研发投入力度上的决策取决于企业进行这种长期投资行为所能带来的未来收益，如果长期投资产生的未来收益大于他们采取短期行为带来的收益，经理人更愿意采取长期投资，以获取更高的个人收益。又如，Balkin 等（2000）[20]以 90 家高科技企业为样本，发现对高管进行奖金激励能够促进企业创新，因为创新是一项高风险的活动，经理人需要高回报来补偿自己承担的高风险。

基于以上分析，本研究认为从提高自身利益和公司利益角度考虑，在创新过程中，经理人更倾向于选择探索式的外部知识搜寻活动。相较于开发式的外部知识搜寻结构，探索式外部知识搜寻结构对管理者和企业运营水平要求更高，且更有不确定性（Wang and Dass，2017）[244]。首先他们需要了解最新的外部知识，其次他们需要在不同的地区和不同的技术领域去发现外部知识。这种各个维度上的远距离搜寻超出了企业所能掌控的地理边界和技术边界，因而需要付出更高的搜寻成本，而且搜寻活动具有较大的不确定性（Li et al.，2008；Petruzzelli，2014）[142,178]。但是，对企业股东来说，他们希望高管能够在创新过程中探索式地搜寻远距离的知识，因为这些远距离的异质性知识虽然搜寻和管理难度大，却能够有效提高企业的创新活力（张洪辉等，2010；徐宁，2013）[365,346]，第4章中企业外部知识搜寻结构与企业绩效的关系分析也证实了多个维度的探索式搜寻结构比开发式搜寻结构更有利于提升企业的创新绩效和财务绩效。股东从企业长远利益出发更青睐远距离的异质性知识，而经理人从个人管理难度出发排斥远距离的异质性知识。所以，如果能够通过激励机制将经理人的个人收益与股东长期利益挂钩，那么经理人将会想方设法克服管理难度，尽力获取异质性的外部知识，在外部知识搜寻中就表现为对多维度探索式搜寻结构的选择（Jensen and Meckling，1976；He and Wang，2009；Sariol and Abebe，2017）[113,96,203]。

综合上述分析，提出假设 H2-1。

H2-1：高管受到的激励程度不同，他们对企业外部知识搜寻结构的选择就不同，激励越大越有助于形成探索式的外部知识搜寻结构。

2. 公司治理中的监督机制与企业外部知识搜寻结构

股东的投资目的是提升企业效率、增加企业价值，从而实现企业的持续发展，以此获取长期收益（党印和鲁桐，2012）[272]。根据前文的分析和讨论，本研究发现，不同的外部知识搜寻结构将会面临不一样的创新风险，也会带来不一样的创新收益。探索式的外部知识搜寻因提供了异质性的外部知识而更有利于企业实现较高的创新绩效和财务绩效。所以，若经理人和股东利益保持一致，那他们在创新活动中可能更倾向于选择能够获得异质性知识的探索式搜寻结构，而不是为了避免风险或逃避责任，仅选用自己熟悉和管理难度小的开发式搜寻结构。

公司治理中的监督机制是指通过会计控制以及其他方式对经理人的管理活动和完成的管理成果进行观测和监管（Tosi et al.，1997）[230]。较为完善的监督机制通常由两方面构成：一方面，股东亲自对经理人进行监督以确保经理人的行为与企业所有者保持一致；另一方面，股东可以通过其他监管者，如董事会和独立董事，对经理人的行为进行监督和制衡，使其与股东利益保持一致（鲁桐和党印，2014）[312]。在股东监督方面，股权集中程度发挥了重要作用。股权集中更利于股东对管理层的行为进行监督，而在股权分散的情况下，更多的小股东可能出现"搭便车"的行为，股东对管理层的制衡也相对较弱，导致更严重的委托代理问题。所以大股东股权越集中，越容易督促高管与股东利益保持一致，从而在创新中形成探索式的外部知识搜寻结构。在其他监管方面，CEO 与董事长两职分离可以加强对高管的监督作用（Boyd，1995）[34]。有些企业为了赋予高管更大的权力，加快管理层的管理决策速度，通常采用 CEO 和董事长二职合一的制度，但事实表明这样往往会产生信息不对称和道德风险等问题（Weisbach，1988；Donaldson and Davis，1991；Davidson et al.，2004；鲁桐和党印，2014）[248,63,60,312]。而两职分离的治理结构对高管起到监督作用，在一定程度上减少了这些问题，有利于企业形成探索式的外部知识搜寻结构。此外，独立董事对管理层实施监督也能够促使经理人在创新中形成探索式的外部知识搜寻结构。首先，他们作为所有者和管理者之外的第三方，从股东利益出发对经理人的行为进行监督，使其行为尽可能地与股东利益保持一致。因此，在独立董事的监督下，经理人更可能选择不利于创造短期收益但有利于实现公司长远利益的探索式外部知识搜寻结构（Balsmeier et al.，2017）[21]。其次，独立董事通常具有丰富的专业知识和背景，而且经常兼任多家企业的独立董事职位，管理和职业经验使他们能够从专业视角为经理人提供创新决策方面的意见，能够鼓励经理人开展有利于企业长远发展的创新活动（鲁桐和党印，2014；石晓军和王骜然，2017）[312,321]。

综合上述分析，提出假设 H2-2。

H2-2：高管受到的监督程度不同，他们对企业外部知识搜寻结构的选择就不同，监督越严越有助于形成探索式的外部知识搜寻结构。

3. 激励机制和监督机制的互补作用

本研究假设公司治理中激励机制和监督机制对企业外部知识搜寻结构

的形成存在互补作用。关于公司治理中激励机制和监督机制的交互作用，过去有些研究认为它们存在替代的作用（Zajac and Westphal, 1994）[260]，也有些研究指出他们存在互补的作用（Tosi et al., 1997）[230]。到底是替代作用还是互补作用，这取决于企业委托代理问题发生的环境。无论是激励机制还是监督机制，其目的都是解决委托代理中信息不对称和利益不一致的问题，以防止代理人因谋求一己私利而产生的各种道德风险（Rutherford et al., 2007）[198]。如果企业面临的是非常不确定的环境，那单一的治理方式可能无法解决委托代理中的问题，因此需要采取"组合拳"的方式才能更好地实现公司治理，这时激励机制和监督机制就表现为互补作用（Ward et al., 2009）[246]。所谓环境不确定，是指治理对象，包括管理者和管理活动，存在较大的不确定性。例如，公司治理是所有者对高管进行控制和监管，以 CEO 为例，因为他们的工作性质与一般员工不同，CEO 不会天天出现在工作车间完成具体的工作，他们负责企业管理决策往往耗时很长，以月或年计算，所以管理者具有高度不确定性，对他们的治理需要多种方式并用才有效（Ward et al., 2009）[246]。又如，当所有者要通过公司治理对创新管理活动进行监督和控制时，单一治理方式也可能失效，因为创新活动是一项十分复杂、耗时长且不透明的管理活动，所有者很难对每一个环节进行监管，也很难通过量化的指标来判断管理者的努力程度和产出（Finkelstein and Mooney, 2003; Rutherford et al., 2007; Aguilera et al., 2018）[72,198,3]。因此，面对这些不确定性相对较高的环境，多种手段并用是更好的治理方式。而外部知识搜寻活动正是企业技术创新中的前端工作，探索式的外部知识搜寻结构因其在多个维度上的远距离搜寻而充满了创新风险和不确定性。所以，相较于不确定性更低的开发式搜寻结构来说，同时发挥激励机制和监督机制的作用，更有利于减少管理风险，使高管和股东利益保持一致，进而有利于形成探索式的外部知识搜寻结构。

综合以上分析，提出假设 H2-3。

H2-3：公司治理中的激励机制和监督机制对形成企业探索式外部知识搜寻结构有互补作用。

4. 高管受教育程度的调节作用

本部分把高管受教育程度作为调节变量,进一步验证和支持以上三个主假设的分析逻辑和作用机制。本研究从高管激励和监督机制,论证内部决策层面在企业外部知识搜寻结构异质性形成过程中起到的作用,无论是加强激励机制,还是完善监督机制,其作用都是减少委托代理问题,降低代理风险,使代理人(高管)能够为委托人(股东)谋取更高利益(鲁桐和党印,2014)[312]。基于以上逻辑,本研究认为高管受教育程度可能会在其中起到一定的调节作用。通常,高管受教育程度越高,意味着他们的个人修养和素质越高。相较于高管素质较低的企业来说,那些高管具有较高个人修养和素质的企业,面临的道德风险更低,代理问题更少(李连华,2017)[299]。因此,对于高素质的高管,只需要适当的激励或监督,就可以使其与股东保持利益一致,选择搜寻远距离的异质性知识,从而更有利于形成探索式外部知识搜寻结构。此外,高管受教育程度会使激励机制和监督机制的互补作用减弱。因为高管受教育程度越高,越容易自觉地行使自己的代理责任,在管理中做出能为股东带来最大利益的决策。所以,股东不需要采取"组合拳"的方式同时对高管施行较大程度的激励和监督,他们也会更倾向于择探索式的外部知识搜寻结构。也就是说,高管的受教育程度越高,激励机制和监督机制的互补作用越不明显。

综合以上分析,提出下面三个假设。

H2-4:当高管受教育程度越高时,公司治理中的激励机制对形成探索式外部知识搜寻结构的正向作用越强。

H2-5:当高管受教育程度越高时,公司治理中的监督机制对形成探索式外部知识搜寻结构的正向作用越强。

H2-6:当高管受教育程度越高时,公司治理中的激励机制和监督机制对形成探索式外部知识搜寻结构的互补作用越弱。

5.2.2 研究设计

1. 样本选择

本实证数据来源在 5.1 节的基础上增加了企业高管层面的数据，因部分企业数据缺失，样本选择有所差异，但分析单元仍然是每一件发明专利。由于本部分实证旨在验证高管激励和监督在外部知识搜寻空间结构异质性形成中的作用，发明人外部合作网络的指标（结构洞有效规模和接近中心度）没有包含在分析中。这样做是为了保留更多的有效样本，因为大部分发明人没有参与外部合作，缺失合作网络指标。为了不缺失外部合作信息，本实证在发明人层面保留了一个简单指标，即发明人过去是否有外部合作。除了包括 USPTO 的美国发明专利数据，本部分实证主要来自 Compustat 数据库的企业信息，如子数据库 Executive Compensation 数据库里面的 CEO 持股比例、大股东持股比例、CEO 与董事长是否二职合一；Company and Organizational Networks 数据库中的独立董事占比；以及其他企业信息。剔除数据缺失样本后，最终获得 1997—2001 年，29 家美国上市医药公司，5023 个有完整信息的发明专利[1]。

2. 变量与模型

因变量（Dependent variables）：同样，本实证因变量构成了专利层面的外部知识搜寻空间结构。首先根据后向引文计算出每个专利在三个维度上的中位数；其次通过与所有专利样本的比较，把三个维度分别按照中位数区分为开发-探索[2]；最后按探索维度的多少将所有专利划分为四类搜寻结构：每个维度都不探索（Zero dimension）、只在一个维度探索（One dimension）、在两个维度探索（Two dimensions）、同时在三个维度探索（Three dimensions），Zero dimension 作为参照组。

自变量（Independent variables）：自变量是公司治理中的高管激励机制

---

[1] Compustat 数据库中仅披露了 1996—2001 年部分公司的大股东持股比例数据，变量滞后一期后保留了 29 家企业 1997—2001 年的数据。

[2] 大于中位数为探索，否则为开发。

和高管监督机制。根据已有文献,选用 CEO 持股比例(CEO hold)来测量激励机制的强度,即 CEO 上一年持有公司股票占公司普通股总股数的比例。通常来说,高管激励包括固定薪酬和可变薪酬激励,由于企业创新活动的效益在未来很长一段时间内才能显现,因此采用与股权挂钩的可变报酬更能凸显其激励作用(汝毅等,2016)[318]。借鉴已有研究(吕景胜和邓汉,2010;肖星和陈婵,2013)[313,342],监督机制(Governance)选用大股东持股比例、独立董事占比(Ratio of outsiders)和 CEO 与董事长二职合一(CEO duality)。大股东持股比例是指持股超过 5% 的所有股东的持股比例之和;独立董事占比是公司独立董事数量占董事会成员数量的比重;若 CEO 与董事长二职合一,则取值为 1,否则为 0。将上述大股东持股比例和独立董事占比的值分别通过排序标准化为 0-1 的变量,再减去 CEO 与董事长二职合一的值,即标准化后的大股东持股比例 + 标准化后的独立董事比例 - CEO 二职合一,从而得到监督机制的值,该值越大表示监督作用越强。

调节变量(Moderate variables):本实证选用高管受教育程度作为调节变量来进一步证实主假设推理逻辑的正确性。根据数据的可获得性,用 CEO 的教育水平作为代理变量。根据原始数据,把 CEO 学习经历分为以下几类:博士及以上、一般硕士研究生、MBA、本科、其他,依次取值 5、4、3、2、1。

控制变量(Control variables):与 5.1 节中的实证保持一致,多个层面的控制变量被纳入模型中,尽可能地控制其他因素对企业外部知识搜寻结构的影响。来自专利层面的因素包括专利的技术领域个数(No. of IPC);专利的权利要求个数(No. of claims);专利是否为企业的核心技术领域(Core),若为核心技术领域,则该指标取 1,否则取 0,具体计算方法同 5.1 节。发明人层面首先控制了发明人的外部合作情况(Whether external),如果发明人过去五年与企业外的其他发明人合作申请过专利,则取 1,否则取 0。稳健性检验中用过去三年的指标替代,结果基本保持一致。除此之外,与 5.1 节的实证一样,还控制了发明人过去五年申请的专利数量（Inventor patent stock），发明人的知识宽度（Inventor expertise breadth），发明人的任期（Inventor tenure），发明人所在地是否与企业总部位于同一地区（Inventor in headquarters）。企业层面除了激励机制和监督机制外，还控制了企业规模（Total assets），资产负债率（Lev），未吸收的资产冗余（Unabsorbed slack）和潜在的资产冗余（Potential slack），研发投入金额（R&D），企业过去五年的专利申请量（Firm patent stock），企业的知识宽度（Firm knowledge breadth）。在区域层面，控制了该区域过去的创新能力（Regional patent stock）。为了减少不可观测因素的影响和可能存在的部分因果转置问题，本研究中的连续性指标均做了滞后一期的处理。为了缓解可能存在的数据偏态性，大部分指标都使用加 1 取对数的方法。为了减少极端值对回归结果的影响，回归前所有连续变量都进行了 1% 的两端缩尾处理。此外，企业、申请时间、技术领域等虚拟变量也被控制。表 5 – 7 列出了该实证中涉及的所有变量及其简介。

同上部分实证一致，因为因变量是分类变量，所以选用 Mlogit 回归。Mlogit 回归中系数估计方式如同式（5 – 4）所示，其中 $j = 1$ 是参照组，本实证中仍然选取 Zero dimension 作为参照组，回归系数均为其他各组与该组的比较结果，用以分析公司治理对探索式搜寻结构的影响。

表 5 – 7 相关变量简介

变量简称	变量含义	计算方法简介
因变量（Dependent variables）		
Dimensions	外部知识搜寻空间结构	首先把三个维度分别按照中位数区分为开发 – 探索，然后按探索维度的多少区分为四类搜寻结构，即每个维度都不探索（Zero dimension）、只在一个维度探索（One dimension）、在两个维度探索（Two dimensions）、同时在三个维度探索（Three dimensions），回归中 Zero dimension 为对照组

续表

变量简称	变量含义	计算方法简介
自变量（Independent variables）		
激励机制		
CEO hold	CEO 持股比例	CEO 持有的股票占公司普通股股票的比例
监督机制		
Governance	内部监督机制	标准化后的大股东持股比例 + 标准化后的独立董事比例 − CEO 二职合一
调节变量（Moderated variables）		
CEO education*	CEO 受教育程度	根据学位取值（博士及以上 5，一般硕士研究生 4，MBA 3，本科 2，其他 1）
控制变量（Control variables）		
专利层面（Patent level）		
No. of IPC*	IPC 数量	专利所属技术领域的个数
No. of claims*	权利要求数量	专利权利要求的个数
Core	是否企业核心专利	PS 大于 3% 且 RTA 大于 4 的专利，取值为 1，否则为 0
发明人层面（Inventor level）		
Whether external	发明人外部合作	发明人参与外部合作，取值为 1，否则为 0
Inventor patent stock*	发明人专利数量	发明人过去五年申请的专利数量
Inventor expertise breadth*	发明人的知识宽度	发明人过去五年申请专利涵盖的技术领域个数
Inventor tenure*	发明人任期	观测年份减去发明人第一次申请专利的年份
Inventor in headquarters	发明人是否在总部	发明人所在地与企业总部所在地距离小于 30 英里，取值为 1，否则为 0
企业层面（Firm level）		
Total assets*	总资产	企业的资产总额
Lev	资产负债率	企业负债总额除以资产总额

续表

变量简称	变量含义	计算方法简介
Unabsorbed slack	未吸收的冗余资产	企业流动资产除以流动负债
Potential slack	潜在的冗余资产	企业负债总额除以所有者权益总额
R&D	研发投入强度	企业研发投入金额除以总资产
Firm patent stock*	企业专利数量	企业过去五年申请的专利数量
Firm knowledge breadth*	企业的知识宽度	企业过去五年申请专利涵盖的技术领域个数
区域层面（Regional level）		
Regional patent stock*	地区专利数量	发明人所在地过去一年的专利申请数量
其他控制变量（Others）		
Firms id	企业效应	根据企业代码生成的虚拟变量
Application years	时间效应	根据专利申请时间生成的虚拟变量
Technological classes	技术效应	根据专利技术领域生成的虚拟变量

注：标*的变量均取自然对数 ln（variable + 1）；发明人所在地精确到市。

5.2.3 实证结果

表 5-8 是本实证中所有变量的描述性统计结果和相关系数矩阵（除了时间和技术虚拟变量之外）。虽然有部分控制变量之间的相关系数在 0.6 以上，但是回归之后计算各个模型中的方差膨胀因子（VIF），其中最大值为 5.81，小于临界值 10，可以认为这些变量之间的多重共线性问题对回归结果没有产生重大影响（Ryan，1997）[199]。但是，为了进一步排除高度相关变量之间的相互影响，本研究在稳健性检验中将相关系数高于 0.5 的这些控制变量依次放入模型中进行回归，结果基本保持一致。

第 5 章 外部知识搜寻空间结构异质性的形成机制

表 5-8 描述统计与相关系数矩阵

Variables	Mean	S.D.	Min	Max	1	2	3	4	5	6	7	8	9	10	11	12	13	14	15	16	17	18	19
1. Dimensions	2.501	0.855	1.000	4.000	1.000																		
2. CEO hold	2.31	0.499	0.020	22.620	0.108	1.000																	
3. Governance	-0.466	0.533	-1.000	1.000	0.178	0.344	1.000																
4. CEO education	3.097	1.174	1.000	5.000	-0.010	0.025	-0.187	1.000															
5. No. of IPC	1.736	0.642	0.693	3.497	-0.019	-0.044	-0.008	0.050	1.000														
6. No. of claims	2.639	0.750	0.693	4.357	-0.043	0.045	0.040	-0.056	0.135	1.000													
7. Core	0.623	0.485	0.000	1.000	-0.054	0.093	0.197	-0.019	0.052	0.022	1.000												
8. Inventor patent stock	1.278	1.062	0.000	3.829	-0.067	0.024	0.055	0.033	0.075	-0.026	0.172	1.000											
9. Inventor expertise breadth	1.161	0.929	0.000	3.091	-0.071	0.015	0.052	0.041	0.072	-0.029	0.154	0.686	1.000										
10. Inventor tenure	1.320	0.987	0.000	3.219	-0.006	-0.001	-0.007	0.002	0.049	-0.024	0.115	0.666	0.685	1.000									
11. Inventor in headquarters	0.459	0.498	0.000	1.000	-0.093	0.020	0.219	0.018	0.033	-0.017	0.004	0.127	0.122	0.089	1.000								
12. Whether external	0.164	0.370	0.000	1.000	-0.014	0.109	0.031	0.057	0.045	0.018	0.016	0.335	0.335	0.260	-0.101	1.000							
13. Total assets	9.098	1.301	4.605	10.594	0.317	-0.495	-0.639	0.028	0.025	-0.052	-0.106	-0.017	-0.033	0.027	-0.237	0.031	1.000						
14. Lev	0.526	0.172	0.100	1.276	0.293	0.262	0.036	-0.336	-0.131	0.041	-0.028	0.004	-0.012	0.029	-0.162	0.005	0.123	1.000					
15. Unabsorbed slack	0.577	0.401	0.051	1.743	-0.241	-0.218	-0.330	-0.272	0.018	-0.016	-0.117	-0.003	-0.015	0.009	-0.007	-0.060	0.384	-0.110	1.000				
16. Potential slack	1.249	1.110	-3.627	6.485	0.067	0.287	-0.062	-0.087	-0.049	0.022	-0.014	-0.045	-0.057	-0.004	-0.134	0.079	0.108	0.389	-0.093	1.000			
17. R&D	0.095	0.062	0.011	0.454	-0.116	0.341	0.481	0.069	0.042	0.002	0.049	0.002	0.008	-0.052	0.172	-0.027	-0.607	-0.249	-0.226	-0.193	1.000		
18. Firm patent stock	6.076	0.945	2.303	6.939	0.164	-0.644	-0.455	0.042	0.032	-0.087	-0.150	0.032	0.026	0.033	0.013	-0.122	0.629	-0.013	0.309	-0.133	-0.346	1.000	
19. Firm knowledge breadth	3.461	0.630	1.609	4.357	0.167	-0.538	-0.564	-0.051	-0.020	-0.027	-0.291	-0.019	-0.021	0.019	-0.113	-0.093	0.569	0.263	0.323	0.027	-0.361	0.695	1.000
20. Regional patent stock	3.586	1.596	0.000	6.886	-0.090	0.011	0.156	-0.019	0.023	0.010	0.069	0.120	0.123	0.074	0.159	0.057	-0.206	-0.087	-0.089	-0.014	0.036	-0.064	-0.175

注：其他虚拟变量未列入本表。

表5-9所示为Mlogit的回归结果。其中模型（1）、模型（2）、模型（3）检验CEO持股比例与企业外部知识搜寻结构的关系，仅在一个维度[模型（1）]和两个维度[模型（2）]中，自变量的系数显著，分别在10%和5%的显著性水平下为正，表明和参照组Zero dimension相比，对CEO的股权激励越强，越有助于促进一个维度和两个维度探索式搜寻结构的形成。进一步进行T检验发现两个系数大小没有显著差异（见表5-10）。因此，假设H2-1基本获得了验证，即CEO奖金激励对企业探索式的外部知识搜寻结构有正向促进作用，尤其是一个维度和两个维度的探索式外部知识搜寻结构。

模型（4）、模型（5）、模型（6）检验监督机制与外部知识搜寻结构的关系，三个模型中自变量的系数均为正，且分别在10%、1%和1%的水平下显著。T检验结果显示，模型（4）和模型（5）中的系数没有显著差异，但和模型（6）中的系数有显著差异，模型（5）和模型（6）中的系数也有显著差异（见表5-11）。说明与参照组Zero dimension相比，监督机制越完善，越有助于形成探索式的搜寻结构，尤其是多个维度的探索式搜寻结构。因此，假设H2-2也获得了验证，即高管监督机制越完善，企业越容易形成探索式的外部知识搜寻结构。

模型（10）、模型（11）、模型（12）检验激励机制和监督机制对外部知识搜寻结构的交互作用，为了减少共线性的问题，在构建交叉项之前，涉及的自变量都做了相应的中心化处理[6]。三个模型中，模型（10）和模型（11）中交叉项的系数分别在1%和5%的显著性水平下为正，但T检验显示不存在显著差异（见表5-12）。图5-6是交叉项的调节图。回归结果和调节图共同说明，与参照组Zero dimension相比，在激励机制和监督机制的交互作用下，有助于形成一个维度和两个维度的探索式搜寻结构。因此，假设H2-3基本获得验证，说明激励机制和监督机制在形成探索式外部知识搜寻结构上存在互补作用。

表 5-9 高管激励、高管监督及其交互项与搜寻结构的关系

Variables	(1) One	(2) Two	(3) Three	(4) One	(5) Two	(6) Three	(7) One	(8) Two	(9) Three	(10) One	(11) Two	(12) Three
CEO hold	0.293 * (0.161)	0.440 ** (0.178)	0.075 (0.248)				0.303 * (0.156)	0.457 *** (0.173)	0.098 (0.260)	0.209 (0.187)	0.507 ** (0.205)	0.278 (0.302)
Governance				0.286 * (0.150)	0.410 *** (0.155)	0.959 *** (0.192)	0.303 ** (0.152)	0.437 *** (0.157)	0.975 *** (0.194)	0.454 ** (0.188)	0.675 *** (0.194)	1.175 *** (0.236)
Hold × Gov										2.215 *** (0.758)	1.755 ** (0.779)	0.774 (0.966)
CEO education	−0.146 *** (0.047)	−0.282 *** (0.050)	−0.212 *** (0.069)	−0.092 * (0.048)	−0.204 *** (0.050)	−0.113 * (0.066)	−0.119 ** (0.049)	−0.243 *** (0.052)	−0.130 * (0.070)	−0.108 * (0.056)	−0.234 *** (0.059)	−0.125 * (0.075)
No. of IPC	−0.077 (0.073)	−0.146 * (0.077)	−0.446 *** (0.102)	−0.075 (0.073)	−0.144 * (0.077)	−0.449 *** (0.102)	−0.079 (0.073)	−0.150 * (0.077)	−0.454 *** (0.102)	−0.077 (0.077)	−0.153 * (0.081)	−0.481 *** (0.106)
No. of claims	−0.107 (0.069)	−0.252 *** (0.072)	−0.401 *** (0.088)	−0.122 * (0.069)	−0.273 *** (0.073)	−0.430 *** (0.089)	−0.116 * (0.069)	−0.265 *** (0.073)	−0.425 *** (0.089)	−0.146 ** (0.073)	−0.287 *** (0.076)	−0.440 *** (0.092)
Core	−2.765 *** (0.272)	−3.843 *** (0.271)	−4.952 *** (0.289)	−2.761 *** (0.271)	−3.837 *** (0.270)	−4.948 *** (0.289)	−2.760 *** (0.272)	−3.836 *** (0.271)	−4.953 *** (0.290)	−2.726 *** (0.272)	−3.803 *** (0.271)	−4.890 *** (0.290)
Inventor patent stock	0.198 (0.248)	−0.165 (0.266)	−0.566 (0.412)	0.214 (0.247)	−0.147 (0.266)	−0.617 (0.409)	0.183 (0.248)	−0.191 (0.267)	−0.630 (0.410)	0.023 (0.254)	−0.347 (0.274)	−0.770 * (0.414)
Inventor expertise breadth	−0.182 (0.305)	0.324 (0.326)	0.844 * (0.483)	−0.195 (0.304)	0.313 (0.326)	0.904 * (0.480)	−0.170 (0.306)	0.348 (0.327)	0.910 * (0.482)	0.019 (0.315)	0.576 * (0.337)	1.113 ** (0.489)
Inventor tenure	−0.086 (0.078)	−0.371 *** (0.085)	−0.581 *** (0.117)	−0.087 (0.078)	−0.373 *** (0.085)	−0.586 *** (0.117)	−0.085 (0.078)	−0.370 *** (0.085)	−0.586 *** (0.117)	−0.063 (0.081)	−0.381 *** (0.088)	−0.592 *** (0.120)
Inventor in headquarters	−0.132 (0.105)	0.053 (0.110)	0.191 (0.140)	−0.123 (0.106)	0.058 (0.110)	0.159 (0.142)	−0.136 (0.105)	0.039 (0.110)	0.145 (0.142)	−0.084 (0.111)	0.084 (0.116)	0.203 (0.146)

续表

Variables	(1) One	(2) Two	(3) Three	(4) One	(5) Two	(6) Three	(7) One	(8) Two	(9) Three	(10) One	(11) Two	(12) Three
Whether external	-0.091 (0.134)	0.119 (0.142)	-0.455** (0.207)	-0.108 (0.135)	0.087 (0.142)	-0.508** (0.208)	-0.115 (0.134)	0.081 (0.142)	-0.516** (0.208)	-0.185 (0.139)	0.012 (0.146)	-0.553*** (0.213)
Total assets	-0.030 (0.057)	0.095 (0.062)	0.283*** (0.094)	-0.016 (0.061)	0.114* (0.066)	0.431*** (0.097)	0.001 (0.060)	0.142** (0.065)	0.430*** (0.097)	-0.096 (0.078)	0.111 (0.084)	0.413*** (0.122)
Lev	-1.197*** (0.382)	-2.612*** (0.408)	-1.900*** (0.588)	-1.052*** (0.329)	-2.452*** (0.365)	-2.395*** (0.561)	-1.383*** (0.387)	-2.888*** (0.416)	-2.561*** (0.632)	-1.394*** (0.401)	-2.670*** (0.434)	-2.080*** (0.688)
Unabsorbed slack	-0.445*** (0.144)	-0.657*** (0.155)	-0.429** (0.201)	-0.335** (0.142)	-0.493*** (0.150)	-0.297 (0.198)	-0.392*** (0.145)	-0.587*** (0.156)	-0.302 (0.206)	-0.476*** (0.155)	-0.675*** (0.168)	-0.320 (0.225)
Potential slack	-0.013 (0.039)	-0.038 (0.044)	-0.081 (0.076)	0.018 (0.037)	0.009 (0.043)	-0.056 (0.072)	-0.004 (0.039)	-0.025 (0.044)	-0.057 (0.082)	0.007 (0.118)	-0.159 (0.134)	-0.279 (0.213)
R&D	-0.022 (0.996)	0.919 (1.076)	4.082*** (1.352)	-0.300 (1.029)	0.563 (1.099)	2.231 (1.476)	-0.773 (1.012)	-0.130 (1.107)	2.029 (1.435)	-0.363 (1.326)	0.292 (1.430)	2.072 (1.867)
Firm patent stock	0.311*** (0.108)	0.365*** (0.116)	0.334** (0.164)	0.180* (0.105)	0.164 (0.112)	0.090 (0.159)	0.267** (0.111)	0.298** (0.120)	0.142 (0.166)	0.354*** (0.130)	0.323** (0.139)	0.099 (0.181)
Firm knowledge breadth	-0.077 (0.169)	-0.188 (0.178)	-0.408* (0.231)	0.056 (0.185)	0.014 (0.195)	0.135 (0.250)	0.085 (0.185)	0.051 (0.195)	0.139 (0.251)	-0.006 (0.209)	-0.002 (0.222)	0.128 (0.281)
Regional patent stock	0.025 (0.029)	0.018 (0.031)	0.095** (0.043)	0.019 (0.029)	0.011 (0.031)	0.089** (0.043)	0.024 (0.030)	0.017 (0.032)	0.095** (0.043)	0.026 (0.031)	0.012 (0.033)	0.083* (0.044)
Constant	4.023*** (0.713)	5.220*** (0.787)	3.519*** (1.069)	4.201*** (0.695)	5.538*** (0.751)	2.407** (1.041)	3.683*** (0.727)	4.720*** (0.799)	2.219** (1.101)	3.585*** (0.739)	4.677*** (0.801)	1.922* (1.095)
Observations	5023	5023	5023	5023	5023	5023	5023	5023	5023	5023	5023	5023
R^2	0.110	0.110	0.110	0.111	0.111	0.111	0.111	0.111	0.111	0.112	0.112	0.112

注: Robust standard errors in parentheses; *** $p<0.01$, ** $p<0.05$, * $p<0.1$; one, two, and three are one dimension, two dimensions, and three dimensions; firm id/application years/technological classes are included.

第5章 外部知识搜寻空间结构异质性的形成机制

表5-10 激励机制对几种搜寻结构作用的 T 检验结果

T – test	One dimension	Two dimensions	Three dimensions
One dimension	—		
Two dimensions	$F=1.28$ ($p=0.2576$)	—	
Three dimensions	—	—	

表5-11 监督机制对几种搜寻结构作用的 T 检验结果

T – test	One dimension	Two dimensions	Three dimensions
One dimension	—		
Two dimensions	$F=1.35$ ($p=0.2445$)	—	
Three dimensions	$F=19.39$ ($p=0.0000$)	$F=14.48$ ($p=0.0001$)	—

表5-12 激励和监督机制对几种搜寻结构交互作用的 T 检验结果

T – test	One dimension	Two dimensions	Three dimensions
One dimension	—		
Two dimensions	$F=0.93$ ($p=0.3348$)	—	
Three dimensions	—	—	—

表5-13显示了CEO受教育程度作为调节变量的回归结果。同样，为了减少共线性的影响，交互项构建之前，相关变量都做了中心化处理。其中模型（1）、模型（2）、模型（3）是CEO受教育程度对激励机制和搜寻结构关系的调节作用。三个模型中，模型（1）和模型（2）的交叉项系数分别在1%和5%的显著性水平下为正，调节图5-7也显示CEO受教育程度正向调节激励机制对一个维度和两个维度探索式搜寻结构的促进作用，假设H2-4得以验证。

模型（4）、模型（5）、模型（6）检验了CEO受教育程度对监督机制和搜寻结构关系的调节作用，三个交叉项的系数分别在5%、1%和1%的

145

显著性水平下为正，同样，调节图 5-8 显示 CEO 受教育程度正向调节监督机制对三种探索式结构的促进作用，假设 H2-5 被验证。

模型（7）、模型（8）、模型（9）检验 CEO 受教育程度对激励机制和监督机制互补作用的调节，仅模型（7）和模型（8）中交叉项的结果分别在 5% 和 10% 的显著性水平下为正。为了更加清晰地展现 CEO 受教育程度对交互项的调节作用，选取均值加减一个标准差作出调节图，如图 5-9 所示，CEO 受教育程度较高时，激励机制和监督机制对形成一个维度和两个维度探索式搜寻结构的互补作用减弱，假设 H2-6 得到验证。

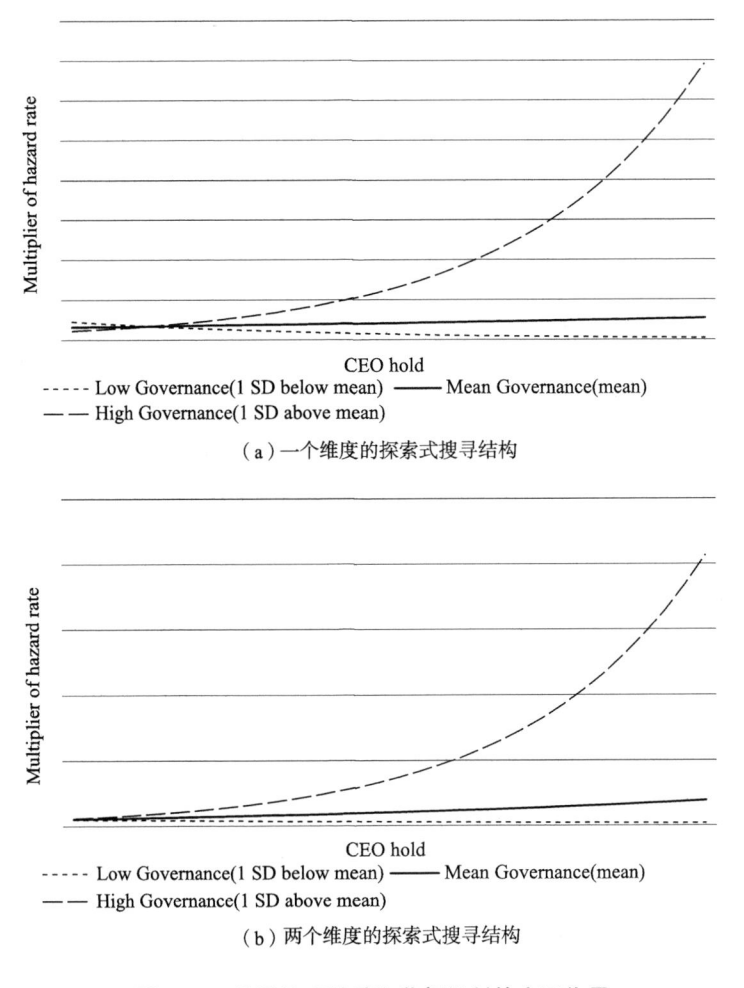

（a）一个维度的探索式搜寻结构

（b）两个维度的探索式搜寻结构

图 5-6 公司治理激励和监督机制的交互作用

表 5-13 CEO 受教育程度的调节作用

Variables	(1) One	(2) Two	(3) Three	(4) One	(5) Two	(6) Three	(7) One	(8) Two	(9) Three	(10) One	(11) Two	(12) Three
CEO hold	0.297 (0.203)	0.611*** (0.219)	0.264 (0.342)	0.204 (0.187)	0.509** (0.205)	0.282 (0.302)	0.192 (0.191)	0.496** (0.209)	0.227 (0.302)	0.313 (0.210)	0.644*** (0.227)	0.303 (0.328)
Governance	0.353* (0.188)	0.548*** (0.196)	0.977*** (0.242)	0.458** (0.189)	0.659*** (0.195)	1.181*** (0.237)	0.470** (0.192)	0.694*** (0.198)	1.118*** (0.241)	0.333* (0.196)	0.507** (0.202)	0.853*** (0.253)
Hold × Gov	1.596** (0.772)	1.139*** (0.237)	0.425 (0.622)	2.311*** (0.769)	1.596** (0.781)	0.808 (0.975)	2.255*** (0.749)	1.818** (0.772)	0.484 (0.998)	1.596** (0.789)	1.143*** (0.237)	0.736 (0.817)
Hold × Edu	0.220*** (0.084)	0.156** (0.072)	0.062 (0.091)							0.221*** (0.085)	0.152** (0.074)	0.052 (0.100)
Gov × Edu				0.200** (0.100)	0.273*** (0.106)	0.648*** (0.174)				0.214** (0.104)	0.304*** (0.110)	0.575*** (0.172)
Hold × Gov × Edu							−0.310** (0.158)	−0.204* (0.118)	−0.154 (0.165)	−0.311** (0.158)	−0.210* (0.117)	−0.128 (0.108)
CEO education	−0.082 (0.057)	−0.202*** (0.059)	−0.078 (0.079)	−0.127** (0.062)	−0.209*** (0.064)	−0.133 (0.083)	−0.123* (0.066)	−0.241*** (0.069)	−0.232*** (0.090)	−0.082 (0.070)	−0.155** (0.073)	−0.118 (0.097)
No. of IPC	−0.081 (0.077)	−0.158* (0.081)	−0.495*** (0.106)	−0.077 (0.077)	−0.154* (0.081)	−0.479*** (0.106)	−0.077 (0.077)	−0.153* (0.081)	−0.480*** (0.106)	−0.081 (0.077)	−0.161** (0.081)	−0.495*** (0.106)
No. of claims	−0.145** (0.073)	−0.286*** (0.077)	−0.441*** (0.093)	−0.146** (0.073)	−0.286*** (0.076)	−0.440*** (0.092)	−0.146** (0.073)	−0.287*** (0.076)	−0.444*** (0.092)	−0.145** (0.073)	−0.285*** (0.077)	−0.444*** (0.093)

续表

Variables	(1) One	(2) Two	(3) Three	(4) One	(5) Two	(6) Three	(7) One	(8) Two	(9) Three	(10) One	(11) Two	(12) Three
Core	-2.715*** (0.272)	-3.785*** (0.271)	-4.877*** (0.291)	-2.728*** (0.272)	-3.799*** (0.271)	-4.893*** (0.290)	-2.725*** (0.272)	-3.800*** (0.271)	-4.894*** (0.291)	-2.716*** (0.272)	-3.779*** (0.271)	-4.875*** (0.290)
Inventor patent stock	0.051 (0.256)	-0.315 (0.275)	-0.703* (0.416)	0.033 (0.256)	-0.367 (0.275)	-0.767* (0.414)	0.026 (0.255)	-0.349 (0.274)	-0.710* (0.411)	0.060 (0.257)	-0.338 (0.277)	-0.686* (0.415)
Inventor expertise breadth	-0.005 (0.316)	0.550 (0.338)	1.048** (0.491)	0.008 (0.316)	0.599* (0.338)	1.107** (0.490)	0.015 (0.315)	0.579* (0.337)	1.034** (0.485)	-0.015 (0.317)	0.578* (0.340)	1.023** (0.490)
Inventor tenure	-0.071 (0.081)	-0.390*** (0.088)	-0.602*** (0.120)	-0.063 (0.081)	-0.381*** (0.088)	-0.591*** (0.120)	-0.063 (0.081)	-0.381*** (0.088)	-0.585*** (0.120)	-0.071 (0.082)	-0.392*** (0.088)	-0.598*** (0.120)
Inventor in headquarters	-0.102 (0.112)	0.057 (0.116)	0.155 (0.146)	-0.086 (0.112)	0.084 (0.116)	0.199 (0.146)	-0.092 (0.113)	0.080 (0.117)	0.158 (0.147)	-0.096 (0.113)	0.060 (0.117)	0.135 (0.148)
Whether external	-0.213 (0.140)	-0.024 (0.146)	-0.607*** (0.214)	-0.181 (0.139)	0.005 (0.146)	-0.551*** (0.213)	-0.187 (0.139)	0.010 (0.146)	-0.550*** (0.212)	-0.208 (0.140)	-0.035 (0.147)	-0.607*** (0.214)
Total assets	-0.144* (0.081)	0.041 (0.087)	0.299** (0.127)	-0.099 (0.078)	0.121 (0.085)	0.411*** (0.122)	-0.099 (0.078)	0.111 (0.084)	0.378*** (0.122)	-0.146* (0.081)	0.048 (0.088)	0.287** (0.129)
Lev	-1.012 (0.857)	-2.000** (0.945)	-1.757 (1.535)	-0.949 (0.875)	-1.878** (0.944)	-1.042 (1.370)	-0.963 (0.871)	-1.886** (0.941)	-0.667 (1.416)	-1.024 (0.861)	-2.051** (0.948)	-1.403 (1.605)

第5章 外部知识搜寻空间结构异质性的形成机制

续表

Variables	(1) One	(2) Two	(3) Three	(4) One	(5) Two	(6) Three	(7) One	(8) Two	(9) Three	(10) One	(11) Two	(12) Three
Unabsorbed slack	-0.404**	-0.582***	-0.137	-0.488***	-0.662***	-0.324	-0.484***	-0.680***	-0.363	-0.404**	-0.552***	-0.151
	(0.160)	(0.172)	(0.227)	(0.156)	(0.169)	(0.226)	(0.155)	(0.168)	(0.228)	(0.162)	(0.174)	(0.229)
Potential slack	0.066	-0.067	0.001	0.002	-0.148	-0.292	0.014	-0.153	-0.301	0.060	-0.050	-0.043
	(0.122)	(0.141)	(0.274)	(0.118)	(0.134)	(0.216)	(0.120)	(0.135)	(0.226)	(0.123)	(0.143)	(0.281)
R&D	-0.100	0.590	2.366	-0.388	0.369	1.993	-0.626	0.156	0.168	0.200	0.958	1.351
	(1.348)	(1.452)	(1.919)	(1.343)	(1.433)	(1.903)	(1.396)	(1.505)	(2.082)	(1.496)	(1.592)	(2.113)
Firm patent stock	0.369***	0.353**	0.130	0.349***	0.328**	0.100	0.355***	0.322**	0.119	0.364***	0.365***	0.155
	(0.130)	(0.140)	(0.189)	(0.130)	(0.140)	(0.181)	(0.129)	(0.139)	(0.184)	(0.130)	(0.141)	(0.190)
Firm knowledge breadth	0.015	0.032	0.195	-0.004	-0.009	0.123	0.002	0.005	0.149	0.012	0.021	0.190
	(0.211)	(0.224)	(0.286)	(0.210)	(0.222)	(0.281)	(0.209)	(0.222)	(0.284)	(0.212)	(0.225)	(0.288)
Regional patent stock	0.018	0.002	0.070	0.027	0.011	0.083*	0.027	0.012	0.088**	0.018	-0.001	0.072
	(0.031)	(0.033)	(0.044)	(0.031)	(0.033)	(0.044)	(0.031)	(0.033)	(0.044)	(0.031)	(0.033)	(0.044)
Constant	3.831***	4.148***	2.084*	3.685***	3.698***	1.505	3.834***	4.014***	1.726	4.034***	4.043***	1.954
	(0.768)	(0.839)	(1.174)	(0.782)	(0.863)	(1.177)	(0.781)	(0.854)	(1.202)	(0.794)	(0.874)	(1.224)
Observations	5023	5023	5023	5023	5023	5023	5023	5023	5023	5023	5023	5023
R^2	0.113	0.113	0.113	0.112	0.112	0.112	0.112	0.112	0.112	0.114	0.114	0.114

注: Robust standard errors in parentheses; *** $p<0.01$, ** $p<0.05$, * $p<0.1$; one, two, and three are one dimension, two dimensions, and three dimensions; firm id/application years/technological classes are included.

(a) 一个维度的探索式搜寻结构

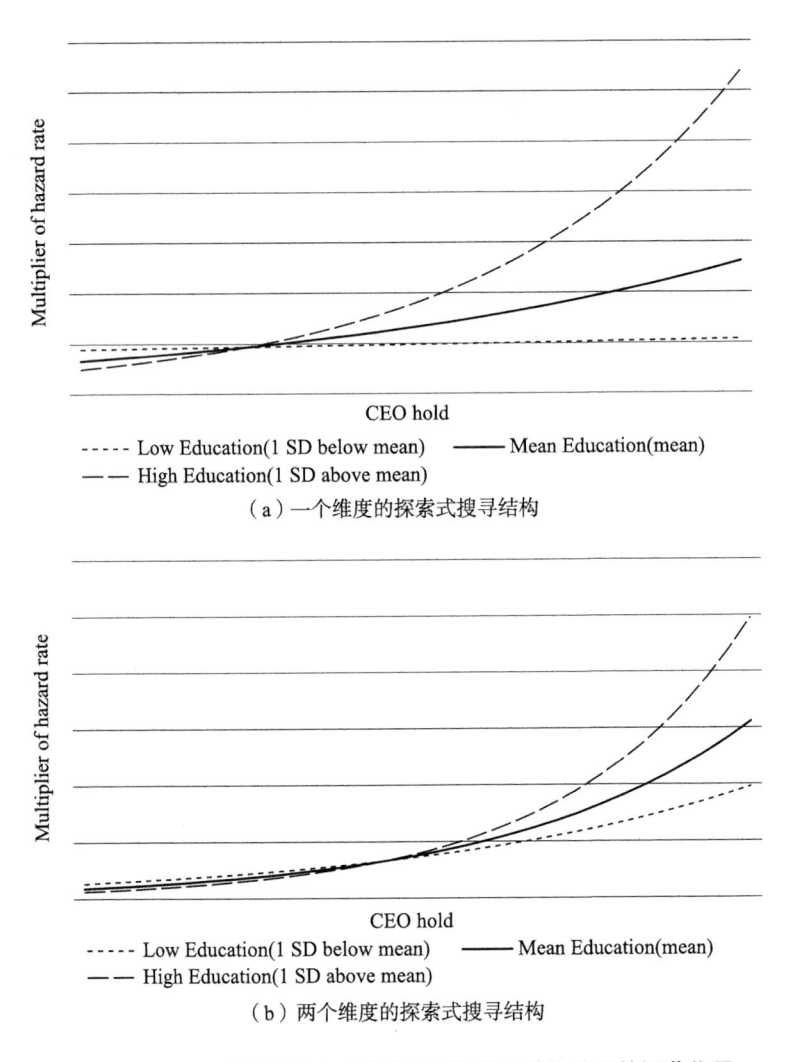

(b) 两个维度的探索式搜寻结构

图 5-7　CEO 受教育程度对激励机制和搜寻结构关系的调节作用

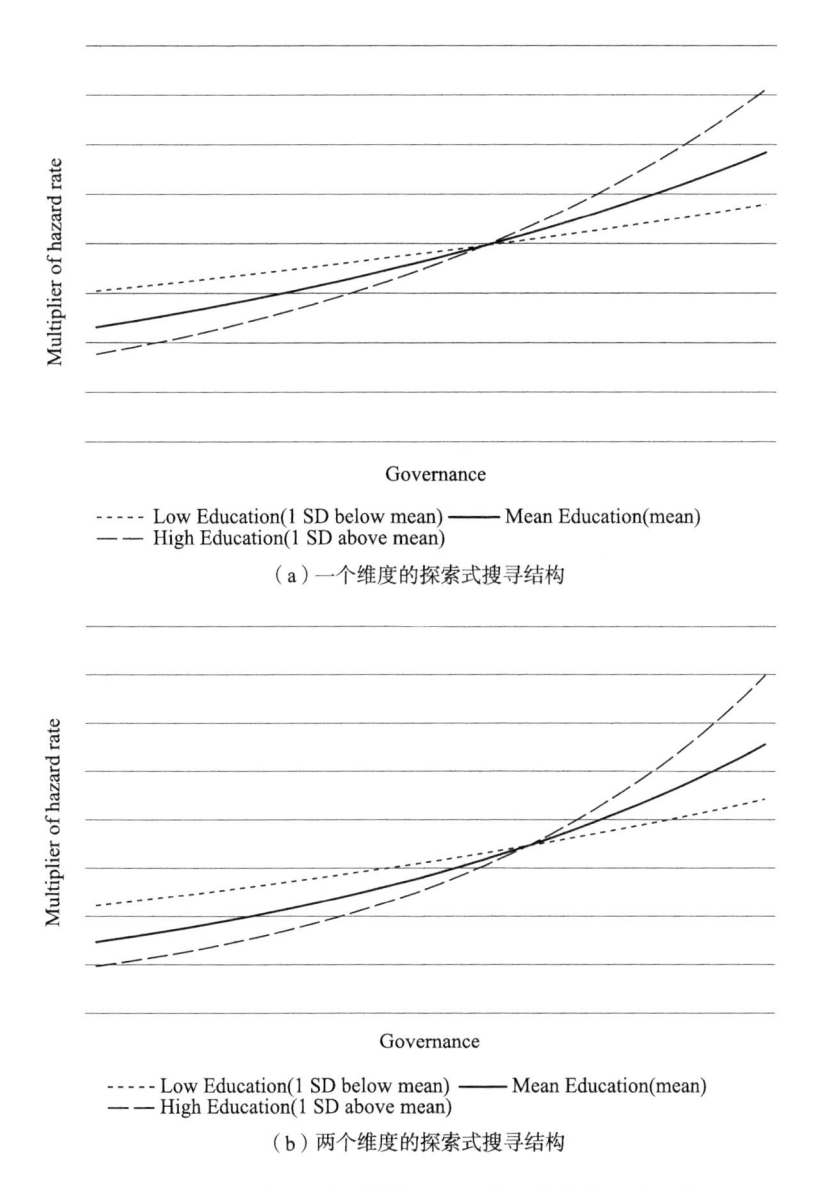

第 5 章 外部知识搜寻空间结构异质性的形成机制

（a）一个维度的探索式搜寻结构

（b）两个维度的探索式搜寻结构

图 5-8 CEO 受教育程度对监督机制和搜寻结构关系的调节作用

(c) 三个维度的探索式搜寻结构

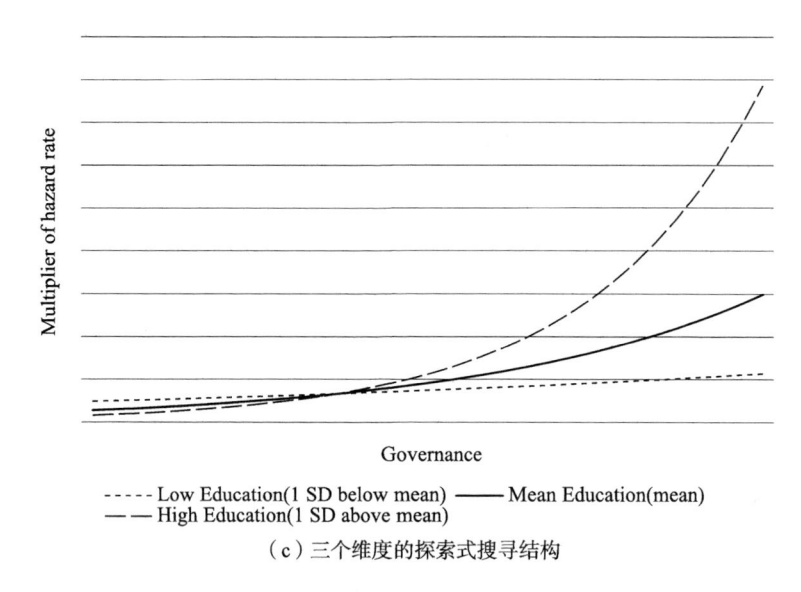

图 5-8　CEO 受教育程度对监督机制和搜寻结构关系的调节作用 (续)

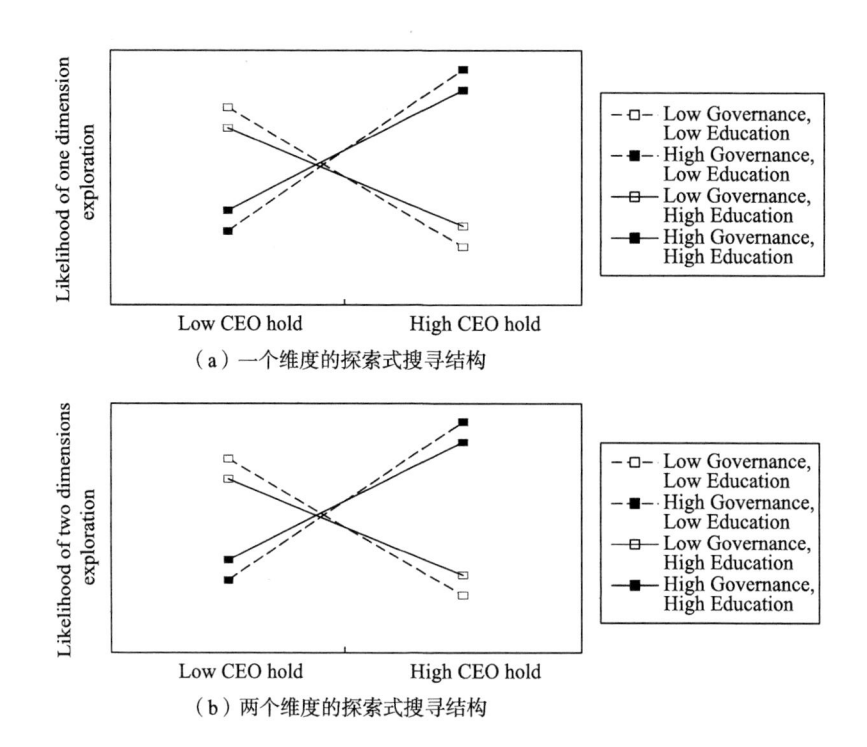

(a) 一个维度的探索式搜寻结构

(b) 两个维度的探索式搜寻结构

图 5-9　CEO 受教育程度对激励机制和监督机制交互关系的调节作用

5.3 外部环境层面的影响：以学习竞争者失败经验为例

企业处在一个开放式的环境中，除了自身的因素外，外部环境，尤其是竞争者的行为同样会对企业外部知识搜寻结构的形成产生重要作用（杨武和王玲，2006）[349]。过去的研究主要从更为宏观的层面考虑外部环境对企业创新搜寻活动的影响，如经济环境的动荡性、区域的知识产权保护力度等（蒋学伟，2002；李平等，2007）[293,305]。从行业层面，主要分析不同特征的行业的搜寻活动有何差异（张群祥等，2012）[368]。也有从行业竞争视角出发的研究，但是基于比较笼统的竞争强度来分析企业搜寻行为（王章豹和李垒，2007）[333]。例如，有学者指出在高度的行业竞争环境下，企业很难通过改变现有产品或服务来满足客户需求，必须通过创新来提供差异化的产品和服务。所以，竞争强度会促使企业增强外部异质性知识搜寻的意愿（Sidhu et al.，2004）[213]。然而，鲜有文献从行业竞争者的具体行为去研究他们对企业外部知识搜寻活动的影响。竞争对手不仅是企业成长道路上的一堵墙，更是企业的一面镜子，通过这面镜子，企业可以获得许多有用的信息。创新搜寻是一项投入大、时间长、风险高、不确定性强的活动，相对于成功经验而言，竞争者的失败经验更有助于企业在不确定的知识搜寻中进行学习，竞争者搜寻失败经验可以帮助企业更好地认识陌生的外部知识或技术，并且让他们知道哪些搜寻路径是行不通的，从而避免许多不必要的"弯路"（朱雪春和陈万明，2014；黄海艳等，2016；谢雅萍和梁素蓉，2016；Honig and Hopp，2019）[380,287,344,105]。例如，几年前强生和辉瑞联合研发 Aβ 单抗 Bapineuzumab 和罗氏 Gantenerumab 用于治疗阿尔茨海默症，但陆续宣告临床试验的失败，此后很少有新药企涉足该新药的研究，原先继续坚持奋战阿尔茨海默症的大公司数量也逐渐减少，只有礼来等少数几家公司还在坚持。由此可见，竞争者尤其是那些被大家关注的大企业竞争者行为对行业其他企业有着重要的引导作用，他们的成功与失败，能够指引其他企业未来的创新方向的选择。

5.3.1 理论与假设

失败是指企业没能达到预期的目标，失败学习是企业通过对自己或其他组织的失败经历进行反思，从中学习，再根据外部环境来调整企业目标和策略，以降低企业未来再遭遇类似失败概率的过程（朱雪春和陈万明，2014；D'Este et al.，2017）[380,58]。早期的组织学习研究重点关注成功的学习，很少对失败学习进行讨论。其实，失败作为一种历史经验，也是企业进行组织学习的重要知识来源，甚至比成功经验更有价值，因为成功具有不可复制性，但失败却是可以避免的（黄海艳等，2016）[287]。最早正式研究失败学习的是国外学者 Fredland 和 Morris（1976）[77]，他们分析了企业经营失败的原因以及如何从失败中学习。随后，许多研究者将失败学习扩展到更大范围的企业管理活动中去，特别是失败学习对企业创新的影响（谢雅萍和梁素蓉，2016）[344]。例如，Khanna 等人（2016）[120]通过调查97家美国医药企业，发现企业在过去新药研究中的失败经验对后续创新数量和创新质量产出均有正向促进作用。又如，黄杜鹃和陈松（2018）[286]以412家创新型企业为样本，揭示了探索式失败学习模式和开发式失败学习模式对企业创新绩效的影响，并充分考虑了内外部环境变化的情景因素。但是，在企业创新的失败学习研究中，本研究发现现有文献基本上是讨论如何从企业自身的失败经验中去学习，忽视了外部其他组织的失败行为对企业创新活动的影响（于晓宇和蔡莉，2013）[356]。企业自身的失败经验固然重要，外界组织的失败经验尤其是行业内竞争对手的失败行为同样能够给企业未来的创新活动提供指引方向。不同的是，学习自身的失败时，企业可以更深入和细致地分析创新活动中的细节问题，而学习别人的失败时，因为信息不对称等原因我们无法观测到其他企业创新活动的各个环节，只能做大范围的分析。因此，本部分将以美国医药企业专利技术研发为例，从以下几个方面对行业竞争者的搜寻失败行为对企业外部知识搜寻结构的影响做出详细的理论分析并提出假设。首先，从组织学习理论视角分析竞争者在某种搜寻结构上的失败次数对企业外部知识搜寻结构选择的影响；其次，从失败的过程和失败者的特征两方面，分别选择竞争者失败速度和竞争者创新能力，进一步验证主假设"竞争者失败次数和企业外部知识搜寻结构选择关系"的作用机理的正确性和合理性。

1. 竞争者失败次数对企业外部知识搜寻结构选择的影响

失败学习的关键就是能够通过对组织内部和他人的失败原因进行分析，及时对自己的组织战略、计划和运营等做出适当调节，以确保企业相关活动的顺利开展（Tucker and Edmondson, 2003；朱雪春和陈万明，2014）[232,380]。那么，企业能从失败中学习到什么具体内容呢？学术界认为失败学习内容主要包含两类，一方面是机会识别，与成功经验学习不同，失败学习更多地表现为探索式学习，企业根据自己和他人的失败经验重新认识外部环境的威胁和机会，并尝试识别新的机会、找出新的方法，从而提出解决原有问题的新方案（Scott and Vessey, 2000；Mueller and Shepherd, 2016）[209,159]。这种失败学习的内容强调"避开错误、另辟蹊径"。而另一方面是问题分析，企业秉承经验学习的精髓，对失败了的项目进行反思和分析，找出失败的根源，最后吸取经验教训，在原有方案上进行改进（Tucker and Edmondson, 2003；谢雅萍和梁素蓉，2016）[232,344]。这种失败学习内容更强调"在哪里跌倒就在哪里站起来"。

失败学习对象不同可能导致企业的学习内容不同（国维潇，2016）[282]。如果企业是从自己的失败经验中学习，由于企业对自身的熟悉和了解，组织内部的失败能够被清晰地识别和分析，因而他们更能在学习中提升分析问题的能力。例如联想在经历了乐Phone的"信号门"风波后，利用云端技术对原有供应链进行了改良，建立了更加透明的全球供应链（黄杜鹃和陈松，2018）[286]。又如，医药企业研制新药的临床试验阶段就是不断"试验—失败—改进—再试验"的反复试错过程，通过对失败原因进行分析，找出问题，进行改进（Khanna et al., 2016）[120]。如果企业是从其他组织的失败经验中学习，那更多的可能是在他人的失败中进行机会识别。因为失败的企业往往不会主动公开自己的失败过程，再加上组织边界的存在，企业很难获得其他组织失败项目的真实信息，所以，无法对他人的失败进行详细的问题分析，而学习他人失败更有效的做法就是从中识别机会和威胁，发现什么该做，什么不该做（Baum and Dahlin，2007）[23]。

本研究认为企业从行业内竞争者搜寻的失败经验中可以间接增加对外部知识的认识，降低搜寻过程中的不确定性（胡洪浩和王重鸣，2011）[285]。外部创新知识存在于组织界外，企业在搜寻过程中可能因掌握的信息不充分而导致搜寻的不确定性，而竞争者的失败经验便可以给企业搜寻提供有效信息（芮正云和罗瑾琏，2016）[319]。竞争者的失败向企业释放了错误示范的信号，说明此类搜寻结构不可行，因此，接收到该信号的企业便可能放弃同类搜寻结构，避免遭遇同样的失败风险（范黎波等，2016）[275]。对于那些之前没有进行过搜寻活动的企业来说，无法从自己的搜寻中寻找信息和经验，只能向同行学习。如果是从竞争者的失败中学习，虽然无法详细分析失败原因，但企业可以根据行业整体状况判断大致的搜寻方向，然后再在搜寻活动中去慢慢摸索。对于那些之前开展过搜寻活动的企业来说，竞争者的失败经验同样值得借鉴。外部知识搜寻是创新的一环，充满了不确定性，面对这些高投入、高风险的活动，企业做决策时必须谨慎。所以，如果行业内许多竞争者采用某种搜寻方式都遭遇了失败的结果，那企业就要意识到危险信号，另辟蹊径以避免同样的失败。最后，外部知识搜寻结构中，多维度的探索式搜寻结构由于信息高度不对称，成本更高、风险更大，企业在采取决策时更依赖过去的经验，所以行业内竞争者的失败对此类搜寻结构的选择影响作用更大。

综合以上分析，提出假设 H3-1。

H3-1：竞争者在某个搜寻结构上的失败次数越多，企业越不愿意采用此类搜寻结构，且这种负向关系在多个维度的探索式搜寻结构中表现更加明显。

2. 竞争者创新经验对其搜寻失败次数与企业外部知识搜寻结构选择关系的调节作用

如果上述假设的推理逻辑成立，即企业因为从行业竞争者的失败行为中获取错误示范、存在风险等信号，而选择放弃同类搜寻结构，避免发生类似的失败，那么，发生失败的竞争对手创新经验越丰富，对企业来说及时止损的信号作用越强。竞争者的创新经验或能力能够对企业的失败学习起到调节作用，主要基于两个方面的考虑。一方面，企业对其他组织的失败行为进行学习，前提是必须观察到别人的失败行为。一般来说，创新经验越丰富的企业其规模也越大，在行业中的地位也越显赫，常常被其他企业视为学习对象（杜世成，2002）[274]。因此，如果是创新经验丰富或能力强的企业在创新活动中失败，外界对他们的关注和报道会更多。例如，关于美国医药企业新药研制失败的新闻报道，被提及的往往是辉瑞、礼来、默克等创新能力强的大企业。相反，如果是规模小、创新经验缺乏、能力弱的企业发生了失败，人们更愿意将失败归结于他们自身的能力问题，因而不会引起外界的注意（吕一博等，2008）[314]。对于学习者来说，人往高处走，站在巨人的肩膀上方能看得更远。另一方面，创新能力强的企业在创新活动中失败，向外界传递了一个强烈的信号，即这条路十分艰难、走不通。即便是拥有丰富的创新经验、人力和物力资源的大企业也无法在这类搜寻结构中取得最终的成功，那对于其他企业来说，更应该及时止损，提早避开这种错误的道路，避免同样或更严重的失败发生。由此可见，竞争对手的创新经验会进一步加强失败的信号作用，从而影响企业的外部知识搜寻结构决策。综合以上分析，提出假设 H3-2。

H3-2：发生失败的行业竞争者创新经验越丰富，假设 H3-1 的负向关系越明显。

3. 竞争者失败速度对其失败次数与企业外部知识搜寻结构选择关系的调节作用

同样，如果假设 H3-1 的推理逻辑成立，即企业因为从行业竞争者的失败行为中获取错误示范、存在风险等信号，而选择放弃同类搜寻结构，避免发生类似的失败，那么，这种失败的速度越快，对企业来说存在风险的信号作用越强。由于存在信息不对称的问题，企业在学习其他组织的失败经验时需要依赖更多的信号做判断。竞争者搜寻失败速度的快慢不同，向外释放的信息也有所差异。以医药企业为例，新药研制可能在临床前试验阶段就停止，也有可能在临床试验的几年后才宣告失败（Khanna et al.,

2016)[120]。竞争者停止试验的时间越早，失败速度越快，说明问题越可能是发生在前期的过程，作为技术创新的前端工作，外部知识搜寻在其中承担的失败责任会更大。但如果试验宣告失败的时间越晚，向外释放的信号就变得不确定，有可能是前期出了问题，也有可能是后期环节出了问题。这样一来，宣告失败时间越晚的行为，越具有模糊性，因而会影响企业对竞争者失败行为的判断，有可能降低企业止损的概率（Denrell et al., 2004；Gong et al., 2017）[61,85]。此外，竞争者失败速度能够对企业的失败学习起到调节作用，还因为它决定了企业从竞争者行为中得到反馈的时间长短（Staw, 1976；Kettle and Häubl, 2010）[222,119]。竞争者失败速度越快意味着企业从中得到的反馈时间越短。实验研究表明，快速的反馈能够帮助企业迅速做出消除错误的决定，企业学习的速度也更快（Sitkin, 1992）[217]。而相反的是，如果反馈时间太长，释放出来的信号作用会随着时间逐渐减弱，因而影响企业的判断和决策（Skinner, 1954）[218]。综合以上分析，提出假设 H3 – 3。

H3 – 3：行业竞争者搜寻失败的速度越快，假设 H3 – 1 的负向关系越明显。

5.3.2 研究设计

1. 样本选择

同样，本部分实证除了包括 USPTO 的美国发明专利数据，还包括来自 Compustat 数据库的企业信息。需要指出的是，由于许多企业缺失高管信息，本实证中没有将上一部分的公司治理指标纳入控制变量，但为了控制企业间公司治理差异的影响，本研究采用了企业固定效应模型。本部分实证的分析单元仍然是每个发明专利。剔除数据缺失样本后，最终获得 1993—2010 年❶ 63 家美国上市医药公司中 17002 个信息完整的发明专利。

---

❶ 初始样本中专利最早申请年份是 1980 年，在搜寻失败中需要观察专利申请后第 12 年是否缴纳年费，因此最终样本数据应该至少从 1993 年（1980 + 12 + 1）开始观测。

本实证的关键是如何衡量竞争者的失败。借鉴 Khanna 等（2016）[120] 的做法，本研究用专利是否缴纳年费来衡量竞争者的创新是否失败。1980 年开始，美国专利局规定申请人须在专利授权后的每 4 年、8 年和 12 年各缴纳一次专利维护费❶，若不按时缴纳则专利被视为无效。之所以选择是否因缴纳年费而失效来衡量竞争者的失败，主要基于以下几个原因。首先，医药企业是典型的创新驱动产业，利用专利来保护企业知识和技术创新是他们至关重要的竞争战略（Morton，2000；Eisenman and Paruchuri，2018）[157,69]。其次，已有文献表明，大多数医药企业放弃缴纳专利费用是因为医药研发失败，企业不再需要此专利。不同于其他产业，医药企业的新药研发投入巨大、周期漫长，企业在临床试验阶段就进行专利申请。随着试验的进行，企业可能面临研发失败的风险，项目一旦失败，企业便会停止缴纳专利费用（Lehman，2003；Wagner and Wakeman，2016）[134,241]。最后，目前国内研究失败学习的文献主要采用问卷调查的方法，问卷方式往往将问题抽象化，研究失败而看不见失败是什么。以专利为研究对象可以避免这个问题，使企业的失败学习更具体。

2. 变量与模型

因变量（Dependent variables）：本部分实证因变量仍然是基于专利层面的四类外部知识搜寻空间结构。首先根据后向引文计算出每个专利在三个维度上的中位数；其次通过与所有专利样本的比较，把三个维度分别按照中位数区分为开发 – 探索❷；最后按探索维度的多少将所有专利划分为四类搜寻结构：每个维度都不探索（Zero dimension）、只在一个维度探索（One dimension）、在两个维度探索（Two dimensions）、同时在三个维度探索（Three dimensions）。不同的是，分析竞争者在某类搜寻结构中失败与企业选择该类搜寻结构的关系时，该类搜寻结构取值为 1，其他三类搜寻结构作为参照组，均取值为 0。

---

❶ 实际规定是 3.5 年、7.5 年和 11.5 年，为了方便计算，目前大多数文献按照 4 年、8 年和 12 年进行处理。

❷ 大于中位数为探索，否则为开发。

自变量（Independent variables）：自变量是在控制行业竞争者过去的搜寻失败总次数（Total no. of failures）的情况下，分别在四类搜寻结构中的失败比重（Rate of failures）。竞争者是指除观测企业之外的其他62家企业。竞争者的搜寻失败总次数（Total no. of failures）是指在过去一年中行业竞争者因没有缴纳年费而失效的专利数量。考虑到数据可能存在的偏态性，使用原始数据加1取对数的方法。Rate of failure 0、Rate of failure 1、Rate of failure 2、Rate of failure3 分别是竞争者在 Zero dimension、One dimension、Two dimensions、Three dimensions 搜寻结构中的失败次数除以失败总次数，四者之和等于1。先根据因变量的方法把每个专利划分到四个不同的搜寻结构中，然后分类测算竞争者在该类结构中的搜寻失败比重。为了消除行业竞争者在其他搜寻结构中的失败对企业某类搜寻结构的影响，除了控制竞争者的失败总次数，实证中还控制了竞争者在其他任意两类搜寻结构中的失败比重❶。

调节变量（Moderate variables）：一是搜寻失败的竞争者经验（Competitors experience），用每个结构中搜寻失败的竞争者过去五年的专利申请量来测量，该值越大表明竞争者的搜寻经验越丰富，同样考虑数据可能存在的偏态性，使用原始数据加1取对数的方法。二是竞争者失败的速度（Failure speed），未缴费专利的存续期是4年、8年和12年，一般来说存续时间越短，失败速度越快，即认为4年之后未缴费的专利比12年之后未缴费的专利失败速度更快。因此，用每个搜寻结构中失败专利的平均存续时间倒数来测量竞争者在不同搜寻结构中的失败速度。计算时也将两个调节变量分别按四类搜寻结构进行分类，得到 Competitors experience 0、Competitors experience 1、Competitors experience 2、Competitors experience 3，Failure speed 0、Failure speed 1、Failure speed 2、Failure speed 3。

控制变量（Control variables）：与5.1节和5.2节的实证保持一致，本部

---

❶ 因为四类搜寻结构失败比重之和为1，所以除自变量之外，只需控制其他任意两类搜寻结构的失败比重。从其余三种结构中选任意两种，可能的组合方式有三种，分别选用不同的组合方式，回归结果均保持一致，本研究只展示了其中一种结果。

第5章 外部知识搜寻空间结构异质性的形成机制

分实证也控制了专利层面、发明人层面、企业层面和区域层面的因素。来自专利层面的因素包括专利的技术领域个数（No. of IPC）；专利的权利要求个数（No. of claims）；专利是否为企业的核心技术领域（Core），若为核心技术领域，则该指标取1，否则取0，具体计算方法同5.1节。发明人层面控制了发明人的外部合作情况（Whether external），发明人过去五年申请的专利数量（Inventor patent stock），发明人的知识宽度（Inventor expertise breadth），发明人的任期（Inventor tenure），发明人所在地是否与企业总部位于同一地区（Inventor in headquarters）。企业层面包括企业规模（Total assets），资产负债率（Lev），未吸收的资产冗余（Unabsorbed slack）和潜在的资产冗余（Potential slack），研发投入金额（R&D），企业过去五年的专利申请量（Firm patent stock），企业的知识宽度（Firm knowledge breadth）。区域层面控制了该区域过去的创新能力（Regional patent stock）。同样地，为了减少不可观测因素的影响和可能存在的部分因果转置问题，连续性指标均做了滞后一期的处理。为了缓解可能存在的数据偏态性，部分指标使用加1取对数的方法。为了减少极端值对回归结果的影响，回归前所有连续变量都进行了1%的两端缩尾处理。此外，企业、申请时间、技术领域等虚拟变量也被纳入回归模型。表5-14所示为实证中涉及的所有变量及其简介。

因为因变量是0-1取值，所以模型选用Probit回归，Logit回归作为稳健性检验，结果保持一致。

表5-14 相关变量简介

变量简称	变量含义	计算方法简介
因变量（Dependent variables）		
Dimensions (Zero dimension、 One dimension、 Two dimensions、 Three dimensions)	四类外部知识搜寻空间结构	如果该专利属于开发式搜寻结构，Zero dimension = 1，否则为0；如果该专利属于一个维度探索式搜寻结构，One dimension = 1，否则为0；如果该专利属于两个维度探索式搜寻结构，Two dimensions = 1，否则为0；如果该专利属于三个维度探索式搜寻结构，Three dimensions = 1，否则为0

续表

变量简称	变量含义	计算方法简介
自变量（Independent variables）		
Total no. of failures *	竞争者的失败总次数	过去一年中行业竞争者因没有缴纳年费而失效的各类搜寻结构的专利数量
Rate of failures（Zero、One、Two、Three）	四类搜寻结构的失败次数占失败总数的比例	按四类搜寻结构统计过去一年中行业竞争者因没有缴纳年费而失效的各类搜寻结构的专利数量，分别除以失败总次数
调节变量（Moderate variables）		
Competitors experience *	搜寻失败的竞争者经验	每个结构中搜寻失败的竞争者过去五年的专利申请数量
Failure speed	竞争者失败的速度	每个搜寻结构中失败专利的平均存续时间倒数
控制变量（Control variables）		
专利层面（Patent level）		
No. of IPC *	IPC 数量	专利所属技术领域的个数
No. of claims *	权利要求数量	专利权利要求的个数
Core	是否企业核心专利	PS 大于 3% 且 RTA 大于 4 的专利，取值为 1，否则为 0
发明人层面（Inventor level）		
Whether external	发明人外部合作	发明人参与外部合作，取值为 1，否则为 0
Inventor patent stock *	发明人专利数量	发明人过去五年申请的专利数量
Inventor expertise breadth *	发明人的知识宽度	发明人过去五年申请专利涵盖的技术领域个数
Inventor tenure *	发明人任期	观测年份减去发明人第一次申请专利的年份
Inventor in headquarters	发明人是否在总部	发明人所在地与企业总部所在地距离小于 30 英里，取值为 1，否则为 0
企业层面（Firm level）		
Total assets *	总资产	企业的资产总额
Lev	资产负债率	企业负债总额除以资产总额

续表

变量简称	变量含义	计算方法简介
Unabsorbed slack	未吸收的冗余资产	企业流动资产除以流动负债
Potential slack	潜在的冗余资产	企业负债总额除以所有者权益总额
R&D	研发投入强度	企业研发投入金额除以总资产
Firm patent stock*	企业专利数量	企业过去五年申请的专利数量
Firm knowledge breadth*	企业的知识宽度	企业过去五年申请专利涵盖的技术领域个数
区域层面（Regional level）		
Regional patent stock*	地区专利数量	发明人所在地过去一年的专利申请数量
其他控制变量（Others）		
Firms id	企业效应	根据企业代码生成的虚拟变量
Application years	时间效应	根据专利申请时间生成的虚拟变量
Technological classes	技术效应	根据专利技术领域生成的虚拟变量

注：标*的变量均取自然对数 ln（variable + 1）。

5.3.3 实证结果

表 5-15 为实证中除了企业和时间虚拟变量之外的其他所有变量的描述性统计结果和相关系数矩阵。结果显示部分控制变量之间的相关系数高于 0.6，但回归之后计算各个模型的方差膨胀因子（VIF）最大值显示为 5.84，小于临界值 10，所以可以认为这些变量之间的多重共线性不会造成严重影响（Ryan, 1997）[199]。不过，为了尽量排除高度相关变量之间的相互影响，本研究在稳健性检验中将相关系数高于 0.5 的这些控制变量依次放入模型中进行回归，结果基本保持一致。

表 5-16 是同行竞争者搜寻失败次数与企业搜寻结构关系的结果。Probit 回归结果中，模型（1）是同行竞争者在开发式搜寻结构中失败的次数与企业开发式搜寻结构的关系，自变量回归系数为正但不显著。模型（2）是同行竞争者在一个维度探索式搜寻结构中失败的次数与企业一个维度探索式搜寻结构的关系，自变量回归系数同样为正但不显著。模型（3）是同行竞争者在两个维度探索式搜寻结构中失败的次数与企业两个维度探

表 5-15 描述统计与相关系数矩阵

Variables	Mean	S.D.	Min	Max	1	2	3	4	5	6	7	8	9	10	11	12	13	14	15	16
1. Zero dimension	0.156	0.363	0.000	1.000	1.000															
2. One dimension	0.404	0.491	0.000	1.000	−0.354	1.000														
3. Two dimensions	0.349	0.477	0.000	1.000	−0.315	−0.602	1.000													
4. Three dimensions	0.092	0.288	0.000	1.000	−0.137	−0.261	−0.232	1.000												
5. Rate of failures 0	9.103	3.803	2.000	18.871	0.067	0.035	−0.056	−0.051	1.000											
6. Rate of failures 1	37.575	3.997	30.522	45.570	0.049	0.031	−0.042	−0.045	0.307	1.000										
7. Rate of failures 2	40.122	4.129	31.558	47.651	−0.042	−0.022	0.031	0.038	−0.584	−0.774	1.000									
8. Rate of failures 3	13.201	3.604	7.317	24.444	−0.076	−0.046	0.069	0.060	−0.728	−0.549	0.331	1.000								
9. Total no. of failures	5.500	0.495	4.205	6.488	0.054	0.021	−0.040	−0.037	0.787	0.147	−0.428	−0.503	1.000							
10. Competitors experience 0	5.804	0.280	5.059	6.221	−0.007	−0.004	0.004	0.009	0.256	−0.212	−0.065	0.040	0.484	1.000						
11. Failure speed 0	1.533	0.268	1.190	2.500	−0.054	−0.016	0.035	0.036	−0.514	−0.161	0.041	0.675	−0.529	−0.205	1.000					
12. Competitors experience 1	5.772	0.202	5.144	6.124	−0.001	0.002	−0.004	0.005	0.252	0.128	−0.392	0.041	0.536	0.684	−0.066	1.000				
13. Failure speed 1	1.399	0.116	1.219	1.682	−0.050	−0.033	0.035	0.062	−0.441	−0.288	0.163	0.599	−0.414	0.155	0.551	0.205	1.000			
14. Competitors experience 2	5.835	0.137	5.469	6.099	−0.008	−0.007	0.002	0.019	0.116	0.203	−0.328	0.030	0.188	0.226	0.121	0.598	0.331	1.000		
15. Failure speed 2	1.371	0.113	1.173	1.703	−0.045	−0.011	0.018	0.045	−0.451	−0.166	0.230	0.396	−0.510	0.061	0.484	0.082	0.707	0.262	1.000	
16. Competitors experience 3	5.716	0.273	5.147	6.383	0.004	−0.006	−0.004	0.013	0.271	−0.266	−0.186	0.228	0.453	0.334	0.087	0.562	0.300	0.475	0.040	1.000
17. Failure speed 3	1.338	0.108	1.140	1.667	−0.049	−0.011	0.022	0.043	−0.369	−0.272	0.251	0.404	−0.379	0.067	0.504	−0.027	0.648	0.113	0.670	0.137
18. No. of IPC	1.677	0.629	0.693	3.367	0.015	0.028	−0.012	−0.045	−0.149	−0.086	0.134	0.099	−0.123	−0.025	0.034	−0.074	0.051	−0.054	0.047	−0.064
19. No. of claims	2.610	0.767	0.693	4.344	0.029	0.012	−0.023	−0.019	0.049	−0.005	0.010	−0.057	0.052	−0.002	−0.045	−0.014	−0.074	0.018	−0.073	−0.016
20. Core	0.676	0.468	0.000	1.000	0.271	0.115	−0.191	−0.220	−0.054	0.010	0.039	0.003	−0.023	−0.024	0.006	−0.026	0.017	−0.024	0.024	−0.012
21. Inventor patent stock	1.416	1.171	0.000	5.094	0.080	0.061	−0.076	−0.079	0.090	0.135	−0.090	−0.141	0.097	−0.007	−0.080	0.010	−0.145	−0.034	−0.121	−0.063
22. Inventor expertise breadth	1.276	0.982	0.000	3.555	0.082	0.060	−0.078	−0.077	0.109	0.109	−0.092	−0.131	0.118	0.011	−0.082	0.026	−0.132	−0.016	−0.121	−0.022
23. Inventor tenure	1.413	0.967	0.000	3.178	0.088	0.077	−0.081	−0.108	0.137	0.078	−0.109	−0.106	0.119	0.018	−0.078	0.039	−0.098	−0.011	−0.105	0.038
24. Inventor in headquarters	0.469	0.499	0.000	1.000	0.011	0.002	−0.006	−0.007	−0.101	−0.032	0.081	0.050	−0.070	0.009	0.035	−0.015	0.088	−0.053	0.053	−0.031
25. Whether external	0.197	0.398	0.000	1.000	0.023	0.006	−0.009	−0.024	0.034	0.102	−0.037	−0.106	0.042	−0.018	−0.064	−0.001	−0.117	−0.010	−0.082	−0.073
26. Total assets	8.565	2.134	2.589	11.668	−0.012	0.000	0.008	0.001	0.130	0.091	−0.098	−0.127	−0.017	−0.132	−0.069	−0.126	−0.082	−0.128	−0.062	−0.086

第 5 章　外部知识搜寻空间结构异质性的形成机制

续表

Variables	Mean	S.D.	Min	Max	1	2	3	4	5	6	7	8	9	10	11	12	13	14	15	16
27. Lev	0.508	0.205	0.053	1.313	0.025	0.038	-0.033	-0.041	0.175	0.002	-0.096	-0.078	0.104	0.071	-0.038	0.087	-0.020	0.079	-0.024	0.104
28. Unabsorbed slack	0.469	0.335	0.032	1.656	-0.035	-0.020	0.035	0.020	-0.263	-0.193	0.196	0.268	-0.302	-0.201	0.063	-0.342	0.040	-0.340	0.021	-0.225
29. Potential slack	1.178	1.127	-3.627	6.485	0.019	0.006	-0.008	-0.021	0.067	0.016	-0.041	-0.042	0.044	0.047	-0.023	0.061	0.013	0.066	0.027	0.034
30. R&D	0.123	0.117	0.019	0.762	-0.009	0.007	-0.010	0.015	0.113	-0.017	-0.026	-0.070	0.149	0.080	-0.048	0.061	-0.055	0.076	-0.045	0.101
31. Firm patent stock	5.641	1.268	1.792	6.938	-0.053	-0.004	0.028	0.029	0.035	0.020	-0.029	-0.028	-0.071	-0.091	-0.023	-0.121	-0.018	-0.115	-0.006	-0.091
32. Firm knowledge breadth	3.158	0.802	1.099	4.344	-0.077	-0.002	0.041	0.033	-0.068	-0.047	0.018	0.102	-0.168	-0.077	0.057	-0.077	0.073	-0.069	0.084	-0.051
33. Regional patent stock	3.665	1.662	0.000	7.190	-0.046	0.019	0.017	-0.003	0.026	0.040	0.003	-0.075	0.038	0.013	-0.035	0.012	-0.052	0.001	-0.038	-0.041

Variables	Mean	S.D.	Min	Max	17	18	19	20	21	22	23	24	25	26	27	28	29	30	31	32
17. Failure speed 3	1.338	0.108	1.140	1.667	1.000															
18. No. of IPC	1.677	0.629	0.693	3.367	0.044	1.000														
19. No. of claims	2.610	0.767	0.693	4.344	-0.057	0.140	1.000													
20. Core	0.676	0.468	0.000	1.000	0.041	0.061	0.011	1.000												
21. Inventor patent stock	1.416	1.171	0.000	5.094	-0.132	0.018	-0.074	0.192	1.000											
22. Inventor expertise breadth	1.276	0.982	0.000	3.555	-0.123	0.020	-0.062	0.180	0.681	1.000										
23. Inventor tenure	1.413	0.967	0.000	3.178	-0.084	0.015	-0.036	0.109	0.687	0.628	1.000									
24. Inventor in headquarters	0.469	0.499	0.000	1.000	0.085	0.036	-0.022	0.023	0.116	0.104	0.070	1.000								
25. Whether external	0.197	0.398	0.000	1.000	-0.117	0.007	-0.005	0.049	0.406	0.396	0.250	-0.045	1.000							
26. Total assets	8.565	2.134	2.589	11.668	-0.045	-0.024	-0.081	-0.176	-0.054	-0.069	0.024	-0.191	-0.025	1.000						
27. Lev	0.508	0.205	0.053	1.313	0.009	-0.083	0.032	-0.072	-0.101	-0.082	0.014	-0.229	-0.072	0.295	1.000					
28. Unabsorbed slack	0.469	0.335	0.032	1.656	-0.027	0.044	-0.033	-0.120	-0.038	-0.052	-0.023	-0.002	-0.058	0.227	-0.091	1.000				
29. Potential slack	1.178	1.127	-3.627	6.485	0.014	-0.025	0.017	-0.068	-0.114	-0.108	-0.020	-0.169	0.002	0.269	0.357	-0.039	1.000			
30. R&D	0.123	0.117	0.019	0.762	-0.045	0.006	0.037	0.102	0.036	0.056	-0.009	0.064	0.000	-0.686	-0.054	-0.223	-0.203	1.000		
31. Firm patent stock	5.641	1.268	1.792	6.938	0.005	-0.004	-0.113	-0.188	0.003	-0.014	0.033	-0.097	-0.101	0.637	0.220	0.230	0.129	-0.519	1.000	
32. Firm knowledge breadth	3.158	0.802	1.099	4.344	0.071	-0.001	-0.067	-0.282	-0.126	-0.126	-0.024	-0.154	-0.144	0.671	0.360	0.280	0.225	-0.514	0.663	1.000
33. Regional patent stock	3.665	1.662	0.000	7.190	-0.020	0.004	-0.012	0.072	0.201	0.183	0.084	0.141	0.133	-0.183	-0.115	-0.085	-0.086	0.119	-0.109	-0.204

注：其他虚拟变量列未入本表。

索式搜寻结构的关系，自变量回归系数在5%的显著性水平下为负。模型（4）是同行竞争者在三个维度探索式搜寻结构中失败的次数与企业三个维度探索式搜寻结构的关系，自变量回归系数也在5%的显著性水平下为负。表5-17中T检验显示，模型（4）中自变量的系数显著小于模型（3）中自变量的系数。以上结论表明，在搜寻失败总次数一定的情况下，行业竞争者过去在某个搜寻结构上的失败次数越多，企业越倾向于避免采用此类搜寻结构，这种负向关系在多个维度的探索式搜寻结构中表现更加明显即假设H3-1获得部分验证。

表5-16 同行竞争者搜寻失败次数对企业搜寻结构的影响

Variables	(1) Zero dimension	(2) One dimension	(3) Two dimensions	(4) Three dimensions
Rate of failures 0	0.036 (0.026)			
Rate of failures 1		0.013 (0.011)		
Rate of failures 2			-0.028** (0.011)	
Rate of failures 3				-0.050** (0.024)
Competitors experience	-0.031 (0.319)	-0.070 (0.154)	-0.066 (0.188)	-0.045 (0.219)
Failure speed	-0.361 (0.277)	-0.472** (0.188)	-0.743** (0.376)	-0.520* (0.294)
Total no. of failures	-0.210 (0.178)	-0.127 (0.151)	-0.153 (0.160)	-0.256 (0.201)
Rate of failures other 1	0.002 (0.015)	-0.038** (0.015)	-0.024** (0.012)	-0.070** (0.027)
Rate of failures other 2	-0.016 (0.014)	-0.021* (0.011)	-0.004 (0.016)	-0.050** (0.022)
No. of IPC	0.033 (0.021)	0.061*** (0.016)	-0.027 (0.017)	-0.154*** (0.024)
No. of claims	0.042** (0.018)	0.004 (0.013)	-0.029** (0.014)	-0.008 (0.019)
Core	1.614*** (0.045)	0.330*** (0.023)	-0.520*** (0.023)	-0.834*** (0.032)

第 5 章　外部知识搜寻空间结构异质性的形成机制

续表

Variables	(1) Zero dimension	(2) One dimension	(3) Two dimensions	(4) Three dimensions
Inventor patent stock	-0.103*	0.102**	0.005	-0.233***
	(0.057)	(0.047)	(0.050)	(0.078)
Inventor expertise breadth	0.119*	-0.127**	-0.036	0.370***
	(0.071)	(0.058)	(0.061)	(0.094)
Inventor tenure	0.091***	0.091***	-0.060***	-0.232***
	(0.020)	(0.015)	(0.016)	(0.025)
Inventor in headquarters	0.095***	0.021	-0.029	-0.095***
	(0.028)	(0.021)	(0.022)	(0.031)
Whether external	-0.011	-0.042	0.061**	0.003
	(0.036)	(0.028)	(0.029)	(0.043)
Total assets	-0.011	-0.021*	0.014	0.043**
	(0.015)	(0.012)	(0.013)	(0.019)
Lev	0.248***	0.204***	-0.252***	-0.514***
	(0.073)	(0.059)	(0.063)	(0.100)
Unabsorbed slack	0.179***	0.042	-0.068*	-0.149**
	(0.050)	(0.040)	(0.041)	(0.060)
Potential slack	0.019*	-0.005	-0.002	-0.020
	(0.011)	(0.010)	(0.011)	(0.019)
R&D	-0.954***	-0.050	0.221*	0.928***
	(0.181)	(0.128)	(0.132)	(0.173)
Firm patent stock	-0.062**	-0.067***	0.044**	0.108***
	(0.027)	(0.022)	(0.022)	(0.033)
Firm knowledge breadth	0.023	0.195***	-0.075**	-0.220***
	(0.043)	(0.033)	(0.033)	(0.049)
Regional patent stock	-0.076***	0.010	0.030***	0.014
	(0.008)	(0.006)	(0.007)	(0.009)
Constant	-3.075**	-2.149**	3.105***	6.154**
	(1.224)	(1.011)	(1.197)	(2.491)
Observations	17002	17002	17002	17002
R^2	0.150	0.111	0.112	0.117

注：Robust standard errors in parentheses；*** $p<0.01$，** $p<0.05$，* $p<0.1$；firm id/application years/technological classes are included.

表5-17 竞争者失败次数对两个和三个维度探索式搜寻结构的影响作用 T 检验

Groups	Coefficients	T-test
Two dimensions	-0.028**	$F = 0.72$
Three dimensions	-0.050**	$(p = 0.3959)$

表 5-18 是竞争者创新经验对主假设 H3-1 调节作用的结果。为了减少共线性的问题，在构建交叉项之前，涉及的自变量都做了相应的中心化处理（Aiken et al., 1991）[6]。模型（1）和模型（2）中交叉项系数均为负但都不显著。模型（3）和模型（4）中交叉项的系数分别在 1% 和 5% 的水平下显著为负。图 5-10 和图 5-11 是对应的调节图。回归系数和调节图都说明，发生失败的行业竞争者创新经验越丰富，假设 H3-1 的负向关系越明显，假设 H3-2 得到验证。

表5-18 竞争者创新经验的调节作用

Variables	(1) Zero dimension	(2) One dimension	(3) Two dimensions	(4) Three dimensions
Rate of failures 0	0.097 (0.062)			
Rate of failures 0 × experience	-0.017 (0.018)			
Rate of failures 1		0.001 (0.003)		
Rate of failures 1 × experience		-0.006 (0.019)		
Rate of failures 2			-0.020*** (0.005)	
Rate of failures 2 × experience			-0.053*** (0.018)	
Rate of failures 3				-0.034*** (0.008)
Rate of failures 3 × experience				-0.079** (0.033)

第5章　外部知识搜寻空间结构异质性的形成机制

续表

Variables	(1) Zero dimension	(2) One dimension	(3) Two dimensions	(4) Three dimensions
Competitors experience	-0.028*** (0.008)	-0.065 (0.084)	-0.173* (0.103)	-0.130 (0.082)
Failure speed	-0.033 (0.086)	-0.196 (0.124)	-0.246** (0.120)	-0.506*** (0.181)
Total no. of failures	-0.041 (0.051)	-0.049 (0.048)	-0.004 (0.038)	-0.021 (0.056)
Rate of failures other 1	0.007 (0.005)	0.009 (0.006)	-0.023*** (0.005)	-0.021** (0.010)
Rate of failures other 2	-0.018** (0.009)	-0.012** (0.006)	-0.031*** (0.005)	-0.028*** (0.009)
No. of IPC	0.034* (0.021)	0.057*** (0.016)	-0.023 (0.017)	-0.154*** (0.024)
No. of claims	0.046*** (0.017)	0.005 (0.013)	-0.029** (0.014)	-0.013 (0.019)
Core	1.584*** (0.046)	0.336*** (0.023)	-0.519*** (0.023)	-0.819*** (0.032)
Inventor patent stock	-0.067 (0.056)	0.109** (0.047)	-0.010 (0.049)	-0.284*** (0.076)
Inventor expertise breadth	0.089 (0.070)	-0.134** (0.058)	-0.023 (0.061)	0.425*** (0.093)
Inventor tenure	0.084*** (0.020)	0.093*** (0.015)	-0.061*** (0.016)	-0.238*** (0.025)
Inventor in headquarters	0.097*** (0.028)	0.020 (0.021)	-0.027 (0.021)	-0.070** (0.030)
Whether external	0.005 (0.036)	-0.049* (0.028)	0.064** (0.029)	0.004 (0.043)
Total assets	-0.006 (0.014)	-0.008 (0.012)	-0.001 (0.012)	0.024 (0.018)
Lev	0.277*** (0.072)	0.197*** (0.059)	-0.252*** (0.062)	-0.521*** (0.099)

续表

Variables	(1) Zero dimension	(2) One dimension	(3) Two dimensions	(4) Three dimensions
Unabsorbed slack	0.138***	0.011	-0.008	-0.091*
	(0.044)	(0.036)	(0.037)	(0.054)
Potential slack	0.023**	-0.005	-0.002	-0.018
	(0.011)	(0.010)	(0.010)	(0.019)
R&D	-0.910***	-0.004	0.160	0.764***
	(0.178)	(0.126)	(0.129)	(0.166)
Firm patent stock	-0.051*	-0.066***	0.045**	0.105***
	(0.026)	(0.021)	(0.021)	(0.032)
Firm knowledge breadth	-0.005	0.157***	-0.049	-0.150***
	(0.041)	(0.031)	(0.031)	(0.043)
Regional patent stock	-0.074***	0.009	0.030***	0.016*
	(0.008)	(0.006)	(0.006)	(0.009)
Constant	-2.511***	-2.275***	1.639***	-3.005***
	(0.455)	(0.373)	(0.394)	(0.980)
Observations	17002	17002	17002	17002
R^2	0.147	0.098	0.107	0.111

注：Robust standard errors in parentheses；*** $p<0.01$，** $p<0.05$，* $p<0.1$；firm id/application years/technological classes are included.

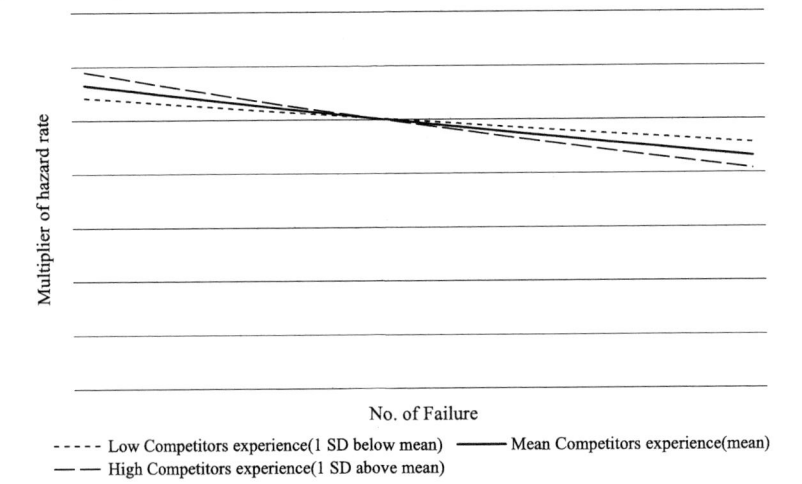

图 5-10　竞争者经验对失败数量与企业二维探索式搜寻结构关系的调节作用

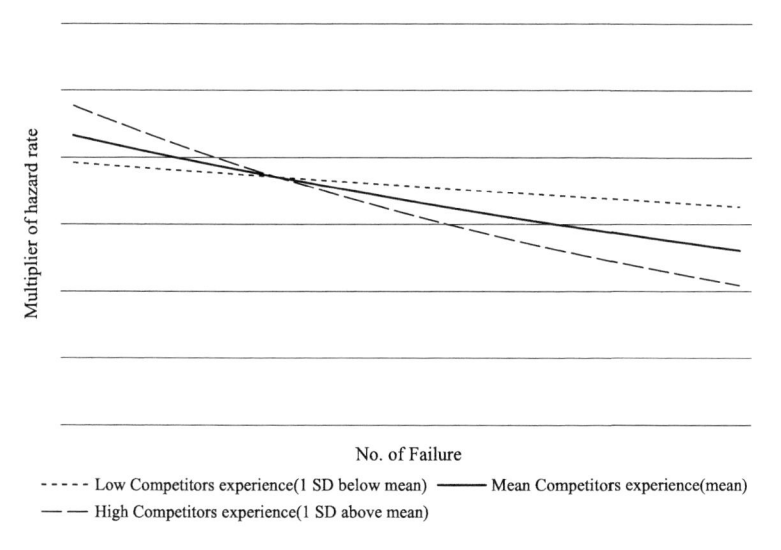

第5章 外部知识搜寻空间结构异质性的形成机制

图5-11 竞争者经验对失败数量与企业三维探索式搜寻结构关系的调节作用

表5-19是竞争者失败速度对主假设H3-1调节作用的结果。同样，为了减少共线性的问题，在构建交叉项之前，涉及的自变量都做了相应的中心化处理（Aiken et al.，1991）[6]。模型（1）和模型（2）中交叉项系数均为正但都不显著。模型（3）和模型（4）中交叉项的系数分别在1%和5%的水平下显著为负。图5-12和图5-13是对应的调节图。回归系数和调节图都说明，行业竞争者搜寻失败的速度越快，假设H3-1的负向关系越明显，假设H3-3得到验证。

表5-19 竞争者失败速度的调节作用

Variables	(1) Zero dimension	(2) One dimension	(3) Two dimensions	(4) Three dimensions
Rate of failures 0	0.037 (0.087)			
Rate of failures 0 × speed	0.015 (0.015)			
Rate of failures 1		0.001 (0.003)		
Rate of failures 1 × speed		0.024 (0.027)		

171

续表

Variables	(1) Zero dimension	(2) One dimension	(3) Two dimensions	(4) Three dimensions
Rate of failures 2			−0.019 *** (0.005)	
Rate of failures 2 × speed			−0.092 *** (0.022)	
Rate of failures 3				−0.040 *** (0.008)
Rate of failures 3 × speed				−0.122 ** (0.061)
Competitors experience	−0.109 * (0.065)	−0.092 (0.087)	−0.056 (0.094)	−0.093 (0.084)
Failure speed	−0.029 *** (0.008)	−0.234 * (0.131)	−0.200 (0.126)	−0.475 *** (0.159)
Total no. of failures	−0.037 (0.051)	−0.056 (0.048)	−0.017 (0.041)	−0.029 (0.055)
Rate of failures other 1	0.008 (0.005)	0.009 (0.006)	−0.022 *** (0.005)	−0.023 ** (0.010)
Rate of failures other 2	−0.016 * (0.010)	−0.013 ** (0.006)	−0.029 *** (0.005)	−0.024 *** (0.009)
No. of IPC	0.034 (0.021)	0.058 *** (0.016)	−0.022 (0.016)	−0.154 *** (0.024)
No. of claims	0.045 ** (0.017)	0.004 (0.013)	−0.029 ** (0.014)	−0.013 (0.019)
Core	1.584 *** (0.046)	0.336 *** (0.023)	−0.525 *** (0.023)	−0.819 *** (0.032)
Inventor patent stock	−0.069 (0.056)	0.112 ** (0.047)	−0.008 (0.049)	−0.281 *** (0.076)
Inventor expertise breadth	0.090 (0.070)	−0.137 ** (0.058)	−0.025 (0.061)	0.421 *** (0.093)
Inventor tenure	0.085 *** (0.020)	0.093 *** (0.015)	−0.060 *** (0.016)	−0.237 *** (0.025)

续表

Variables	(1) Zero dimension	(2) One dimension	(3) Two dimensions	(4) Three dimensions
Inventor in headquarters	0.097*** (0.028)	0.021 (0.021)	-0.030 (0.021)	-0.071** (0.030)
Whether external	0.005 (0.036)	-0.048* (0.028)	0.067** (0.029)	0.004 (0.043)
Total assets	-0.005 (0.014)	-0.008 (0.012)	-0.003 (0.012)	0.025 (0.018)
Lev	0.271*** (0.072)	0.196*** (0.058)	-0.257*** (0.062)	-0.527*** (0.099)
Unabsorbed slack	0.126*** (0.044)	0.009 (0.035)	-0.034 (0.035)	-0.107** (0.051)
Potential slack	0.022** (0.011)	-0.005 (0.010)	-0.002 (0.010)	-0.019 (0.019)
R&D	-0.910*** (0.177)	-0.003 (0.126)	0.158 (0.129)	0.758*** (0.166)
Firm patent stock	-0.055** (0.027)	-0.066*** (0.021)	0.040* (0.021)	0.101*** (0.032)
Firm knowledge breadth	0.037 (0.042)	0.156*** (0.031)	-0.041 (0.031)	-0.146*** (0.043)
Regional patent stock	-0.074*** (0.008)	0.009 (0.006)	0.029*** (0.006)	0.016* (0.009)
Constant	-1.839*** (0.429)	-1.016*** (0.376)	0.985 (0.602)	-2.727** (1.108)
Observations	17002	17002	17002	17002
R^2	0.147	0.101	0.108	0.112

注：Robust standard errors in parentheses； *** $p<0.01$， ** $p<0.05$， * $p<0.1$；firm id/application years/technological classes are included.

图 5-12　竞争者失败速度对失败数量与企业二维探索式搜寻结构关系的调节作用

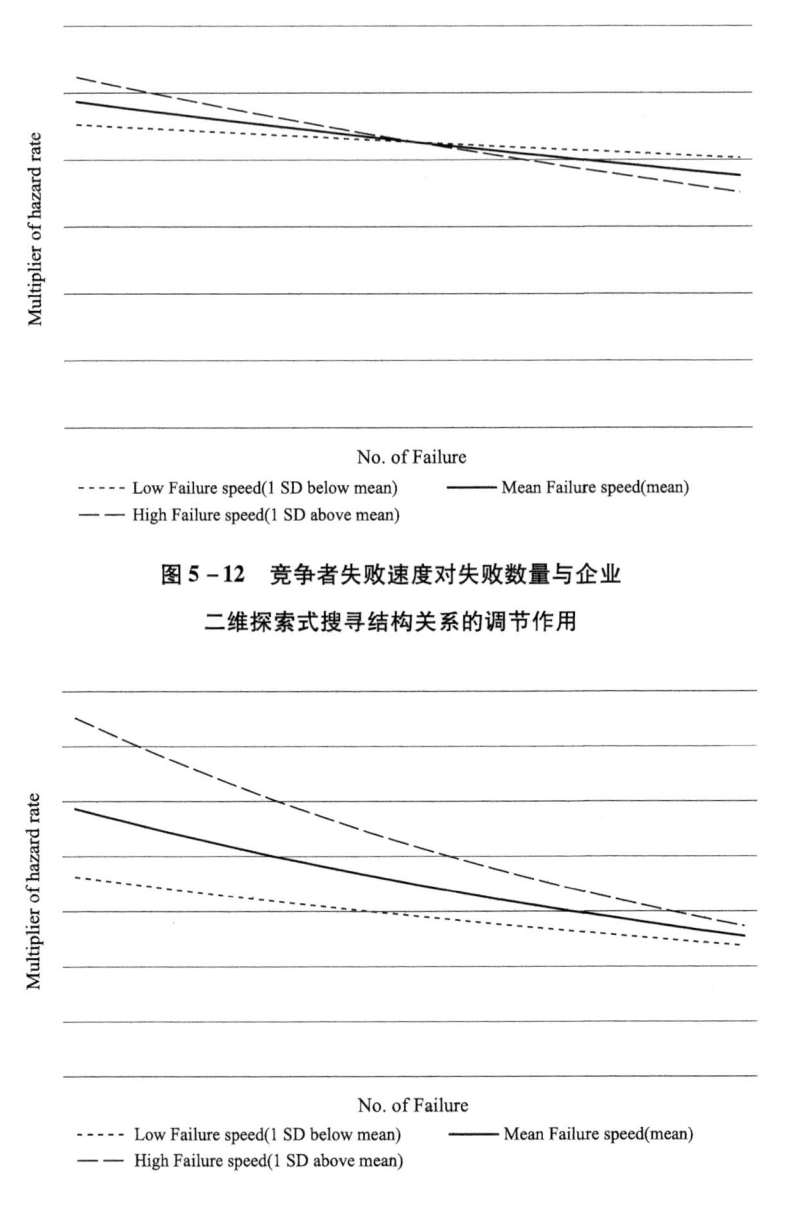

图 5-13　竞争者失败速度对失败数量与企业三维探索式搜寻结构关系的调节作用

5.4 影响因素结果汇总及搜寻空间结构异质性形成机制提炼

5.4.1 影响因素假设检验结果汇总

本章理论推导了发明人外部合作网络、高管激励和监督、竞争者的搜寻经验如何通过影响搜寻的知识新颖性和确定性，进而影响最终的外部知识搜寻结构。图 5-14 为理论推导中的主要关系图。首先，在执行层面的发明人视角研究中，主要考察发明人在外部合作网络中的位置对其搜寻结构选择的影响，两个网络位置的指标分别是结构洞有效规模和接近中心度。结构洞有效规模衡量发明人的外部直接合作者有效数量，接近中心度衡量发明人到达网络中所有其他发明人的速度（最短路径）。假设两种网络位置的差异会导致发明人在搜寻中对不确定性问题的处理能力差异，进而影响搜寻结构的选择差异，且二者在促进发明人采用探索式外部知识搜寻结构上存在替代作用，并以外部合作者的创新能力作为调节变量进一步验证这三个作用。其次，在决策层面的高管视角中，主要考察公司治理的激励机制和监督机制对高管搜寻战略决策的影响，激励机制由 CEO 持股比例代替，监督机制的指标是由大股东持股比例、独立董事比例、CEO 与董事长是否二职合一三个指标合成。假设激励和监督的程度不同，都可能导致高管对新颖性知识的搜寻程度不同，进而影响对搜寻结构的选择，且二者在促进高管选择探索式的外部知识搜寻结构上存在互补作用。以高管受教育程度作为调节变量进一步验证这三个主假设推理的正确性。最后，在外部环境层面的行业竞争者行为研究中，主要考察竞争者过去的创新搜寻失败经验如何通过缓解知识搜寻的不确定性，进而影响企业搜寻结构的选择。提出主假设，行业内竞争者过去的创新失败次数会对企业采取同类搜寻结构产生负面影响。此外，还选取失败者的创新经验和失败速度两个指标进一步验证主假设推论的合理性。

企业外部知识搜寻多维结构异质性及形成机制研究

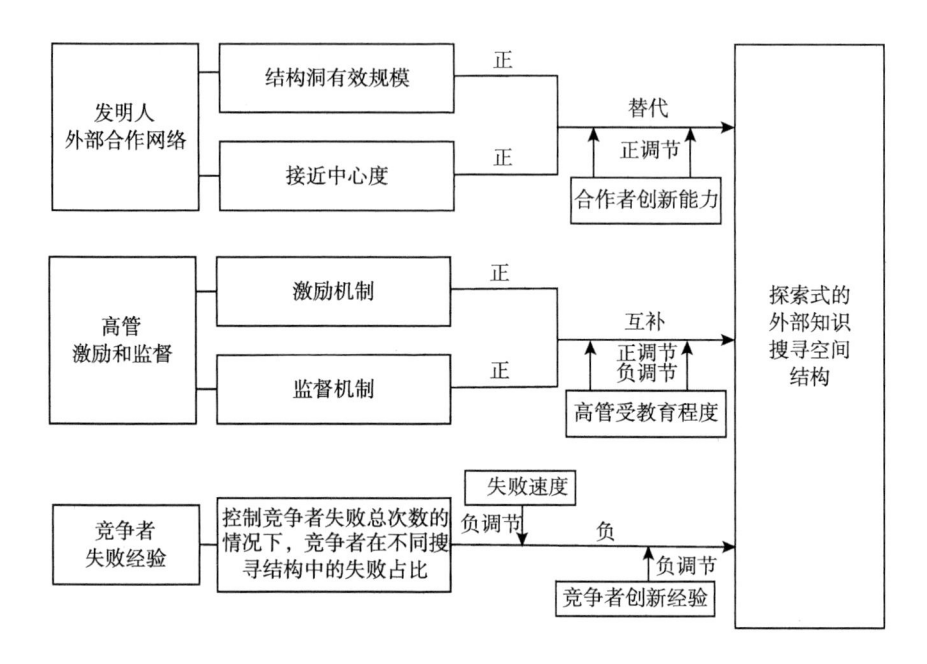

图 5-14 企业外部知识搜寻空间结构形成机制理论推导中的主要关系图

以 63 家美国医药上市企业 30 年间（1980—2010 年）的发明专利技术作为研究样本，专利后向引文作为企业外部知识搜寻活动的表征，结合其他相关数据，对理论推导中提出的 15 个假设进行检验，结果显示大多数假设被完全验证，少数假设被部分验证，没有假设没被验证（见表 5-20）。

表 5-20 企业外部知识搜寻空间结构异质性形成机制的假设验证

三个层面		研究假设	实证结果
发明人外部合作网络	H1-1	发明人在外部合作网络中的结构洞有效规模的大小影响他们对不同外部知识搜寻结构的选择，结构洞有效规模越大越有助于形成探索式的外部知识搜寻结构	支持
	H1-2	发明人在外部合作网络中的结构接近中心度的大小影响他们对不同外部知识搜寻结构的选择，接近中心度越大越有助于形成探索式的外部知识搜寻结构	支持
	H1-3	结构洞有效规模和接近中心度对形成探索式的外部知识搜寻结构有替代作用	部分支持
	H1-4	当合作者的创新能力越强时，结构洞有效规模对形成探索式外部知识搜寻结构的正向作用越强	支持

第5章 外部知识搜寻空间结构异质性的形成机制

续表

三个层面		研究假设	实证结果
发明人外部合作网络	H1-5	当合作者的创新能力越强时,接近中心度对形成探索式外部知识搜寻结构的正向作用越强	支持
	H1-6	当合作者的创新能力越强时,结构洞有效规模和接近中心度对形成探索式外部知识搜寻结构的替代作用越强	支持
高管激励和监督	H2-1	高管受到的激励程度不同,他们对企业外部知识搜寻结构的选择就不同,激励越大越有助于形成探索式的外部知识搜寻结构	部分支持
	H2-2	高管受到的监督程度不同,他们对企业外部知识搜寻结构的选择就不同,监督越严越有助于形成探索式的外部知识搜寻结构	支持
	H2-3	公司治理中的激励机制和监督机制对形成企业探索式外部知识搜寻结构有互补作用	部分支持
	H2-4	当高管受教育程度越高时,公司治理中的激励机制对形成探索式外部知识搜寻结构的正向作用越强	支持
	H2-5	当高管受教育程度越高时,公司治理中的监督机制对形成探索式外部知识搜寻结构的正向作用越强	支持
	H2-6	当高管受教育程度越高时,公司治理中的激励机制和监督机制对形成探索式外部知识搜寻结构的互补作用越弱	支持
竞争者失败经验	H3-1	竞争者在某个搜寻结构上的失败次数越多,企业越不愿意采用此类搜寻结构,且这种负向关系在多个维度的探索式搜寻结构中表现更加明显	部分支持
	H3-2	发生失败的行业竞争者创新经验越丰富,假设H3-1的负向关系越明显	支持
	H3-3	行业竞争者搜寻失败的速度越快,假设H3-1的负向关系越明显	支持

下面主要针对被部分验证的假设进行讨论。在发明人外部合作网络中,有一个假设得到部分支持,即 H1-3 "结构洞有效规模和接近中心度

对形成探索式的外部知识搜寻结构有替代作用"。根据实证结果，这个假设之所以只得到部分验证是因为交叉项仅在三个维度的探索式搜寻结构中显著为负，而在一个维度或两个维度的探索式搜寻结构中均不显著。从巩固网络优势位置的动机来看，当发明人已经在网络中占据两种有利位置，既能够与很多发明人取得直接联系，也能够快速到达这些发明人时，他们更不倾向于采用三个维度同时探索的外部知识搜寻结构。因为此时他们已经拥有了较为牢固的外部网络圈子和地位，选择多维度的探索式搜寻结构也会给发明人带来信息和知识的冗余，所以无须再选择难度较大的多维探索式搜寻结构（Ejermo and Karlsson，2006；Paruchuri，2010；Paruchuri and Awate，2017）[70,173,174]。

在高管激励和监督机制中，假设 H2-1"高管受到的激励越大，越有助于形成探索式的外部知识搜寻结构"和 H2-3"公司治理中的激励机制和监督机制对形成企业探索式外部知识搜寻结构有互补作用"被部分验证。两个假设都是在三个维度的探索式搜寻结构中不显著。原因可能有两个，一是从高管的风险意识来说，虽然激励机制能够鼓励管理者在创新中采取有利于企业长期收益和成长的搜寻活动，但高预期通常伴随着高风险（Tosi et al.，1997；Bayer and Burhop，2009）[230,24]。三个维度的探索式搜寻结构虽然被证实能给企业带来较高的创新绩效和财务绩效，但同时也伴随着很高的不确定性。所以高管为了保证自己的稳定业绩，即便在股权激励下也不轻易采取这种搜寻结构。二是从测量方法上来说，由于数据来源的限制，本研究仅采用 CEO 持股比例来衡量激励机制，这种单一指标会造成结果存在一定的偏差。同样的逻辑，假设 H2-3 获得部分支持也可能是以上两个方面的原因。

在竞争者失败经验中，假设 H3-1"竞争者在某个搜寻结构上的失败次数越多，企业越不愿意采用此类搜寻结构，且这种负向关系在多个维度的探索式搜寻结构中表现更加明显"得到部分验证。回归结果显示，竞争者失败次数的系数在开发式搜寻结构和一个维度探索式搜寻结构中不显著；而在两个维度探索式搜寻结构和三个维度探索式搜寻结构中都显著为负，且后者绝对值显著大于前者。因为多维度探索式搜寻结构在多个维度上同时进行远距离搜寻，对企业来说，将会面临更大的信息不对称问题，搜寻的成本和不确定性也会增加。他们在选择这些搜寻结构时会更加谨慎，更需要借鉴竞争者的失败经验。所以，后两类搜寻结构受到竞争者失败次数的影响比前两类更显著。该结果虽然只得到部分支持，却进一步说明和验证了 H3-1 推理逻辑的正确性。

除这些主要解释变量之外，本研究在实证中也考虑了许多控制变量。其中，包括专利层面的技术特征，如 IPC 数量、权利要求数量、是否企业核心专利等；发明人层面的其他指标，如发明人的创新经验、知识基础等；企业层面的其他指标，如企业的规模、研发投入、资本结构等；还有来自其他层面的指标，如区域创新能力等。理论分析和实证结果表明，这些因素也都可能对企业外部知识搜寻结构的形成产生影响。

5.4.2 搜寻空间结构异质性形成机制提炼

企业每一次创新活动都是一个提出问题、寻找解决方案的过程，而这一过程必然会有内部执行层面和决策层面的参与，同时受到外部环境的作用。这些因素通过影响企业处理不确定性的能力或对知识新颖性的追求，进而影响企业搜寻结构的选择。因此，基于企业实践，并借鉴权变理论（Donaldson，2001）[62]和创新系统理论（Freeman，1995；Nelson R. and Nelson K.，2002）[78,165]，本研究提出一个"自下而上、由内到外"的系统性分析体系，探讨企业外部知识搜寻空间结构异质性的影响因素。实证结果也进一步说明，企业外部知识搜寻确实是一项复杂的系统性活动，其空间结构异质性的存在是由于多种内外部因素通过影响搜寻过程中的不确定性或知识新颖性进而影响企业搜寻结构的差异化选择。需要指出的是，当我们落实到具体的因素进行分析时，很难将不同层面的所有影响因素穷尽，只能以其中几个具有代表性的因素为例，详细推理它们背后的逻辑关系，从而提炼出搜寻结构异质性的形成机制。因此，以本章实证选取的几个代表性因素为例，可以提炼出本研究关于企业外部知识搜寻空间结构异质性的形成机制（见图 5-15）。

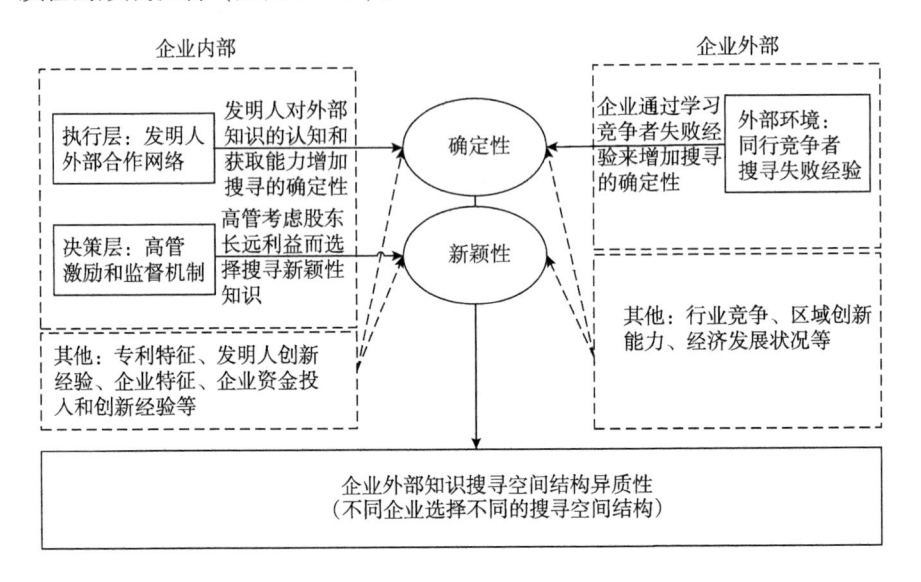

图 5-15　企业外部知识搜寻空间结构异质性形成机制

首先，在内部执行层面，发明人是创新问题的发现者、创新搜寻活动的实施者。在技术创新中，发明人是直接参与创新、开展知识搜寻的一线人员，因此，外部知识搜寻结构的形成离不开发明人的作用，尤其是发明人获取外部信息的能力（Paruchuri and Awate, 2017）[174]。创新是一个重新组合各种知识用以解决当前问题的过程。如果发明人能够充分了解外部知识，那在遇到问题时，便会知晓该去哪里搜寻知识才能得到可行的解决方案。在一个开放的系统中，各个发明人通过创新合作建立了紧密的关系网络，知识和技术等信息在这个网络中流动，处于网络中不同位置的发明人，获取外界信息的方式和能够获取的信息量不同，在处理搜寻中不确定性问题时表现出的能力也不同，从而形成了发明人之间外部知识搜寻结构的选择差异（Li et al., 2014）[141]。本研究以结构洞和接近中心度两个典型的网络位置为例，研究结果表明，处于网络中心位置的发明人因为能够广泛而快速地获取外部知识信息，因而在搜寻中更有能力缓解不确定性的问题，在各个维度上采用探索式的外部知识搜寻结构。同时，他们从巩固自身网络优势地位考虑，也有倾向于采用探索式的外部知识搜寻结构的动力。因此，不同的企业拥有的发明人不同，他们在外部创新合作网络中的位置也不同，进而在外部知识搜寻结构的选择上也有所差异，这便形成了企业间异质性的外部知识搜寻结构。当然，外部合作网络只是反映发明人获取外部知识能力的一个方面，还有许多其他因素，如发明人过去的创新经验、专业知识水平等，都有可能影响他们在执行创新搜寻任务时的信息处理能力或对新颖性知识的认知能力，进而影响他们对搜寻结构的不同选择（汤超颖和丁雪辰，2015）[324]。

其次，在内部决策层面，企业高管是外部知识搜寻战略的制定者、实施发明人搜寻计划的决定者。高管负责制定企业的创新战略，把握着外部知识搜寻结构的大方向，最终决定采用开发式的搜寻还是探索式的搜寻模式（江岩，2008）[291]。然而，管理研究表明高管在创新搜寻过程中往往不是从公司股东的长远利益考虑，远距离搜寻有利于企业创新的新颖性知识，而更多地从自身利益出发，倾向于容易实施且能够快速完成的近距离开发式搜寻活动，以提升自己任期内的业绩，这被叫作经理人的"短视行为"（李秉祥和薛思珊，2008；佟爱琴和李孟洁，2018）[296,328]。为了解决股东和经理人利益不一致的矛盾，公司治理研究提出股东可以采用激励或者监督的机制来使经理人与他们的利益保持一致（宋增基等，2011）[322]。激励机制主要是让经理人的收益与公司绩效，特别是长期绩效挂钩，常用的方式有股权激励等。监督机制是指由股东或者第三方对经理人的管理活动进行监管，使其按照股东利益开展，常见的方式有股东亲自监督、聘请外部独立董事进行监督等（郑海健，2010）[376]。作为企业技术创新的前端工作，外部知识搜寻的方向很大程度上在企业高管做创新战略规划时就已经决定了。公司治理的差异导致各个企业高管对企业长远发展的重视程度不同，因此对外部知识搜寻结构的决策也不同。正如前文分析，当高管利益和股东利益绑定时，或者股东对高管的监督更强时，他们就会从企业的长远发展考虑，选择更有利于企业长期成长而不仅仅有助于提升自己短期业绩的搜寻结构。当然，公司治理只是影响股东决策的一部分重要因素，还有许多其他因素，如高管的创新经验、管理经验、知识水平等，都有可能对其管理中的战略决策造成重要影响（郭葆春和张丹，2013；李华晶和张玉利，2006）[281,297]。

最后，在外部环境中，竞争者往往是企业采取行动时的参考对象。根据组织学习理论，企业可以通过学习他人的经验来调整自己的创新战略，以学习先进的方法或避免同样的风险（Fredland and Morris，1976；Sitkin，1992；Khanna et al.，2016）[77,217,120]。行业竞争者行为是企业创新过程中的一面镜子，企业不仅要学习竞争者的成功之道，更要学习竞争者的失败行为。失败作为一种历史经验，是企业进行组织学习的重要知识来源，甚至比成功经验更有价值，因为成功具有不可复制性，但失败却是可以避免的（黄海艳等，2016）[287]。通过学习竞争者的搜寻失败行为，企业可以更好地认识外部知识，降低搜寻过程中的不确定性。企业从竞争者的搜寻经验中可以获知哪些搜寻结构是可行的，哪些搜寻结构是不可行的，通过比较和分析，进而决定自己的创新搜寻方向和搜寻结构（于晓宇等，2012）[357]。实证研究表明，当行业内竞争者失败次数越多，企业越不会采用和竞争者同样的搜寻结构，特别是这些失败竞争者创新经验越丰富，失败行为速度越快时，企业更会避开同类搜寻，避免惨遭同样的失败风险。类似地，竞争者失败行为只是同行竞争者对企业搜寻活动产生影响的重要因素之一，还有许多其他因素，如竞争者的数量、竞争者的创新能力等也都会通过影响搜寻的内在机理而影响企业外部知识搜寻结构的形成。

企业技术创新是一项长期而复杂的系统性活动，外部知识搜寻作为企业技术创新的前端工作，同样也受到了来自各方因素的制约。除了上述本书重点研究的几个影响因素外，还可以从许多不同的角度去分析企业外部知识搜寻结构异质性的影响因素。例如组织内部，企业的规模决定了能够投入多少人力物力在外部知识搜寻活动中，资本结构和冗余资本决定了企业可用于外部知识搜寻活动的资金有多少，以解决搜寻中的不确定性问题。又如企业的创新能力不同，对外部异质性知识的渴望和吸收程度不同，进而可能造成他们对外部知识搜寻结构的差异化选择。再如组织外部，区域内的竞争强度和经济环境动荡性都可能导致搜寻不确定性的变化或是企业对新颖性知识需求的变化，进而促使企业采用不同的搜寻结构。总之，不同企业间外部知识搜寻结构的异质性是多种影响因素对其内在机理综合作用的结果。

5.5 本章小结

本章结合创新实践和相关理论，围绕企业内部执行层面、决策层面和外部环境层面，提出了一个"自下而上、由内到外"的分析框架，推导和验证了不同层面的因素如何影响企业外部知识搜寻结构异质性的形成。在这部分内容中，首先进行理论假设，在内部执行层面，借鉴社会网络分析相关理论，推导了发明人在社会网络中的结构洞和接近中心度位置，对企业外部知识搜寻空间结构异质性形成的作用；在内部决策层面，以公司治理为理论基础，推导了高管激励和监督机制对企业外部知识搜寻空间结构异质性形成的作用；在外部环境层面，从组织学习的理论视角分析了竞争者搜寻失败经验对企业外部知识搜寻空间结构异质性形成的作用。然后通过合理的研究设计，利用63家美国上市医药公司的相关数据对理论假设逐一进行验证。最后对所有实证结果进行汇总和讨论，从中提炼出外部知识搜寻空间结构异质性的形成机制。本章得出的一系列研究结论，可以帮助企业和研究学者清晰地认识外部知识搜寻空间结构异质性的影响因素及其形成机制。

第6章 结论与展望

随着全球市场竞争的加剧，国内外各行各业都清楚地认识到持续提升创新能力是企业生存和发展的根本之道（Teece，1993；张方华，2005；Chesbrough，2006；柳卸林和张可，2014）[226,361,47,311]。在日益开放的环境下，越来越多的学者倡导企业从组织外部搜寻并获取多元化的知识来丰富原有的知识体系，以解决当前面临的各种技术创新问题，从而快速应对市场变化、从容接受对手挑战等（杨慧军和杨建君，2016；Paruchuri and Awate，2017；Roper et al.，2017；Tabeau et al.，2017）[348,174,190,225]。因此，研究企业外部知识搜寻活动成为创新管理中的热门话题，但对于外部知识搜寻活动究竟是怎样开展的，为什么各企业之间的搜寻活动存在差异，还未形成统一的答案。有的研究笼统地考察企业是否存在外部知识搜寻活动，投入多少资金用于外部知识搜寻；有的研究从某一个维度出发观测企业的外部知识搜寻活动，如分析搜寻知识的新旧情况，或是搜寻知识的地理远近情况；还有些研究同时考虑知识来源的某两个维度，如外部知识地理远近和时间新旧的交叉。然而，在企业实践中，外部知识搜寻是一个多维活动，是企业在面对多维外部知识搜寻空间时，同时决定各个维度搜寻距离的过程（Li et al.，2014）[143]。具体而言，企业每一次搜寻活动都需要同时在多个维度上做决策：在时间维度上，搜寻相对较新的还是较旧的知识；在地理维度上，搜寻本地的还是外地的知识；在认知维度上，搜寻相对熟悉的知识还是相对陌生的知识。所以，如果将企业外部知识搜寻维度割裂开来研究，可能会远离企业搜寻的实践，相应的研究成果也可能在某种程度上失真，因而对企业知识搜寻现象的解释力和预测力不足。

本研究在现有研究的基础上,将企业外部知识搜寻置于"时间+地理+认知"的多维空间,提出了外部知识搜寻空间结构的概念,揭示了不同企业间外部知识搜寻空间结构的异质性现象,并分析了该现象的内在机理。然后结合企业创新实践及相关理论,明确了一个从企业内部执行层面到决策层面,再到外部环境层面的"自下而上、由内到外"的异质性影响因素分析框架,分别以发明人外部合作网络、高管激励和监督、竞争者失败经验为例进行了实证研究,系统分析了影响企业搜寻结构异质性的因素,并进一步提炼出搜寻结构异质性的形成机制,为认识和研究企业的外部知识搜寻活动提供了更为完整和切合企业实践的思路。本部分将对前文的研究进行总结,重点阐述本研究的主要结论,以及在理论与实践上的贡献,并指出研究的不足,以此确定未来可以继续深入的研究方向。

6.1 研究结论与启示

本研究以美国上市医药公司为例,用其专利后向引文表征创新过程中的知识搜寻,从多维空间视角深入研究了企业外部知识搜寻活动。围绕"企业外部知识搜寻空间结构异质性"和"异质性的影响因素"两大内容,得出了一系列相关结论。

在"企业外部知识搜寻空间结构异质性"研究中,首先从多维空间视角定义了企业外部知识搜寻空间以及搜寻空间结构,并构建了理论框架;其次以63家美国上市医药企业专利技术为样本,对企业的外部知识搜寻空间结构进行了可视化分析,并通过理论和实证分析了搜寻结构异质性的内在机理;最后简要分析了企业外部知识搜寻结构与企业创新绩效和财务绩效的关系,说明进一步深入研究企业外部知识搜寻空间结构异质性影响因素的必要性。从该部分研究内容中主要得到以下结论。

(1)企业外部知识搜寻主要包括三个维度,即时间、地理和认知。每一个维度距离的长短,共同构成了企业外部知识的搜寻空间。企业每一次搜寻活动在三个维度上做的距离决策决定了该次外部知识搜寻活动在搜寻空间中所处的位置，这形成了企业的外部知识搜寻空间结构。可视化分析显示不同的企业或同一企业在不同时点上的搜寻活动落在搜寻空间的不同位置，即企业的外部知识搜寻空间结构存在异质性，并非所有的搜寻活动都遵循同一种搜寻结构。

（2）搜寻结构异质性的内在机理是企业在搜寻过程中对确定性和新颖性的平衡。无论是时间、地理，还是认知维度上的远距离搜寻都具有两面性。一方面从获取有利于技术创新的新颖性知识来说，企业需要追求远距离的知识搜寻，而另一方面从有利于搜寻活动的开展来说，企业需要避免远距离的知识搜寻以增加确定性（或降低不确定性）。为了缓解二者的冲突，企业会不同程度地放弃某些维度的远距离搜寻而坚持某些维度的远距离搜寻，表现出对不同搜寻结构的选择。外部知识搜寻结构异质性是企业在搜寻过程中对知识新颖性和确定性两相权衡的结果。

（3）根据三个维度的搜寻距离将外部知识搜寻结构划分为"2×2×2"共8种搜寻结构，外部知识搜寻结构与绩效关系研究表明，不同的搜寻结构会导致不同的创新绩效和财务绩效。相较于近距离的开发式搜寻结构，多个维度同时进行远距离探索式搜寻的结构，能够给企业带来更高的创新绩效和财务绩效。从改变绩效的视角解释了为什么会有越来越多的企业倾向于采用三个维度同时进行远距离探索式搜寻的结构，即朝着搜寻空间的"右上方"集中。

既然不同的外部知识搜寻结构能够给企业带来差异化的创新绩效和财务绩效，那么从企业管理和经营实践的视角，如果想要通过改变知识搜寻活动来改善企业绩效，就有必要进一步探究是哪些因素影响了企业对外部知识搜寻空间结构的选择。于是，下一个内容着重分析了"企业外部知识搜寻空间结构异质性的影响因素"。首先，由企业内部创新执行者、战略决策者，以及外部环境等构建了一个多层次分析框架，分别以发明人外部合作网络、高管激励和监督、竞争者失败经验为例，进行详细的理论推导和实证研究；其次，对假设检验结果进行汇总和讨论，提炼了外部知识搜寻结构异质性的形成机制。为企业和研究学者更深入地从多维视角认识企业外部知识搜寻活动提供有价值的参考，为以后更好地研究企业如何根据内外部条件进行搜寻战略调整，提升企业技术创新能力和竞争力打下坚实的基础。从该部分研究内容中主要得到了以下结论。

（1）作为企业问题的发现者、技术创新直接参与者和执行者的发明人，他们获取外部知识的能力决定了对不确定性的处理能力，进而影响了外部知识搜寻空间结构的形成。技术和知识信息通过发明人之间的合作网络进行传播和交流，发明人在外部合作网络中的位置决定了他们处理外界信息的能力。以结构洞和接近中心度两个典型的网络位置为例，研究结果表明，处于网络结构洞或接近中心度优势地位的发明人因为能够广泛或快速地获取外部知识信息，因而在搜寻中更有能力缓解时间、地理和认知维度上的不确定性问题，进而采取多维探索式的外部知识搜寻结构。同时，从巩固地位考虑，分别位于这两种网络优势地位的发明人比位于网络边缘的发明人更有采用探索式的外部知识搜寻结构的动力。但由于信息冗余，同时拥有两种网络优势地位的发明人反而不倾向采用探索式的外部知识搜寻结构。因此，不同发明人在创新过程中表现出的能力和动机差异导致了企业外部知识搜寻空间结构的异质性。

（2）作为技术创新战略的决策者，企业高管把握了外部知识搜寻结构的大方向，而高管的战略决策往往与公司的激励和监督机制紧密相关。在现代企业所有权和经营权两权分离的情况下，存在着委托代理问题，已有研究发现高管在创新战略制定过程中可能存在"短视行为"，即不从股东的长远利益考虑，而是从自身利益出发，倾向于容易实施且迅速见效的活动。为了解决股东和经理人利益不一致的矛盾，公司治理采用激励或者监督的机制制衡高管行为，影响他们的管理决策。因此，激励和监督程度不同的企业，在外部知识搜寻结构的选择上也不尽相同。实证研究表明，当高管利益和股东利益绑定时，或者股东对高管的监督更强时，高管更倾向于在时间、地理和认知维度上搜寻有益于创新产出的新颖性知识，进而选择探索式的搜寻结构，而且激励和监督机制在这个关系中还具有互补效应。所以，公司治理通过激励和监督来制衡高管，防止经营者和所有者利益背离，进而影响高管在创新搜寻中的决策。不同程度的激励和监督机制是形成企业外部知识搜寻空间结构异质性的又一重要影响因素。

（3）外部竞争者的失败经验为企业内部发明人任务执行和高管战略决策提供了参考。根据组织学习中的失败学习理论，企业可以通过学习他人的失败经验来调整自己的创新战略，以避免同样的风险。失败经验甚至比成功经验更有价值，因为成功具有不可复制性，但失败却是可以避免的。实证研究表明，当行业内竞争者失败次数越多，企业越不会采用和竞争者同样的搜寻结构，特别是当这些失败竞争者创新经验越丰富、失败速度越快时，企业更会避开同类搜寻结构，以避免惨遭同样的失败。实施失败学习行为的是企业内部员工而非企业本身，企业发明人和高管通过了解和学习竞争者的失败经验，调整他们在创新搜寻中的任务执行和战略制定方向，进而形成了差异化的外部知识搜寻结构。因此外部竞争者失败经验对企业的影响其实是通过影响企业内部发明人和高管的行为，进而影响了企业外部知识搜寻结构的形成。

除此之外，还有许多其他因素共同形成了企业外部知识搜寻结构的异质性。例如，企业规模、资本结构和冗余资本决定了能够投入到外部知识搜寻活动中人力、物力和财力的多少，进而影响企业处理不对称信息的能力，影响企业对搜寻结构的选择；发明人过去的搜寻经验、专业知识水平等，也有可能影响他们在搜寻过程中对不确定性问题的处理能力或对新颖性知识的认知能力，进而影响他们对搜寻结构的不同选择；外部竞争强度和经济环境动荡性也可能给企业造成压力而促使企业对新颖性创新知识的需求不同而采用不同的搜寻结构。由此可见，企业外部知识搜寻空间结构异质性是企业内外部多种因素综合作用下，平衡知识新颖性和确定性的结果。

从结构异质性视角研究企业外部知识搜寻空间结构，对现有研究主要有两方面的启示。第一，本研究提出外部知识搜寻空间的新分析范式，突破传统研究范式的局限，使研究结论更贴近企业实践，对外部知识搜寻活动的认识更具有真实性。传统"点""线""面"分析范式抛弃了外部知

第 6 章 结论与展望

识搜寻的多维空间特征及其不同维度之间的共变性，同时，对外部知识搜寻多维空间结构的忽视，可能导致现有研究对企业外部知识搜寻活动的认识偏差，由此得出的相关结论也值得商榷。因此，本研究从搜寻空间视角分析企业外部知识搜寻活动，促进外部知识搜寻研究范式的转变，可以为创新搜寻研究提供一条更切合企业实践的新思路。

第二，外部知识搜寻空间异质性及其影响因素的研究是分析企业如何使用外部知识进行创新，形成竞争力的前端工作。进行外部知识搜寻空间结构异质性的研究可以更好地认识外部知识搜寻活动，为研究如何提升企业创造力和竞争力奠定良好的基础，但迄今为止，过去的文献主要是结果研究，即通过理论和实证来讨论外部知识搜寻对企业绩效的影响，对多维度平衡搜寻的内在机理及外部知识搜寻的影响因素尚未形成一个系统性的分析和探讨。因此，本研究尝试建立一个完整的分析框架，在量化外部知识搜寻空间结构的基础上，重点分析企业间知识搜寻结构异质性形成的内在机理及其影响因素，提炼出本地搜寻和远程搜寻中"新颖性与确定性的冲突"，总结出一个"自下而上、由内到外"影响因素分析框架。希望能够通过前端研究为后续深入探索企业的外部知识学习行为，以及外部知识搜寻空间异质性与企业技术能力发展、市场竞争力的关系等，奠定扎实的理论基础。

在企业实践和政策制定方面，本研究也具有一定的启示作用。首先，对于企业而言，外部知识搜寻空间结构的异质性现象表明，在外部知识搜寻过程中，不是所有企业都会选择多个维度同时进行探索式搜寻，每个维度搜寻距离的远近给企业带来的成本、机会和收益存在差异。因此，企业不必一味跟风，而应该根据自身的情况在各个维度之间做出取舍，选择更适合自身发展的搜寻结构。外部知识搜寻空间结构异质性影响因素研究显示，虽然这种异质性是企业内外部多种因素共同作用的结果，但这些影响过程的内在机理是影响企业对搜寻中确定性和新颖性的平衡。所以，如果企业想要通过多维度的探索式搜寻结构追求新颖性创新知识，需要重点考虑如何改变或适应内部因素，争取为开展多维探索式外部知识搜寻结构创造更有利的条件和环境。例如，利用社交网络更广、创造力更强的知识型员工，有效激励和监督高层管理者，观察和学习外部环境中的竞争者和其他相关者的创新搜寻行为等。其次，对政策制定部门来说，可以为企业搜寻外部知识提供帮助，营造良好的创新环境。例如，搭建技术创新交流平台，完善国家和企业技术创新成果披露机制，为企业之间、发明人之间的信息交流和沟通搭建良好的环境平台，减少企业在外部知识搜寻过程中的不确定性问题。政府部门还可以通过完善现有技术交易市场，如专利许可、技术买卖，以提高企业搜寻和获取外部知识和技术的成功概率。如果外部知识和技术为其他组织所有，企业能够从中获得的信息是有限的，倘若企业能够占有这些有价值的外部知识和技术，直接为创新所用或者进行吸收学习再创新，将会更大程度地发挥外部知识和技术的作用。所以政府部门营造良好创新环境的途径是完善知识产权交易市场，使知识和技术商业化，充分发挥它们在创新中的作用。

6.2 研究不足与展望

本研究在理论和实践方面均能给现有研究和企业管理提供一些有意义的借鉴，但仍然存在一定的不足和局限性，有待在未来的研究中逐步完善。总的来说，主要体现在以下几个方面。

（1）在数据和方法上，本研究所选用的数据来自美国医药行业上市企业，虽然医药企业作为创新驱动较强的行业，研究他们的创新活动具有一定代表性，但毕竟只是众多产业中的一个，若完全拓展到其他行业难免会被认为缺乏普适性。因此今后的研究可以采用其他行业作为研究样本，一方面可以进一步验证本书的研究结论，另一方面可以比较不同行业之间企业外部知识搜寻活动的异同。此外，美国企业作为发达国家的代表可以给发展中国家提供外部知识搜寻的学习经验，但两类市场仍然存在较大差异，所以未来可以以中国等发展中国家或新兴市场为背景，研究不同市场环境下企业外部知识搜寻活动有何变化。在指标测量上，主要从数据可获得性的角度来设计相关指标,某些变量的选择可能考虑不全面,如在测量企业创新绩效和财务绩效时,仅使用专利申请量(以及专利被引用次数)衡量企业创新绩效,企业净利润衡量财务绩效。今后在专门研究企业外部知识搜寻活动与绩效关系时,为了避免单个变量引起的统计误差,可以尝试获取更多数据,并运用或者综合多种指标来测量同一个变量。例如,创新绩效还可以使用新产品产值和销售值,财务绩效还可以使用上市公司在股市上的表现等。

(2)参照大量已有文献的做法,本研究使用专利引文来表征企业在创新过程中的外部知识搜寻活动,但除此之外,企业搜寻外部知识的方式还有很多,例如,通过许可和买卖搜寻并获取外部其他组织的技术和知识,通过兼并和收购其他企业或者生产线的方式来搜寻并获取外部知识和技术,通过招聘等活动来获取伴随人员流动附带的知识和技术。所以,未来研究可以在本研究的基础上,采用不同的方式来表征企业的外部知识搜寻活动,重新构建外部知识搜寻的空间结构。一方面可以进一步佐证以专利引文为数据基础的外部知识搜寻活动研究结论的正确性;另一方面可以比较不同搜寻方式之间是否存在差异,或者不同搜寻方式之间是否存在相互促进或抑制的作用。例如,基于专利引文的搜寻活动是否能够提高企业与被搜寻企业未来技术许可、买卖交易,或者并购的可能性;通过许可和买卖来搜寻且获取外部知识和技术的企业是否在未来技术创新过程中更倾向于使用内部引文而非外部引文等。

(3)本研究尝试从空间结构视角进一步认识企业外部知识搜寻活动,主要分析了发明人、企业高管以及外部竞争者在搜寻结构选择中的作用,但实践中影响企业外部知识搜寻结构选择的因素还有很多,尤其是外部环境中存在众多不确定因素,如区域知识产权保护力度、市场经济的动荡性等,虽然本研究尽可能地对这些因素进行了控制,但其背后的理论基础和逻辑推理仍值得深入分析。因此,基于本研究的思路和框架,未来研究可以选择不同的角度对这些因素展开讨论,使企业外部知识搜寻活动研究更加丰富和完善。另外,本研究虽然提出了一个外部知识搜寻空间结构异质性形成机制的整体性框架，但需要意识到，企业实践中的外部知识搜寻活动往往没有这么简单，这些作用机制之间还会存在错综复杂的相互制约、相互促进，或者其他关系。所以，未来研究可以尝试使用更复杂的实证方法，深入探索各类因素之间的交互作用或者中介作用。在本研究的外部知识搜寻的基础上进行更加符合企业创新实践的因果关系分析，只有这样才能为学术界提供更有意义的理论指导，才能为实业界提供更有价值的实践启示。

（4）本研究是基于企业二手数据进行的实证分析，为了验证本研究的可行性，弄清理论与实践之间存在多大的差异性，仅在研究期间与部分行业内相关人员做过非正式交流，受到时间和研究条件的限制，没能深入到企业内部开展正式的企业调研。后续研究将会尝试从不同产业、不同地区、不同类型的企业中，各选择几家具有代表性的企业，进行多案例的比较分析。争取能够深入企业内部，对其技术研发人员和高层管理者进行深度访谈，获取一手资料，通过案例分析和相关人员的反馈来进一步改善和提高本研究的实证和理论价值。

参考文献

[1] O'REILLY C, CHATMAN J A. Culture as social control: Corporations, cults, and commitment [J]. Research in Organizational Behavior, 1996, 18 (18): 157-200.

[2] ABULRUB A H G, LEE J. Open innovation management: Challenges and prospects [J]. Procedia-Social and Behavioral Sciences, 2012, 41 (41): 130-138.

[3] AGUILERA R V, JUDGE W Q, TERJESEN S A. Corporate governance deviance [J]. Academy of Management Review, 2018, 43 (1): 87-109.

[4] AHUJA G, KATILA R. Where do resources come from? The role of idiosyncratic situations [J]. Strategic Management Journal, 2004, 25 (8): 887-907.

[5] AHUJA G, LAMPERT C M. Entrepreneurship in the large corporation: A longitudinal study of how established firms create breakthrough inventions [J]. Strategic Management Journal, 2001, 22 (6): 521-543.

[6] AIKEN L S, WEST S G, RENO R R. Multiple Regression: Testing and Interpreting Interactions [M]. Los Angeles: Sage Publications, 1991.

[7] ALLEN T J. Information flow in R&D laboratories [J]. Administrative Science Quarterly, 1969, 14 (1): 12-19.

[8] ALLISON J R, LEMLEY M A. Empirical evidence on the validity of litigated patents [J]. AIPLA Quarterly Journal, 1998, 26 (26): 185.

[9] AMPONSAH C T, ADAMS S. Open innovation: Systematisation of knowledge exploration and exploitation for commercialisation [J]. International Journal of Innovation Management, 2017, 21 (3): 126-145.

[10] ANDERSSON U, FORSGREN M, HOLM U. The strategic impact of external networks: Subsidiary performance and competence development in the multinational corporation [J]. Strategic Management Journal, 2002, 23 (11): 979-996.

[11] ANDRIOPOULOS C, LEWIS M W. Exploitation-exploration tensions and organizational ambidexterity: Managing paradoxes of innovation [J]. Organization Science, 2009, 20 (4): 696-717.

[12] ANGRIST J D. Estimation of limited dependent variable models with dummy endogenous regressors: Simple strategies for empirical practice [J]. Journal of Business & Economic Statistics, 2001, 19 (1): 2-28.

[13] ARDITO L, NATALICCHIO A, MESSENI PETRUZZELLI A, et al. Organizing for continuous technology acquisition: The role of R&D geographic dispersion [J]. R&D Management, 2018, 48 (2): 165-176.

[14] ARELLANO M, BOND S. Some tests of specification for panel data: Monte Carlo evidence and an application to employment equations [J]. The Review of Economic Studies, 1991, 58 (2): 277-297.

[15] ARGYRES N. Evidence on the role of firm capabilities in vertical integration decisions [J]. Strategic Management Journal, 1996, 17 (2): 129-150.

[16] ARUNDEL A, KABLA I. What percentage of innovations are patented? Empirical estimates for European firms [J]. Research Policy, 1998, 27 (2): 127-141.

[17] ASAKAWA K, PARK Y, SONG J, et al. Internal embeddedness, geographic distance, and global knowledge sourcing by overseas subsidiaries [J]. Journal of International Business Studies, 2018, 49 (6): 743-752.

[18] ASHEIM B T, ISAKSEN A. Regional innovation systems: The integration of local 'sticky' and global 'ubiquitous' knowledge [J]. The Journal of Technology Transfer, 2002, 27 (1): 77-86.

[19] AZARMI D. Factors affecting technology innovation and its commercialisation in firms [J]. Modern Applied Science, 2016, 10 (7): 36-48.

[20] BALKIN D B, MARKMAN G D, GOMEZ-MEJIA L R. Is CEO pay in high-technology firms related to innovation? [J]. Academy of Management Journal, 2000, 43 (6): 1118-1129.

[21] BALSMEIER B, FLEMING L, MANSO G. Independent boards and innovation [J]. Journal of Financial Economics, 2017, 123 (3): 536-557.

[22] BARNETT M L, SALOMON R M. Beyond dichotomy: The curvilinear relationship between social responsibility and financial performance [J]. Strategic Management Jour-

nal, 2006, 27 (11): 1101-1122.

[23] BAUM J A, DAHLIN K B. Aspiration performance and railroads' patterns of learning from train wrecks and crashes [J]. Organization Science, 2007, 18 (3): 368-385.

[24] BAYER C, BURHOP C. Corporate governance and incentive contracts: Historical evidence from a legal reform [J]. Explorations in Economic History, 2009, 46 (4): 464-481.

[25] BELDERBOS R, GILSING V, LOKSHIN B, et al. The antecedents of new R&D collaborations with different partner types: On the dynamics of past R&D collaboration and innovative performance [J]. Long Range Planning, 2018, 51 (2): 285-302.

[26] BELLOC F. Corporate governance and innovation: A survey [J]. Journal of Economic Surveys, 2012, 26 (5): 835-864.

[27] BENNER M J. The incumbent discount: Stock market categories and response to radical technological change [J]. Academy of Management Review, 2007, 32 (3): 703-720.

[28] BENNER M J, TUSHMAN M. Process management and technological innovation: A longitudinal study of the photography and paint industries [J]. Administrative Science Quarterly, 2002, 47 (47): 676-707.

[29] BERCOVITZ J, FELDMAN M. The mechanismsof collaboration in inventive teams: Composition, social networks, and geography [J]. Research Policy, 2011, 40 (1): 81-93.

[30] BOGERS M, CHESBROUGH H, MOEDAS C. Open innovation: Research, practices, and policies [J]. California Management Review, 2018, 60 (2): 5-16.

[31] BOONE C, LOKSHIN B, GUENTER H, et al. Top management team nationality diversity, corporate entrepreneurship, and innovation in multinational firms [J]. Strategic Management Journal, 2019, 40 (2): 277-302.

[32] BOSCHMA R, ERIKSSON R, LINDGREN U. How does labour mobility affect the performance of plants? The importance of relatedness and geographical proximity [J]. Journal of Economic Geography, 2009, 9 (2): 169-190.

[33] BOURGEOIS L J. On the measurement of organizational slack [J]. Academy of Management Review, 1981, 35 (1): 1-7.

[34] BOYD B K. CEO duality and firm performance: A contingency model [J]. Strategic

Management Journal, 1995, 16 (4): 301 -312.

[35] BURT R S. Structural Holes: The Social Structure of Competition [M]. Boston: Harvard University Press, 1992.

[36] BURT R S. The Contingent Value of Social Capital [C] //Knowledge and Social Capital. Amsterdam: Elsevier, 2000: 255 -286.

[37] BURT R S. Structural Holes: The Social Structure of Competition [M]. Boston: Harvard University Press, 2009.

[38] CAINELLI G, EVANGELISTA R, SAVONA M. The impact of innovation on economic performance in services [J]. The Service Industries Journal, 2004, 24 (1): 116 -130.

[39] CAMISÓN C, VILLAR-LÓPEZ A. Organizational innovation as an enabler of technological innovation capabilities and firm performance [J]. Journal of Business Research, 2014, 67 (1): 2891 -2902.

[40] CANER T, BRUYAKA O, PRESCOTT J E. Flow signals: Evidence from patent and alliance portfolios in the US biopharmaceutical industry [J]. Journal of Management Studies, 2018, 55 (2): 232 -264.

[41] CAPALDO A, LAVIE D, MESSENI PETRUZZELLI A. Knowledge maturity and the scientific value of innovations: The roles of knowledge distance and adoption [J]. Journal of Management, 2017, 43 (2): 503 -533.

[42] CAPPELLI R, CZARNITZKI D, DOHERR T, et al. Inventor mobility and productivity in Italian regions [J]. Regional Studies, 2019, 53 (1): 43 -54.

[43] CARLILE P R. Transferring, translating, and transforming: An integrative framework for managing knowledge across boundaries [J]. Organization Science, 2004, 15 (5): 555 -568.

[44] CARNABUCI G, OPERTI E. Where do firms' recombinant capabilities come from? Intraorganizational networks, knowledge, and firms' ability to innovate through technological recombination [J]. Strategic Management Journal, 2013, 34 (13): 1591 -1613.

[45] CASSIMAN B, VEUGELERS R. In search of complementarity in innovation strategy: Internal R&D and external knowledge acquisition [J]. Management Science, 2006, 52 (1): 68 -82.

[46] CHAGANTI R, DAMANPOUR F. Institutional ownership, capital structure, and firm performance [J]. Strategic Management Journal, 1991, 12 (7): 479-491.

[47] CHESBROUGH H W. Open Business Models: How to Thrive in the New Innovation Landscape [M]. Boston: Harvard Business Press, 2006.

[48] CHESBROUGH H W. Open Innovation: The New Imperative for Creating and Profiting From Technology [M]. Boston: Harvard Business School Press, 2003.

[49] CHIANG Y H, HUNG K P. Exploring open search strategies and perceived innovation performance from the perspective of inter-organizational knowledge flows [J]. R&D Management, 2010, 40 (3): 292-299.

[50] CHOI H, SHIN J, HWANG W S. Two faces of scientific knowledge in the external technology search process [J]. Technological Forecasting and Social Change, 2018, 133 (2): 41-50.

[51] CHOI S, MCNAMARA G. Repeating a familiar pattern in a new way: The effect of exploitation and exploration on knowledge leverage behaviors in technology acquisitions [J]. Strategic Management Journal, 2018, 39 (2): 356-378.

[52] CHUNG Y, JACKSON S E. The internal and external networks of knowledge-intensive teams: The role of task routineness [J]. Journal of Management, 2013, 39 (2): 442-468.

[53] COHEN W M. Absorptive capacity: A new perspective on learning and innovation [J]. Administrative Science Quarterly, 1990, 35 (1): 128-152.

[54] COLOMBO M G, PIVA E, ROSSI-LAMASTRA C. Open innovation and within-industry diversification in small and medium enterprises: The case of open source software firms [J]. Research Policy, 2014, 43 (5): 891-902.

[55] CRESCENZI R, GAGLIARDI L. The innovative performance of firms in heterogeneous environments: The interplay between external knowledge and internal absorptive capacities [J]. Research Policy, 2018, 47 (4): 782-795.

[56] CRUZ-GONZÁLEZ J, LÓPEZ-SÁEZ P, NAVAS-LÓPEZ J E, et al. Open search strategies and firm performance: The different moderating role of technological environmental dynamism [J]. Technovation, 2015, 35 (12): 32-45.

[57] CYERT R M, MARCH J G. A Behavioral Theory of the Firm [M]. New York: Englewood Cliffs, 1963.

[58] D'ESTE P, MARZUCCHI A, RENTOCCHINI F. Exploring and yet failing less: Learning from past and current exploration in R&D [J]. Industrial and Corporate Change, 2017, 27 (3): 525–553.

[59] DAMANPOUR F. Organizational innovation: A meta-analysis of effects of determinants and moderators [J]. Academy of Management Journal, 1991, 34 (3): 555–590.

[60] DAVIDSON III W N, JIRAPORN P, KIM Y S, et al. Earnings management following duality-creating successions: Ethnostatistics, impression management, and agency theory [J]. Academy of Management Journal, 2004, 47 (2): 267–275.

[61] DENRELL J, FANG C, LEVINTHAL D A. From T-mazes to labyrinths: Learning from model-based feedback [J]. Management Science, 2004, 50 (10): 1366–1378.

[62] DONALDSON L. The Contingency Theory of Organizations [M]. Los Angeles: Sage Publications, 2001.

[63] DONALDSON L, DAVIS J H. Stewardship theory or agency theory: CEO governance and shareholder returns [J]. Australian Journal of Management, 1991, 16 (1): 49–64.

[64] DONG J, GOU Y N. Corporate governance structure, managerial discretion, and the R&D investment in China [J]. International Review of Economics & Finance, 2010, 19 (2): 180–188.

[65] DOSI G. Technological paradigms and technological trajectories: A suggested interpretation of the determinants and directions of technical change [J]. Research Policy, 1982, 11 (3): 147–162.

[66] DOWELL G, SWAMINATHAN A. Entry timing, exploration, and firm survival in the early US bicycle industry [J]. Strategic Management Journal, 2006, 27 (12): 1159–1182.

[67] DUNLAP-HINKLER D, KOTABE M, MUDAMBI R. A story of breakthrough versus incremental innovation: Corporate entrepreneurship in the global pharmaceutical industry [J]. Strategic Entrepreneurship Journal, 2010, 4 (2): 106–127.

[68] EISENHARDT K M. Making fast strategic decisions in high-velocity environments [J]. Academy of Management Journal, 1989, 32 (3): 543–576.

[69] EISENMAN M, PARUCHURI S. Inventor knowledge recombination behaviors in a

pharmaceutical merger: The role of intra-firm networks [J]. Long Range Planning, 2018, 4 (5): 1-13.

[70] EJERMO O, KARLSSON C. Interregional inventor networks as studied by patent coinventorships [J]. Research Policy, 2006, 35 (3): 412-430.

[71] FELIN T, FOSS N J, HEIMERIKS K H, et al. Microfoundations of routines and capabilities: Individuals, processes, and structure [J]. Journal of Management Studies, 2012, 49 (8): 1351-1374.

[72] FINKELSTEIN S, MOONEY A C. Not the usual suspects: How to use board process to make boards better [J]. Academy of Management Perspectives, 2003, 17 (2): 101-113.

[73] FLEMING L. Recombinant uncertainty in technological search [J]. Management Science, 2001, 47 (1): 117-132.

[74] FLEMING L, MINGO S, CHEN D. Collaborative brokerage, generative creativity, and creative success [J]. Administrative Science Quarterly, 2007, 52 (3): 443-475.

[75] FLOR M L, COOPER S Y, OLTRA M J. External knowledge search, absorptive capacity and radical innovation in high-technology firms [J]. European Management Journal, 2018, 36 (2): 183-194.

[76] FRANZONI C, SAUERMANN H. Crowd science: The organization of scientific research in open collaborative projects [J]. Research Policy, 2014, 43 (1): 1-20.

[77] FREDLAND J E, MORRIS C E. A cross section analysis of small business failure [J]. American Journal of Small Business, 1976, 1 (1): 7-18.

[78] FREEMAN C. The 'National System of Innovation' in historical perspective [J]. Cambridge Journal of Economics, 1995, 19 (1): 5-24.

[79] FREEMAN L C. Centrality in social networks conceptual clarification [J]. Social Networks, 1978, 1 (3): 215-239.

[80] GANESAN S, MALTER A J, RINDFLEISCH A. Does distance still matter? Geographicproximity and new product development [J]. Journal of Marketing, 2005, 69 (4): 44-60.

[81] GARMS F P, ENGELEN A. Innovation and R&D in the upper echelons: The association between the CTO's power depth and breadth and the TMT's commitment to innovation [J]. Journal of Product Innovation Management, 2019, 36 (1): 87-106.

[82] GATIGNON H, XUEREB J M. Strategic orientation of the firm and new product performance [J]. Journal of Marketing Research, 1997, 34 (1): 77 – 90.

[83] GEERTS A, LETEN B, BELDERBOS R, et al. Does spatial ambidexterity pay off? On the benefits of geographic proximity between technology exploitation and exploration [J]. Journal of Product Innovation Management, 2018, 35 (2): 151 – 163.

[84] GAVETTI G, GREVE H R, LEVINTHAL D A. The behavioral theory of the firm: Assessment and prospects [J]. Academy of Management Annals, 2012, 6 (1): 1 – 40.

[85] GONG Y, ZHANG Y, XIA J. Do firms learn more from small or big successes and failures? A test of the outcome-based feedback learning perspective [J]. Journal of Management, 2017, 14 (9): 166 – 176.

[86] GRANSTRAND O, PATEL P, PAVITT K. Multi-technology corporations: Why they have "distributed" rather than "distinctive core" competencies [J]. California Management Review, 1997, 39 (4): 8 – 25.

[87] GRIGORIOU K, ROTHAERMEL F T. Organizing for knowledge generation: Internal knowledge networks and the contingent effect of external knowledge sourcing [J]. Strategic Management Journal, 2017, 38 (2): 395 – 414.

[88] GRIMPE C, FIER H. Informal university technology transfer: A comparison between the United States and Germany [J]. The Journal of Technology Transfer, 2009, 35 (6): 637 – 650.

[89] GRIMPE C, KAISER U. Balancing internal and external knowledge acquisition: The gains and pains from R&D outsourcing [J]. Journal of Management Studies, 2010, 47 (8): 1483 – 1509.

[90] GUPTA A K, SMITH K G, SHALLEY C E. The interplay between exploration and exploitation [J]. Academy of Management Journal, 2006, 49 (4): 693 – 706.

[91] HAGEDOORN J, CLOODT M. Measuring innovative performance: Is there an advantage in using multiple indicators? [J]. Research Policy, 2003, 32 (8): 1365 – 1379.

[92] HAGEDOORN J, LOKSHIN B, MALO S. Alliances and the innovation performance of corporate and public research spin-off firms [J]. Small Business Economics, 2018, 50 (4): 763 – 781.

[93] HARGADON A, SUTTON R I. Technology brokering and innovation in a product devel-

opment firm [J]. Administrative Science Quarterly, 1997, 42 (4): 716-749.

[94] HARHOFF D, REITZIG M. Determinants of opposition against EPO patent grants-the case of biotechnology and pharmaceuticals [J]. International Journal of Industrial Organization, 2004, 22 (4): 443-480.

[95] HE J, FALLAH M H. Is inventor network structure a predictor of cluster evolution? [J]. Technological Forecasting and Social Change, 2009, 76 (1): 91-106.

[96] HE J, WANG H C. Innovative knowledge assets and economic performance: The asymmetric roles of incentives and monitoring [J]. Academy of Management Journal, 2009, 52 (5): 919-938.

[97] HE Z L, WONG P K. Exploration vs. exploitation: An empirical test of the ambidexterity hypothesis [J]. Organization Science, 2004, 15 (4): 481-494.

[98] HEELEY M B, JACOBSON R. The recency of technological inputs and financial performance [J]. Strategic Management Journal, 2008, 29 (7): 723-744.

[99] HERVAS-OLIVER J L, SEMPERE-RIPOLL F, ROJAS ALVARADO R, et al. Beyond product innovation: Deciphering process-oriented innovators, complementarities and performance effects [J]. Technology Analysis & Strategic Management, 2018, 30 (5): 582-595.

[100] HILLMAN A J, DALZIEL T. Boards of directors and firm performance: Integrating agency and resource dependence perspectives [J]. Academy of Management Review, 2003, 28 (3): 383-396.

[101] HOETKER G. The use of logit and probit models in strategic management research: Critical issues [J]. Strategic Management Journal, 2007, 28 (4): 331-343.

[102] HOLLIS A. Me-too drugs: Is there a problem [J]. Department of Economics, University of Calgary, 2004, 13 (2): 18-25.

[103] HOLMSTROM B. Agency costs and innovation [J]. Journal of Economic Behavior & Organization, 1989, 12 (3): 305-327.

[104] HONG W, SU Y S. The effect of institutional proximity in non-local university-industry collaborations: An analysis based on Chinese patent data [J]. Research Policy, 2013, 42 (2): 454-464.

[105] HONIG B, HOPP C. Learning orientations and learning dynamics: Understanding heterogeneous approaches and comparative success in nascent entrepreneurship [J].

Journal of Business Research, 2019, 94 (1): 28 – 41.

[106] HONORÉ F, MUNARI F, DE LA POTTERIE B V P. Corporate governance practices and companies' R&D intensity: Evidence from European countries [J]. Research Policy, 2015, 44 (2): 533 – 543.

[107] HUIZINGH E K. Open innovation: State of the art and future perspectives [J]. Technovation, 2011, 31 (1): 2 – 9.

[108] HWANG J, LEE Y. External knowledge search, innovative performance and productivity in the Korean ICT sector [J]. Telecommunications Policy, 2010, 34 (10): 562 – 571.

[109] ISAKSSON O H D, SIMETH M, SEIFERT R W. Knowledge spillovers in the supply chain: Evidence from the high tech sectors [J]. Research Policy, 2016, 45 (3): 699 – 706.

[110] JANSEN J J P, BOSCH F A J V D, VOLBERDA H W. Exploratory innovation, exploitative innovation, and performance: Effects of organizational antecedents and environmental moderators [J]. Management Science, 2006, 52 (11): 1661 – 1674.

[111] JANSEN J J P, TEMPELAAR M P, BOSCH F A J V D, et al. Structural differentiation and ambidexterity: The mediating role of integration mechanisms [J]. Organization Science, 2008, 20 (4): 797 – 811.

[112] JENSEN M C. Agency costs of free cash flow, corporate finance, and takeovers [J]. The American Economic Review, 1986, 76 (2): 323 – 329.

[113] JENSEN M C, MECKLING W H. Theory of the firm: Managerial behavior, agency costs and ownership structure [J]. Journal of Financial Economics, 1976, 3 (4): 305 – 360.

[114] JIA N, HUANG G L, ZHANG C M. Public governance, corporate governance, and firm innovation: An examination of state-owned enterprises [J]. Academy of Management Journal, 2019, 62 (1): 220 – 247.

[115] JIANG F, CAI W, WANG X, et al. Multiple large shareholders and corporate investment: Evidence from China [J]. Journal of Corporate Finance, 2018, 50 (2): 66 – 83.

[116] KATILA R. New product search over time: Past ideas in their prime? [J]. Academy of Management Journal, 2002, 45 (5): 995 – 1010.

[117] KATILA R, AHUJA G. Something old, something new: A longitudinal study of

search behavior and new product introduction [J]. Academy of Management Journal, 2002, 45 (6): 1183-1194.

[118] KATILA R, CHEN E L. Effects of search timing on innovation: The value of not being in sync with rivals [J]. Administrative Science Quarterly, 2008, 53 (4): 593-625.

[119] KETTLE K L, HÄUBL G. Motivation by anticipation: Expecting rapid feedback enhances performance [J]. Psychological Science, 2010, 21 (4): 545-547.

[120] KHANNA R, GULER I, NERKAR A. Fail often, fail big, and fail fast? Learning from small failures and R&D performance in the pharmaceutical industry [J]. Academy of Management Journal, 2016, 59 (2): 436-459.

[121] KIM N, IM S, SLATER S F. Impact of knowledge type and strategic orientation on new product creativity and advantage in high-technology firms [J]. Journal of Product Innovation Management, 2013, 30 (1): 136-153.

[122] KNOBEN J, OERLEMANS L A G. Proximity and inter-organizational collaboration: A literature review [J]. International Journal of Management Reviews, 2006, 8 (2): 71-89.

[123] KNUDSEN M P. Redundancy and knowledge sharing: Suggesting and testing a new empirical construct; proceedings of the International Coference on Economics and Management of Networks, F, 2005 [C].

[124] KOR Y Y, MAHONEY J T. How dynamics, management, and governance of resource deployments influence firm-level performance [J]. Strategic Management Journal, 2005, 26 (5): 489-496.

[125] LAURSEN K. User-producer interaction as a driver of innovation: Costs and advantages in an open innovation model [J]. Science and Public Policy, 2011, 38 (9): 713-723.

[126] LAURSEN K. Keep searching and you'll find: What do we know about variety creation through firms' search activities for innovation? [J]. Industrial & Corporate Change, 2012, 21 (5): 1181-1220.

[127] LAURSEN K, SALTER A. Open for innovation: The role of openness in explaining innovation performance among U.K. manufacturing firms [J]. Strategic Management Journal, 2006, 27 (2): 131-150.

[128] LAURSEN K, SALTER A J. The paradox of openness: Appropriability, external search and collaboration [J]. Research Policy, 2013, 43 (5): 867-878.

[129] LAVIE D, KANG J, ROSENKOPF L. Balance within and across domains: The performance implications of exploration and exploitation in alliances [J]. Organization Science, 2011, 22 (6): 1517-1538.

[130] LAVIE D, ROSENKOPF L. Balancing exploration and exploitation in alliance formation [J]. Academy of Management Journal, 2006, 49 (4): 797-818.

[131] LAVIE D, STETTNER U, TUSHMAN M L. Exploration and exploitation within and across organizations [J]. Academy of Management Annals, 2010, 4 (1): 109-155.

[132] LE BAS C, SIERRA C. 'Location versus home country advantages' in R&D activities: Some further results on multinationals' locational strategies [J]. Research Policy, 2002, 31 (4): 589-609.

[133] LEE C, LEE K, PENNINGS J M. Internal capabilities, external networks, and performance: A study on technology-based ventures [J]. Strategic Management Journal, 2001, 22 (6): 615-640.

[134] LEHMAN B. The pharmaceutical industry and the patent system [J]. International Intellectual Property Institute, 2003, 12 (3): 1-14.

[135] LEMLEY M A, FELDMAN R. Patent licensing, technology transfer, and innovation [J]. American Economic Review, 2016, 106 (5): 188-192.

[136] LEONARD-BARTON D. Core capabilities and core rigidities: A paradox in managing new product development [J]. Strategic Management Journal, 1992, 13 (1): 111-125.

[137] LEONE M I, REICHSTEIN T. Licensing-in fosters rapid invention! The effect of the grant-back clause and technological unfamiliarity [J]. Strategic Management Journal, 2012, 33 (8): 965-985.

[138] LEVINTHAL D A, POSEN H E. Myopia of selection: Does organizational adaptation limit the efficacy of population selection? [J]. Administrative Science Quarterly, 2007, 52 (4): 586-620.

[139] LEVINTHAL D A, MARCH J G. The myopia of learning [J]. Strategic Management Journal, 1993, 14 (2): 95-112.

[140] LI D, LIN J, CUI W, et al. The trade-off between knowledge exploration and exploi-

tation in technological innovation [J]. Journal of Knowledge Management, 2018, 22 (4): 781 – 801.

[141] LI G C, LAI R, D'AMOUR A, et al. Disambiguation and co-authorship networks of the US patent inventor database (1975 – 2010) [J]. Research Policy, 2014, 43 (6): 941 – 955.

[142] LI Y, VANHAVERBEKE W, SCHOENMAKERS W. Exploration and exploitation in innovation: Reframing the interpretation [J]. Creativity and Innovation Management, 2008, 17 (2): 107 – 126.

[143] LI Y, WANG Y, SALOMO S. An inquiry on dimensions of external technology search and their influence on technological innovations: Evidence from Chinese firms [J]. R&D Management, 2014, 44 (1): 53 – 74.

[144] LIN H E, MCDONOUGH E F, YANG J, et al. Aligning knowledge assets for exploitation, exploration, and ambidexterity: A study of companies in high-tech parks in China [J]. Journal of Product Innovation Management, 2017, 34 (2): 122 – 140.

[145] LU L H, FANG S C. Problematic search, slack search and institutional logic in corporate R&D strategy: An empirical analysis of Taiwanese electronics firms [J]. Journal of Management & Organization, 2013, 19 (6): 659 – 678.

[146] LUBLINSKI A E. Does geographic proximity matter? Evidence from clustered and nonclustered aeronautic firms in Germany [J]. Regional Studies, 2003, 37 (5): 453 – 467.

[147] LUCENA A. The interaction mode and geographic scope of firms' technology alliances: Implications of balancing exploration and exploitation in R&D [J]. Industry and Innovation, 2016, 23 (7): 1 – 30.

[148] LUGER J, RAISCH S, SCHIMMER M. Dynamic balancing of exploration and exploitation: The contingent benefits of ambidexterity [J]. Organization Science, 2018, 29 (3): 449 – 470.

[149] LUO F. Determinants of knowledge search strategy of Chinese SMEs [C]. IEEE International Conference on Industrial Engineering and Engineering Management, 2010: 1023 – 1026.

[150] MALERBA F, ORSENIGO L. The evolution of the pharmaceutical industry [J]. Business History, 2015, 57 (5): 664 – 687.

[151] MANSFIELD E. The speed and cost of industrial innovation in Japan and the United States: External vs. internal technology [J]. Management Science, 1988, 34 (10): 1157 – 1168.

[152] MARCH J G. Exploration and exploitation in organizational learning [J]. Organization Science, 1991, 2 (1): 71 – 87.

[153] MCDONALD J F, MOFFITT R A. The uses of Tobit analysis [J]. The Review of Economics and Statistics, 1980, 16 (3): 318 – 321.

[154] MEULMAN F, REYMEN I M, PODOYNITSYNA K S, et al. Searching for partners in open innovation settings: How to overcome the constraints of local search [J]. California Management Review, 2018, 60 (2): 71 – 97.

[155] MILLER K. Knowledge inventories and managerial myopia [J]. Strategic Management Journal, 2002, 23 (3): 689 – 706.

[156] MONTEIRO F, BIRKINSHAW J. The external knowledge sourcing process in multinational corporations [J]. Strategic Management Journal, 2017, 38 (2): 342 – 362.

[157] MORTON F M S. Barriers to entry, brand advertising, and generic entry in the US pharmaceutical industry [J]. International Journal of Industrial Organization, 2000, 18 (7): 1085 – 1104.

[158] MOWERY D C, OXLEY J E, SILVERMAN B S. Strategic alliances and interfirm knowledge transfer [J]. Strategic Management Journal, 1996, 17 (S2): 77 – 91.

[159] MUELLER B A, SHEPHERD D A. Making the most of failure experiences: Exploring the relationship between business failure and the identification of business opportunities [J]. Entrepreneurship Theory and Practice, 2016, 40 (3): 457 – 487.

[160] MUELLER V, ROSENBUSCH N, BAUSCH A. Success patterns of exploratory and exploitative innovation: A meta-analysis of the influence of institutional factors [J]. Journal of Management, 2013, 39 (6): 1606 – 1636.

[161] MUNOS B. Lessons from 60 years of pharmaceutical innovation [J]. Nature Reviews Drug Discovery, 2009, 8 (12): 959.

[162] MUSCIO A, NARDONE G, STASI A. How does the search for knowledge drive firms' eco-innovation? Evidence from the wine industry [J]. Industry and Innovation, 2017, 24 (3): 298 – 320.

[163] NAM K M. Compact organizational space and technological catch-up: Comparison of

China's three leading automotive groups [J]. Research Policy, 2015, 44 (1): 258 - 272.

[164] NELSON R R. How industry/university relations affect exploration [J]. World Oil, 1982, 195 (2): 93.

[165] NELSON R R, NELSON K. Technology, institutions, and innovation systems [J]. Research Policy, 2002, 31 (2): 265 - 272.

[166] NELSON R R, WINTER S G. An Evolutionary Theory of Economic Change [M]. Boston: Belknap Press of Harvard University Press, 1982.

[167] NERKAR A. Old is gold? The value of temporal exploration in the creation of new knowledge [J]. Management Science, 2003, 49 (2): 211 - 229.

[168] NERKAR A, PARUCHURI S. Evolution of R&D capabilities: The role of knowledge networks within a firm [J]. Management Science, 2005, 51 (5): 771 - 785.

[169] NICHOLAS T. Spatial diversity in invention: Evidence from the early R&D labs [J]. Journal of Economic Geography, 2008, 9 (1): 1 - 31.

[170] NOHRIA N, GULATI R. Is slack good or bad for innovation? [J]. Academy of Management Journal, 1996, 39 (5): 1245 - 1264.

[171] OBEROI P, PATEL C, HAON C. Technology sourcing for website personalization and social media marketing: A study of e-retailing industry [J]. Journal of Business Research, 2017, 80 (2): 10 - 23.

[172] PAPAPETROPOULOS A, SZABO C. Inventing new therapies without reinventing the wheel: The power of drug repurposing [J]. British Journal of Pharmacology, 2018, 175 (2): 165 - 167.

[173] PARUCHURI S. Intraorganizational networks, interorganizational networks, and the impact of central inventors: A longitudinal study of pharmaceutical firms [J]. Organization Science, 2010, 21 (1): 63 - 80.

[174] PARUCHURI S, AWATE S. Organizational knowledge networks and local search: The role of intra-organizational inventor networks [J]. Strategic Management Journal, 2017, 38 (3): 657 - 675.

[175] PARUCHURI S, EISENMAN M. Microfoundations of firm R&D capabilities: A study of inventor networks in a merger [J]. Journal of Management Studies, 2012, 49 (8): 1509 - 1535.

[176] PENNER-HAHN J, SHAVER J M. Does international research and development in-

crease patent output? An analysis of Japanese pharmaceutical firms [J]. Strategic Management Journal, 2005, 26 (2): 121-140.

[177] PETRUZZELLI A M, SAVINO T. Search, recombination, and innovation: Lessons from haute cuisine [J]. Long Range Planning, 2014, 47 (4): 224-238.

[178] PETRUZZELLI A M. Balancing knowledge exploration and exploitation within and across technological and geographical domains [J]. Knowledge Management Research & Practice, 2014, 12 (2): 123-132.

[179] PETRUZZELLI A M, ARDITO L, SAVINO T. Maturity of knowledge inputs and innovation value: The moderating effect of firm age and size [J]. Journal of Business Research, 2018, 86 (2): 190-201.

[180] PHELPS R, RICHARD A, BESSANT J. Life cycles of growing organizations: A review with implications for knowledge and learning [J]. International Journal of Management Reviews, 2007, 9 (1): 1-30.

[181] PHENE A, FLADMOE-LINDQUIST K, MARSH L. Breakthrough innovations in the U.S. biotechnology industry: The effects of technological space and geographic origin [J]. Strategic Management Journal, 2006, 27 (4): 369-388.

[182] PHENE A, TALLMAN S, ALMEIDA P. When do acquisitions facilitate technological exploration and exploitation? [J]. Journal of Management, 2012, 38 (3): 753-783.

[183] PODMETINA D, SODERQUIST K E, PETRAITE M, et al. Developing a competency model for open innovation: From the individual to the organisational level [J]. Management Decision, 2018, 56 (6): 1306-1335.

[184] POLANYI M. The Study of Man [M]. Chicago: University of Chicago Press, 1959.

[185] POLANYI M. Personal knowledge: Towards a post-critical philosophy [J]. British Journal of Educational Studies, 1960, 20 (3): 429.

[186] QI D J, MCCARTHY K J, SCHOENMAKERS W W. How central is too central? Organizing interorganizational collaboration networks for breakthrough innovation [J]. Journal of Product Innovation Management, 2017, 34 (4): 526-542.

[187] QIAN C, WANG H, GENG X, et al. Rent appropriation of knowledge-based assets and firm performance when institutions are weak: A study of Chinese publicly listed firms [J]. Strategic Management Journal, 2017, 38 (4): 892-911.

[188] RAISCH S, BIRKINSHAW J, PROBST G, et al. Organizational ambidexterity: Bal-

ancing exploitation and exploration for sustained performance [J]. Organization Science, 2009, 20 (4): 685-695.

[189] RODRIGUEZ M, DOLOREUX D, SHEARMUR R. Variety in external knowledge sourcing and innovation novelty: Evidence from the KIBS sector in Spain [J]. Technovation, 2017, 68 (2): 35-43.

[190] ROPER S, LOVE J H, BONNER K. Firms' knowledge search and local knowledge externalities in innovation performance [J]. Research Policy, 2017, 46 (1): 43-56.

[191] ROSENKOPF L, ALMEIDA P. Overcoming local search through alliances and mobility [J]. Management Science, 2003, 49 (6): 751-766.

[192] ROSENKOPF L, NERKAR A. Beyond local search: Boundary-spanning, exploration, and impact in the optical disk industry [J]. Strategic Management Journal, 2001, 22 (4): 287-306.

[193] ROTHAERMEL F T, ALEXANDRE M T. Ambidexterity in technology sourcing: The moderating role of absorptive capacity [J]. Organization Science, 2009, 20 (4): 759-780.

[194] ROTHAERMEL F T, DEEDS D L. Exploration and exploitation alliances in biotechnology: A system of new product development [J]. Strategic Management Journal, 2004, 25 (3): 201-221.

[195] RUEF M, PATTERSON K. Credit and classification: The impact of industry boundaries in nineteenth-century America [J]. Administrative Science Quarterly, 2009, 54 (3): 486-520.

[196] RUPIETTA C, BACKES-GELLNER U. Combining knowledge stock and knowledge flow to generate superior incremental innovation performance: Evidence from Swiss manufacturing [J]. Journal of Business Research, 2019, 94 (1): 209-222.

[197] RUSSOSPENA T, PAOLA N D. Inbound open innovation in biopharmaceutical firms: Unpacking the role of absorptive capacity [J]. Technology Analysis & Strategic Management, 2019, 31 (7): 1-14.

[198] RUTHERFORD M A, BUCHHOLTZ A K, BROWN J A. Examining the relationships between monitoring and incentives in corporate governance [J]. Journal of Management Studies, 2007, 44 (3): 414-430.

[199] RYAN T P. Modern Regression Methods [M]. New York: John Wiley, 1997.

[200] SANG K K, CULLEN J B. Search behavior of the diversified firm: The impact of fit on innovation [J]. Strategic Management Journal, 2013, 34 (8): 999 – 1009.

[201] SAPRA H, SUBRAMANIAN A, SUBRAMANIAN K V. Corporate governance and innovation: Theory and evidence [J]. Journal of Financial and Quantitative Analysis, 2014, 49 (4): 957 – 1003.

[202] SARGAN J D. The estimation of economic relationships using instrumental variables [J]. Econometrica: Journal of the Econometric Society, 1958: 393 – 415.

[203] SARIOL A M, ABEBE M A. The influence of CEO power on explorative and exploitative organizational innovation [J]. Journal of Business Research, 2017, 73 (3): 38 – 45.

[204] SAVINO T, PETRUZZELLI A M, ALBINO V. Search and recombination process to innovate: A review of the empirical evidence and a research agenda [J]. International Journal of Management Reviews, 2017, 19 (1): 54 – 75.

[205] SAXENIAN A L. Regional Advantage: Culture and Competition in Silicon Valley and Route 128 [M]. Boston: Harvard University Press, 1996.

[206] SCHILLING M A, PHELPS C C. Interfirm collaboration networks: The impact of large-scale network structure on firm innovation [J]. Management Science, 2007, 53 (7): 1113 – 1126.

[207] SCHUMPETER J A. The theory of economic development [J]. Journal of Political Economy, 1936, 44 (4): 170 – 172.

[208] SCHUMPETER J A. Theory of Economic Development [M]. London: Routledge, 2017.

[209] SCOTT J E, VESSEY I. Implementing enterprise resource planning systems: The role of learning from failure [J]. Information Systems Frontiers, 2000, 2 (2): 213 – 232.

[210] SHARFMAN M P, WOLF G, CHASE R B, et al. Antecedents of organizational slack [J]. Academy of Management Review, 1988, 13 (4): 601 – 614.

[211] SHLEIFER A, VISHNY R W. A survey of corporate governance [J]. The Journal of Finance, 1997, 52 (2): 737 – 783.

[212] SIDHU J S, COMMANDEUR H R, VOLBERDA H W. The multifaceted nature of exploration and exploitation: Value of supply, demand, and spatial search for innovation [J]. Organization Science, 2007, 18 (1): 20 – 38.

[213] SIDHU J S, VOLBERDA H W, COMMANDEUR H R. Exploring exploration orientation and its determinants: Some empirical evidence [J]. Journal of Management Studies, 2004, 41 (6): 913-932.

[214] SIDNEY G. An Evolutionary Theory of Economic Change [M]. Boston: Belknap Press of Harvard University Press, 1982.

[215] SINGH J. Collaborative networks as determinants of knowledge diffusion patterns [J]. Management Science, 2005, 51 (5): 756-770.

[216] SIRÉN C A, KOHTAMÄKI M, KUCKERTZ A. Exploration and exploitation strategies, profit performance, and the mediating role of strategic learning: Escaping the exploitation trap [J]. Strategic Entrepreneurship Journal, 2012, 6 (1): 18-41.

[217] SITKIN S B. Learning through failure: The strategy of small losses [J]. Research in Organizational Behavior, 1992, 14 (2): 231-266.

[218] SKINNER B F. The science of learning and the art of teaching [J]. Cambridge, Mass, USA, 1954, 99 (3): 113.

[219] SOFKA W, GRIMPE C. Specialized search and innovation performance: Evidence across Europe [J]. R&D Management, 2010, 40 (3): 310-323.

[220] SØRENSEN J B, STUART T E. Aging, obsolescence, and organizational innovation [J]. Administrative Science Quarterly, 2000, 45 (1): 81-112.

[221] STADLER C, RAJWANI T, KARABA F. Solutions to the exploration/exploitation dilemma: Networks as a new level of analysis [J]. International Journal of Management Reviews, 2014, 16 (2): 172-193.

[222] STAW B M. Knee-deep in the big muddy: A study of escalating commitment to a chosen course of action [J]. Organizational Behavior and Human Performance, 1976, 16 (1): 27-44.

[223] STETTNER U, LAVIE D. Ambidexterity under scrutiny: Exploration and exploitation via internal organization, alliances, and acquisitions [J]. Strategic Management Journal, 2014, 35 (13): 1903-1929.

[224] SZULANSKI G. Exploring internal stickiness: Impediments to the transfer of best practice within the firm [J]. Strategic Management Journal, 1996, 17 (S2): 27-43.

[225] TABEAU K, GEMSER G, HULTINK E J, et al. Exploration and exploitation activities for design innovation [J]. Journal of Marketing Management, 2017, 1 (2): 1-23.

[226] TEECE D J. Profiting from technological innovation: Implications for integration, collaboration, licensing and public policy [J]. Research Policy, 1993, 15 (6): 285 – 305.

[227] TER WAL A L. The dynamics of the inventor network in German biotechnology: Geographic proximity versus triadic closure [J]. Journal of Economic Geography, 2013, 14 (3): 589 – 620.

[228] TODOROVA G, DURISIN B. Absorptive capacity: Valuing a reconceptualization [J]. Academy of Management Review, 2007, 32 (3): 774 – 786.

[229] TORRE B G, ALBERICIO F. The pharmaceutical industry in 2016: An analysis of FDA drug approvals from a perspective of the molecule type [J]. Molecules, 2017, 22 (3): 355 – 368.

[230] TOSI H L, KATZ J P, GOMEZ-MEJIA L R. Disaggregating the agency contract: The effects of monitoring, incentive alignment, and term in office on agent decision making [J]. Academy of Management Journal, 1997, 40 (3): 584 – 602.

[231] TSAI W. Knowledge transfer in intraorganizational networks: Effects of network position and absorptive capacity on business unit innovation and performance [J]. Academy of Management Journal, 2001, 44 (5): 996 – 1004.

[232] TUCKER A L, EDMONDSON A C. Why hospitals don't learn from failures: Organizational and psychological dynamics that inhibit system change [J]. California Management Review, 2003, 45 (2): 55 – 72.

[233] TYLECOTE A, RAMIREZ P. Corporate governance and innovation: The UK compared with the US and 'insider' economies [J]. Research Policy, 2006, 35 (1): 160 – 180.

[234] TZABBAR D, KEHOE R R. Can opportunity emerge from disarray? An examination of explorationand exploitation following star scientist turnover [J]. Journal of Management, 2014, 40 (2): 449 – 482.

[235] ANNIQUE U C, ALICIA R. Local and global knowledge complementarity: R&D collaborations and innovation of foreign and domestic firms [J]. Journal of International Management, 2018, 24 (2): 137 – 152.

[236] UZZI B. Social structure and competition in interfirm networks: The paradox of embeddedness [J]. Administrative Science Quarterly, 1997, 12 (2): 35 – 67.

[237] VAN AAKEN D, ROST K, SEIDL D. The substitution of governance mechanisms in

the evolution of family firms [J]. Long Range Planning, 2017, 50 (6): 826 – 839.

[238] VON HIPPEL E. "Sticky information" and the locus of problem solving: Implications for innovation [J]. Management Science, 1994, 40 (4): 429 – 439.

[239] VRANDE V V D, VANHAVERBEKE W, DUYSTERS G. Technology in-sourcing and the creation of pioneering technologies [J]. Journal of Product Innovation Management, 2011, 28 (6): 974 – 987.

[240] WADHO W, CHAUDHRY A. Innovation and firm performance in developing countries: The case of Pakistani textile and apparel manufacturers [J]. Research Policy, 2018, 47 (7): 1283 – 1294.

[241] WAGNER S, WAKEMAN S. What do patent-based measures tell us about product commercialization? Evidence from the pharmaceutical industry [J]. Research Policy, 2016, 45 (5): 1091 – 1102.

[242] WALKER G, KOGUT B, SHAN W. Social Capital, Structural Holes and the Formation of an Industry Network [C] //Knowledge and Social Capital. Amsterdam: Elsevier, 2000: 225 – 254.

[243] WANG H, QIAN C. Corporate philanthropy and corporate financial performance: The roles of stakeholder response and political access [J]. Academy of Management Journal, 2011, 54 (6): 1159 – 1181.

[244] WANG X, DASS M. Building innovation capability: The role of top management innovativeness and relative-exploration orientation [J]. Journal of Business Research, 2017, 76 (2): 127 – 135.

[245] GUO B, WANG Y. Environmental turbulence, absorptive capacity and external knowledge search among Chinese SMEs [J]. Chinese Management Studies, 2014, 8 (2): 258 – 272.

[246] WARD A J, BROWN J A, RODRIGUEZ D. Governance bundles, firm performance, and the substitutability and complementarity of governance mechanisms [J]. Corporate Governance: An International Review, 2009, 17 (5): 646 – 660.

[247] WATTS D J. Networks, dynamics, and the small-world phenomenon [J]. American Journal of Sociology, 1999, 105 (2): 493 – 527.

[248] WEISBACH M S. Outside directors and CEO turnover [J]. Journal of Financial Economics, 1988, 20 (3): 431 – 460.

[249] WENG R H, HUANG C Y. The impact of exploration and exploitationlearning on organisational innovativeness among hospitals: An open innovation view [J]. Technology Analysis & Strategic Management, 2017, 29 (2): 119 – 132.

[250] WHITTAKER D J. Organizations in Action [M]. Los Angeles: Sage Publications, 1967.

[251] WOOLDRIDGE J M. Introductory Econometrics: A Modern Approach [M]. Nelson Education, 2005.

[252] WU J, SHANLEY M T. Knowledge stock, exploration, and innovation: Research on the United States electromedical device industry [J]. Journal of Business Research, 2009, 62 (4): 474 – 483.

[253] WU J, WU Z. Local and international knowledge search and product innovation: The moderating role of technology boundary spanning [J]. International Business Review, 2014, 23 (3): 542 – 551.

[254] XIE X, ZOU H, QI G. Knowledge absorptive capacity and innovation performance in high-tech companies: A multi-mediating analysis [J]. Journal of Business Research, 2018, 88 (4): 289 – 297.

[255] XU S. Balancing the two knowledge dimensions in innovation efforts: An empirical examination among pharmaceutical firms [J]. Journal of Product Innovation Management, 2015, 32 (4): 610 – 621.

[256] YANG H, ZHENG Y, ZHAO X. Exploration or exploitation? Small firms' alliance strategies with large firms [J]. Strategic Management Journal, 2014, 35 (1): 146 – 157.

[257] YANG T T, LI C R. Competence exploration and exploitation in new product development: The moderating effects of environmental dynamism and competitiveness [J]. Management Decision, 2011, 49 (9): 1444 – 1470.

[258] YAYAVARAM S, AHUJA G. Decomposability in knowledge structures and its impact on the usefulness of inventions and knowledge-base malleability [J]. Administrative Science Quarterly, 2008, 53 (2): 333 – 362.

[259] YOON B, PARK Y. A text-mining-based patent network: Analytical tool for high-technology trend [J]. The Journal of High Technology Management Research, 2004, 15 (1): 37 – 50.

[260] ZAJAC E J, WESTPHAL J D. The costs and benefits of managerial incentives and mo-

nitoring in large US corporations: When is more not better? [J]. Strategic Management Journal, 1994, 15 (S1): 121-142.

[261] ZELLER C. Clusteringbiotech: A recipe for success? Spatial patterns of growth of biotechnology in Munich, Rhineland and Hamburg [J]. Small Business Economics, 2001, 17 (2): 123-141.

[262] ZHENG X, ZHAO Y. The impact of alliance network structure on firm innovation capability: An empirical study of ten high-tech industries in China [J]. Journal of Science and Technology Policy in China, 2013, 4 (1): 4-19.

[263] IRAHMAN Z A, LOUISE K. The role of CEO transformational leadership and innovation climate in exploration and exploitation [J]. European Journal of Innovation Management, 2019, 22 (1): 84-104.

[264] 曾婧婧, 刘定杰. 生物医药产业集群网络嵌入性、网络结构与企业创新绩效 [J]. 中国科技论坛, 2017, 8 (5): 49-56.

[265] 陈斌. 基于复杂网络的研究性学习群体学习关系分析 [D]. 武汉: 华中师范大学, 2010.

[266] 陈朝月, 许治. 企业外部技术获取模式与企业创新绩效之间的关系探究 [J]. 科学学与科学技术管理, 2018, 39 (1): 143-153.

[267] 陈力田, 许庆瑞. 知识搜寻跨边界协同对自主创新能力结构类型影响的实证研究 [J]. 科学学与科学技术管理, 2014, 35 (10): 13-25.

[268] 陈爽英, 井润田, 邵云飞. 开放式创新条件下企业创新资源获取机制的拓展: 基于 Teece 理论框架的改进 [J]. 管理学报, 2012, 9 (4): 542.

[269] 陈玥希, 蔡建峰, 郭鹏. 基于行业生命周期的企业技术创新战略选择 [J]. 科技与管理, 2005, 7 (3): 102-104.

[270] 陈泽明, 杨敏, 何山. 三维空间对企业内生创新的知识流溢出机理及其实证研究: 基于开放创新视角 [J]. 软科学, 2016, 30 (1): 9-13.

[271] 陈子凤, 官建成. 国际专利合作和引用对创新绩效的影响研究 [J]. 科研管理, 2014, 35 (3): 35-42.

[272] 党印, 鲁桐. 企业的性质与公司治理: 一种基于创新的治理理念 [J]. 制度经济学研究, 2012, 21 (4): 64-91.

[273] 董振林. 外部知识搜寻、知识整合机制与企业创新绩效: 外部环境特性的调节作用 [D]. 长春: 吉林大学, 2017.

[274] 杜世成. 全球化背景下的地方政府改革：向持续成功的大企业学习[J]. 管理世界, 2002, 13 (12): 1-5.

[275] 范黎波, 马聪聪, 周英超. 中国企业跨国并购学习效应的实证研究：经验学习和替代学习的视角[J]. 财贸经济, 2016, 5 (10): 102-116.

[276] 付雅宁, 刘凤朝, 马荣康. 发明人合作网络影响企业探索式创新的机制研究：知识网络的调节作用[J]. 研究与发展管理, 2018, 30 (2): 21-32.

[277] 傅皓天, 于斌, 王凯. 环境不确定性、冗余资源与公司战略变革[J]. 科学学与科学技术管理, 2018, 39 (3): 92-105.

[278] 高继平, 孙彦, 丁堃. 合作网络视角下的发明人影响力分析：以多路复用通信领域中的发明人为例[J]. 第八届中国科技政策与管理学术年会, 2012.

[279] 高良谋, 马文甲. 开放式创新：内涵、框架与中国情境[J]. 管理世界, 2014, 6 (6): 157-169.

[280] 顾振华, 沈瑶. 知识产权保护、技术创新与技术转移：基于全球价值链分工的视角[J]. 国际贸易问题, 2015, 12 (3): 86-97.

[281] 郭葆春, 张丹. 中小创新型企业高管特征与R&D投入行为研究：基于高阶管理理论的分析[J]. 证券市场导报, 2013, 10 (1): 16-22.

[282] 国维潇. 从错误中学习：基于不同错误来源的比较研究[D]. 杭州：浙江大学, 2016.

[283] 韩宝龙, 李琳, 刘昱含. 地理邻近性对高新区创新绩效影响效应的实证研究[J]. 科技进步与对策, 2010, 27 (17): 40-43.

[284] 洪茹燕. 关系嵌入与吸收能力的协同对企业知识搜寻的影响：全球制造网络效应下对中国轿车企业自主创新分析[J]. 重庆大学学报（社会科学版），2012, 21 (1): 71-76.

[285] 胡洪浩, 王重鸣. 国外失败学习研究现状探析与未来展望[J]. 外国经济与管理, 2011, 33 (11): 39-47.

[286] 黄杜鹃, 陈松. 探索还是利用：失败学习模式选择与创新绩效[J]. 科研管理, 2018, 39 (S1): 236-244.

[287] 黄海艳, 苏德金, 李卫东. 失败学习对个体创新行为的影响：心理弹性与创新支持感的调节效应[J]. 科学学与科学技术管理, 2016, 37 (5): 161-169.

[288] 黄庆, 曹津燕, 瞿卫军, 等. 专利评价指标体系（一）：专利评价指标体系的设计和构建[J]. 知识产权, 2004, 14 (5): 25-28.

[289] 黄淑芳. 我国生物医药创新绩效影响因素研究：科学创新视角 [J]. 科学学与科学技术管理, 2013, 34 (6): 8-13.

[290] 贾明琪, 严燕, 辛江龙. 经济周期、行业周期性与企业技术创新：基于上市公司经验数据 [J]. 商业研究, 2015, 61 (9): 34-40.

[291] 江岩. 基于 CEO 领导行为和高管团队特征的企业创新战略导向研究 [D]. 济南：山东大学, 2008.

[292] 蒋石梅, 张爱国, 孟宪礼, 等. 产业集群产学研协同创新机制：基于保定市新能源及输变电产业集群的案例研究 [J]. 科学学研究, 2012, 30 (2): 207-212.

[293] 蒋学伟. 动荡环境中的企业持续竞争优势 [J]. 经济管理, 2002, 22 (2): 18-24.

[294] 康青松. 组织学习导向、知识转移和吸收能力对国际企业绩效的影响研究 [J]. 管理学报, 2015, 12 (1): 53-60.

[295] 孔越. 动态能力对企业双元创新的影响 [D]. 南京：南京航空航天大学, 2017.

[296] 李秉祥, 薛思珊. 基于经理人管理防御的企业投资短视行为分析 [J]. 系统工程理论与实践, 2008, 28 (11): 55-61.

[297] 李华晶, 张玉利. 高管团队特征与企业创新关系的实证研究：以科技型中小企业为例 [J]. 商业经济与管理, 2006, 13 (5): 9-13.

[298] 李剑力. 探索性创新、开发性创新与企业绩效关系研究：基于冗余资源调节效应的实证分析 [J]. 科学学研究, 2009, 16 (9): 1418-1427.

[299] 李连华. 内部控制、学历水平与高管腐败：理论框架与实证 [J]. 财经论丛, 2017, 21 (6): 69-78.

[300] 李琳, 郭立宏. 文化距离、文化严格程度与跨国知识溢出 [J]. 科学学研究, 2018, 36 (6): 1078-1086.

[301] 李琳, 熊雪梅. 产业集群生命周期视角下的地理邻近对集群创新的动态影响：基于对我国汽车产业集群的实证 [J]. 地理研究, 2012, 31 (11): 2017-2030.

[302] 李琳, 杨田. 地理邻近和组织邻近对产业集群创新影响效应：基于对我国汽车产业集群的实证研究 [J]. 中国软科学, 2011, 18 (9): 133-143.

[303] 李明, 陈向东, 宋爽. 基于专利存续期的中国专利质量演变研究 [J]. 科学学与科学技术管理, 2016, 37 (9): 26-36.

[304] 李沐纯. 并购对企业技术创新的影响：我国医药上市公司的实证研究 [D]. 广

州：华南理工大学，2010.

[305] 李平, 崔喜君, 刘建. 中国自主创新中研发资本投入产出绩效分析：兼论人力资本和知识产权保护的影响 [J]. 中国社会科学, 2007, 31 (2): 32-42.

[306] 李生校. 外部创新搜寻战略对新创企业创新绩效的影响研究 [J]. 管理学报, 2013, 10 (8): 1185-1193.

[307] 李宇, 张晨. 有意识的知识溢出对创新集群衍生的影响：基于知识创造的视角 [J]. 科学学研究, 2018, 36 (6): 1135-1142.

[308] 李远东. 组织遗忘、突破式创新与组织绩效研究：基于冗余资源的调节作用 [J]. 软科学, 2016, 25 (6): 88-91.

[309] 刘凤朝, 邬德林, 马荣康. 专利技术许可对企业创新产出的影响研究：三种邻近性的调节作用 [J]. 科研管理, 2015, 36 (4): 91-100.

[310] 刘志阳, 孔令丞, 梁玲. 基于产业生命周期的战略性新兴产业创新获利影响因素分析 [J]. 研究与发展管理, 2017, 29 (1): 95-105.

[311] 柳卸林, 张可. 傅家骥与创新管理研究的中国化 [J]. 科学学与科学技术管理, 2014, 34 (11): 3-12.

[312] 鲁桐, 党印. 公司治理与技术创新：分行业比较 [J]. 经济研究, 2014, 6 (2): 115-128.

[313] 吕景胜, 邓汉. 全流通条件下上市公司股权治理结构对代理成本的影响研究：基于2009年中小板制造类上市公司的经验数据分析 [J]. 中国软科学, 2010, 18 (11): 136-143.

[314] 吕一博, 苏敬勤, 傅宇. 中国中小企业成长的影响因素研究：基于中国东北地区中小企业的实证研究 [J]. 中国工业经济, 2008, 12 (1): 14-23.

[315] 孟伟. 跨界搜寻对科技型中小企业创新绩效影响研究：动态能力为中介变量 [D]. 沈阳：辽宁大学, 2016.

[316] 潘佳, 刘益, 郑淞月. 外部知识搜寻和企业绩效关系研究：以信息技术服务外包行业为例 [J]. 管理评论, 2017, 29 (6): 73-84.

[317] 彭本红, 武柏宇. 跨界搜索、动态能力与开放式服务创新绩效 [J]. 中国科技论坛, 2017, 21 (1): 32-39.

[318] 汝毅, 郭晨曦, 吕萍. 高管股权激励、约束机制与对外直接投资速率 [J]. 财经研究, 2016, 42 (3): 4-15.

[319] 芮正云, 罗瑾琏. 企业创新搜寻策略的作用机理及其平衡：一个中国情境下的

分析框架与经验证据 [J]. 科学学研究, 2016, 34 (5): 771-780.

[320] 芮正云, 罗瑾琏. 企业平衡式创新搜寻及其阶段效应: 间断性平衡还是同时性平衡? [J]. 科研管理, 2018, 39 (1): 9-17.

[321] 石晓军, 王骜然. 独特公司治理机制对企业创新的影响: 来自互联网公司双层股权制的全球证据 [J]. 经济研究, 2017, 52 (1): 149-164.

[322] 宋增基, 郑海健, 张宗益. 公司治理的监督机制与激励机制间的替代效应: 基于中国上市公司 EVA 绩效的实证研究 [J]. 管理学报, 2011, 8 (6): 836-843.

[323] 孙耀吾, 秦毓, 贺石中. 高技术中小企业知识搜索对创新能力的影响 [J]. 科学学研究, 2018, 23 (3): 550-557, 576.

[324] 汤超颖, 丁雪辰. 创新型企业研发团队知识基础与知识创造的关系研究 [J]. 科学学与科学技术管理, 2015, 36 (9): 81-92.

[325] 汤超颖, 李美智, 张桂阳. 中国创新型企业内外部研发合作网络对组织二元学习平衡的影响 [J]. 科学学与科学技术管理, 2018, 39 (5): 35-48.

[326] 汤超颖, 周寄中, 刘腾. 企业隐性技术知识吸收模型研究 [J]. 科研管理, 2004, 25 (4): 41-50.

[327] 唐朝永, 陈万明, 彭灿. 外部创新搜寻、失败学习与组织创新绩效 [J]. 研究与发展管理, 2014, 26 (5): 73-81.

[328] 佟爱琴, 李孟洁. 产权性质、纵向兼任高管与企业风险承担 [J]. 科学学与科学技术管理, 2018, 37 (1): 118-126.

[329] 汪丽, 茅宁, 龙静. 管理者决策偏好、环境不确定性与创新强度: 基于中国企业的实证研究 [J]. 科学学研究, 2012, 30 (7): 1101-1109.

[330] 王文翌, 安同良. 基于演化视角的行业生命周期与创新: 以中国制造业上市公司为例 [J]. 研究与发展管理, 2015, 27 (6): 87-96.

[331] 王霄, 胡军. 社会资本结构与中小企业创新: 一项基于结构方程模型的实证研究 [J]. 管理世界, 2005, 26 (7): 116-122.

[332] 王元地, 杜红平, 陈劲, 等. 企业技术创新搜寻研究综述 [J]. 科技进步与对策, 2015, 28 (11): 149-154.

[333] 王章豹, 李垒. 我国制造业技术创新能力与产业竞争力的灰色关联分析 [J]. 科学学与科学技术管理, 2007, 28 (9): 60-65.

[334] 魏国江. 中国产业创新知识生成方式差异及路径转换研究 [J]. 科学学研究,

2018, 36 (6): 1036 – 1047.

[335] 魏建漳. 区域开放创新: 发展阶段与策略研究 [D]. 深圳: 深圳大学, 2015.

[336] 魏江, 张妍, 应瑛. 战略前瞻性、创新搜寻与创新绩效之间的演化: 先声药业 1995—2012 年纵向案例研究 [J]. 自然辩证法通讯, 2015, 37 (4): 88 – 95.

[337] 邬爱其, 方仙成. 国外创新搜寻模式研究述评 [J]. 科学学与科学技术管理, 2012, 18 (4): 67 – 74.

[338] 吴航, 陈劲. 企业外部知识搜索与创新绩效: 一个新的理论框架 [J]. 科学学与科学技术管理, 2015, 36 (4): 143 – 151.

[339] 吴晓波, 雷李楠, 郭瑞. 组织内部协作网络对探索性搜索与创新产出影响力的调节作用探究: 以全球半导体行业为例 [J]. 浙江大学学报 (人文社会科学版), 2016, 46 (1): 142 – 158.

[340] 吴增源, 谌依然, 伍蓓. 跨界搜索的内涵、边界与模式研究述评及展望 [J]. 科技进步与对策, 2015, 32 (19): 153 – 160.

[341] 肖丁丁, 朱桂龙. 跨界搜寻对组织双元能力影响的实证研究: 基于创新能力结构视角 [J]. 科学学研究, 2016, 34 (7): 1076 – 1085.

[342] 肖星, 陈婵. 激励水平、约束机制与上市公司股权激励计划 [J]. 南开管理评论, 2013, 16 (1): 24 – 32.

[343] 肖艳红, 朱微, 孙凯. 基于创新网络的外部知识搜索模型构建研究 [J]. 情报理论与实践, 2019, 1 (27): 1 – 10.

[344] 谢雅萍, 梁素蓉. 失败学习研究回顾与未来展望 [J]. 外国经济与管理, 2016, 38 (1): 42 – 53.

[345] 熊伟, 奉小斌, 陈丽琼. 国外跨界搜寻研究回顾与展望 [J]. 外国经济与管理, 2011, 21 (6): 18 – 26.

[346] 徐宁. 高科技公司高管股权激励对 R&D 投入的促进效应: 一个非线性视角的实证研究 [J]. 科学学与科学技术管理, 2013, 34 (2): 12 – 19.

[347] 严焰, 池仁勇. R&D 投入、技术获取模式与企业创新绩效 [J]. 科研管理, 2013, 5 (6): 26 – 32.

[348] 杨慧军, 杨建君. 外部搜寻、联结强度、吸收能力与创新绩效的关系 [J]. 管理科学, 2016, 29 (3): 24 – 37.

[349] 杨武, 王玲. 知识产权保护下的技术创新者与模仿者竞争模型研究 [J]. 科研管理, 2006, 27 (4): 48 – 52.

[350] 杨雪, 顾新, 王元地. 企业外部技术搜寻平衡研究: 基于探索-开发的视角 [J]. 科学学研究, 2015, 33 (6): 907-914.

[351] 杨雪, 顾新, 王元地. 外部技术搜寻平衡对企业绩效影响的实证研究: 企业规模的调节作用 [J]. 科学学与科学技术管理, 2017, 38 (7): 62-72.

[352] 殷俊杰, 邵云飞. 创新搜索和惯例的调节作用下联盟组合伙伴多样性对创新绩效的影响研究 [J]. 管理学报, 2017, 14 (4): 545.

[353] 尹骁. 政治关联、内部控制与企业创新 [D]. 杭州: 浙江财经大学, 2018.

[354] 尤佳, 姜正羽, 张连山, 等. 2016年美国FDA批准上市新药情况简析 [J]. 中国新药杂志, 2017, 21 (11): 1225-1230.

[355] 于飞, 胡泽民, 董亮, 等. 知识耦合对企业突破式创新的影响机制研究 [J]. 科学学研究, 2018, 36 (12): 2292-2304.

[356] 于晓宇, 蔡莉. 失败学习行为、战略决策与创业企业创新绩效 [J]. 管理科学学报, 2013, 16 (12): 37-56.

[357] 于晓宇, 蔡莉, 陈依, 等. 技术信息获取、失败学习与高科技新创企业创新绩效 [J]. 科学学与科学技术管理, 2012, 33 (7): 1088-1092.

[358] 余谦, 吴旭, 刘雅琴. 生命周期视角下科技型中小企业的研发投入、合作与创新产出 [J]. 软科学, 2018, 32 (6): 83-86.

[359] 袁健红, 龚天宇. 企业知识搜寻前因和结果研究现状探析与整合框架构建 [J]. 外国经济与管理, 2011, 33 (6): 27-33.

[360] 翟茹雪. 个体异质性对高速铁路收益管理的影响研究 [D]. 北京: 北京交通大学, 2018.

[361] 张方华. 知识型企业的社会资本与技术创新绩效研究 [D]. 杭州: 浙江大学, 2005.

[362] 张峰, 刘侠. 外部知识搜寻对创新绩效的作用机理研究 [J]. 管理科学, 2014, 27 (1): 31-42.

[363] 张峰, 邱玮. 探索式和开发式市场创新的作用机理及其平衡 [J]. 管理科学, 2013, 26 (1): 1-13.

[364] 张钢, 许庆瑞. 文化类型、组织结构与企业技术创新 [J]. 科研管理, 1996, 17 (5): 26-31.

[365] 张洪辉, 夏天, 王宗军. 公司治理对我国企业创新效率影响实证研究 [J]. 研究与发展管理, 2010, 22 (3): 44-50.

[366] 张华, 张向前. 个体是如何占据结构洞位置的: 嵌入在网络结构和内容中的约束与激励 [J]. 管理评论, 2014, 26 (5): 89-98.

[367] 张家伟. 创新与产业组织演进: 产业生命周期理论综述 [J]. 产业经济研究, 2007, 37 (5): 74-78.

[368] 张群祥, 熊伟, 奉小斌. 国外知识搜索研究回顾与展望 [J]. 情报科学, 2012, 26 (10): 18-26.

[369] 张绍丽, 于金龙. 产学研协同创新的文化协同过程及策略研究 [J]. 科学学研究, 2016, 34 (4): 624-629.

[370] 张天译. 中国区域创新能力比较研究 [D]. 长春: 吉林大学, 2017.

[371] 张同斌, 张琦, 范庆泉. 政府环境规制下的企业治理动机与公众参与外部性研究 [J]. 中国人口资源与环境, 2017, 27 (2): 36-43.

[372] 赵立雨. 基于知识搜寻的开放式创新绩效研究 [J]. 中国科技论坛, 2016, 11 (3): 36-41.

[373] 赵伟, 王春晖. 区域开放与产业集聚: 一个基于交易费用视角的模型 [J]. 国际贸易问题, 2013, 24 (7): 38-49.

[374] 甄丽明, 唐清泉. 技术引进对企业绩效的影响及其中介因素的研究: 基于中国上市公司的实证检验 [J]. 管理评论, 2010, 22 (9): 14-23.

[375] 郑成华, 罗福周, 韩言虎. 创新集群知识网络环境系统构成及实证分析 [J]. 管理世界, 2017, 28 (11): 182-183.

[376] 郑海健. 中国上市公司监督机制和激励机制的替代作用研究 [D]. 重庆: 重庆大学, 2010.

[377] 郑华良. 地理搜寻对集群企业创新绩效的影响: 吸收能力的调节作用 [J]. 科学学与科学技术管理, 2012, 19 (5): 46-55.

[378] 周飞, 孙锐. 基于动态能力视角的跨界搜寻对商业模式创新的影响研究 [J]. 管理学报, 2016, 13 (11): 1674-1680.

[379] 周洲. 内生型产业集群演化机制及生命周期 [D]. 杭州: 浙江大学, 2017.

[380] 朱雪春, 陈万明. 知识治理、失败学习与低成本利用式创新和低成本探索式创新 [J]. 科学学与科学技术管理, 2014, 35 (9): 78-86.

[381] 朱长春. 公司治理标准 [M]. 北京: 清华大学出版社, 2014.

后　记

我于2015年9月进入四川大学商学院攻读企业管理专业（创业与创新管理方向）博士，并于2017年9月进入法国巴黎萨克雷－埃夫里大学管理学院完成为期一年的联合培养，在2019年6月顺利通过博士论文《外部知识搜寻空间结构异质性及其影响因素——美国医药企业的实证研究》的答辩，获得管理学博士学位。2019年7月，我入职福州大学经济与管理学院，继续开展创新管理相关研究，先后得到国家自然科学基金青年项目（72004026）、福建省科技厅创新战略（软科学）研究项目（2020R0102）、福州大学科研启动项目（GXRC201916）等科研项目的资助。本书以我的博士论文为基础进一步修改完善而成，并在研究过程中得到了以上科研项目的资助。

回首四年的博士研究生求学生涯和一年多的工作经历，收获感触颇多。承蒙各位老师的指点、朋友的帮助和家人的支持，我正式走上了科研之路，在此过程中得到了学术精神的培养和科研思维的锻炼。怀着一颗感恩的心，我谨借此机会，向所有关心、帮助和支持我的人致以最诚挚的谢意！

感谢我的博士生导师王元地教授。王老师向我抛出橄榄枝，给我提供了博士学习的机会，并指引我进入学术之门。在读博士期间，从初涉创新管理研究的懵懂，到参与各类科研课题的困惑，从数据收集和论文写作，到学术著作的统稿和出版，再到科研课题的申请与主持，王老师都为我提供了各种提高的机会和帮助。

感谢我的各位同门，在与他们交流和讨论的过程中，我在学习和生活上均得到了诸多启发。感谢他们在我做研究时提出了许多宝贵的建议，并与我分享研究方法和心得，在我的科研之路上相伴前行。

感谢福州大学经济与管理学院的各位老师在工作过程中对我的指导和帮助，他们超前的学术意识和不倦的进取精神，鞭策我在科研的道路上不断学习，并一丝不苟地进行科学问题的研究。

求学漫漫长路，当然离不开家人对我的呵护和支持。感激自己生长在一个美好的家庭，虽然没有物质上的大富大贵，但一对好父母已是足够的精神财富。他们的理解、包容和尊重，让我可以无后顾之忧地选择自己想走的路；他们的言行举止，让我知道该如何为人处世；他们的相濡以沫，让我明白什么是最长久的陪伴。

感谢所有参考文献的作者，他们的研究给了我很多启发。本书中的引用若有遗漏，望海涵。

由于作者自身的局限性，本书还存在诸多不足之处，对某些问题的分析尚不够全面和深入，有待进一步完善，欢迎大家批评指正。

胡　谍

2020 年 10 月于福州大学